贵州财经大学学术专著资助专项基金

新时代“弱有所扶”政府责任机制建设研究

彭珊 著

中国社会科学出版社

图书在版编目（CIP）数据

新时代“弱有所扶”政府责任机制建设研究／彭珊著．—北京：中国社会科学出版社，2020.12

ISBN 978-7-5203-7407-1

Ⅰ.①新… Ⅱ.①彭… Ⅲ.①政府职能—研究—中国 Ⅳ.①D630.1

中国版本图书馆 CIP 数据核字(2020)第 197597 号

出 版 人　赵剑英
责任编辑　孔继萍
责任校对　周　昊
责任印制　郝美娜

出　　版　中国社会科学出版社
社　　址　北京鼓楼西大街甲 158 号
邮　　编　100720
网　　址　http://www.csspw.cn
发 行 部　010-84083685
门 市 部　010-84029450
经　　销　新华书店及其他书店

印刷装订　北京市十月印刷有限公司
版　　次　2020 年 12 月第 1 版
印　　次　2020 年 12 月第 1 次印刷

开　　本　710×1000　1/16
印　　张　14.25
插　　页　2
字　　数　220 千字
定　　价　88.00 元

目　　录

第一章

绪　论

在党的十九大报告中，习近平总书记指出："必须多谋民生之利、多解民生之忧，在发展中补齐民生短板、促进社会公平正义，在幼有所育、学有所教、劳有所得、病有所医、老有所养、住有所居、弱有所扶上不断取得新进展。"① "弱有所扶"这一新的提法，从广义上来说，它涵盖了各类社会中处于发展困境和生活窘迫的群体。"弱有所扶"是党的十九大报告中的新提法，报告内容增加该项，切实丰富了保障和改善民生的科学内涵，更加精准、更加全面地补齐了民生"短板"，另外深刻反映出我党为民生谋利、为民生解忧的人民情怀。在新时代背景下，"弱有所扶"有着较强的现实意义，不仅进一步扩大保障和改善民生的范围，并且也迎来了相关的"扶助"制度与能力建设取得较大发展的时间窗口。

第一节　新时代研究"弱有所扶"的背景和意义

党的十九大报告指出："经过长期努力，中国特色社会主义进入了新时代，这是我国发展新的历史方位。"② "新时代"有着丰富的内涵、多样的表现和深远的意义。

---

① 人民网—人民日报：http：//cpc. people. com. cn/n1/2017/1028/cb4094 - 29613660 - 5. html，2017 年 10 月 28 日。

② 人民网—人民日报：http：//cpc. people. com. cn/n1/2017/1028/cb4094 - 29613660 - 5. html，2017 年 10 月 28 日。

一 新时代中国社会发展的新变化

基于发展学的视角分析，在新时代，我国社会发展进入了一个新的历史阶段，正在和将要呈现出七个方面的积极而重要的变化。在发展的价值取向上，出现了由“物”到“人”再升华到“人民”的转变。人是社会发展的主体，自然包括人是社会发展的价值主体。但改革开放后相当长一段时期，我们或多或少受到了“以物为本”的发展模式的影响，主要表现在三个方面：在发展的认识论上，把经济增长等同于社会发展；在发展的过程上，一味追求发展的速度和规模；在发展的结果上，主要着眼于经济产值和人均指标的变化或增加。以物为本的发展模式，在促进生产力极大发展和带来了巨量物质财富的同时，也造成了十分严重的“发展代价”，如造成了发展内涵上的一维化、发展评价尺度上的单面化、发展结果上的生态环境破坏和贫富差距扩大等不良后果。进入21世纪以来，我们提出了“以人为本”的发展理念，这是发展价值取向上的一次巨大飞跃，开启了我国发展的新追求。党的十八大以来，我们党又提出了以人民为中心的发展思想。习近平总书记指出：“着力践行以人民为中心的发展思想。这是党的十八届五中全会首次提出来的，体现了我们党全心全意为人民服务的根本宗旨，体现了人民是推动发展的根本力量的唯物史观。”① 由“物”到“人”再升华到“人民”，我们的发展价值趋向更加清晰明确，也更加科学合理。换言之，当我们“把人民放在心中最高位置，坚持一切为了人民、一切依靠人民，为人民过上更加美好生活而矢志奋斗”的时候，我们的发展就在人民主体性和利民性原则的视界内，获得了价值品质的先进性和实践选择的必然性。②

在发展的境界上，出现了由物化发展向美化发展的转变。过去，受落后的社会生产和低下的生活水平制约，人们在发展中主要满足物质性的需求，由此造成了人们在实践中对物质功利的过度关注和追求，以至

---

① 习近平：《在省部级主要领导干部学习贯彻党的十八届五中全会精神专题研讨班上的讲话》（2016年1月18日），人民出版社2016年版单行本，第24页。

② 丘耕田：《新中代我国社会发展的新变化》，《大众日报》2018年2月7日第7版。

于急功近利甚至不择手段，拜金主义盛行。事实上，当我们在物质上渐渐富起来之后，产生新的、更高的如创美、审美等方面的追求，就成为一种必然。党的十八大以来，“美丽中国”“美丽世界”概念的提出表明，我们完全可以从审美的角度来打量和观照中国的发展及世界的变化。创美和审美对于促进人的全面自由发展，具有十分重要的意义。审美具有解放性、平等性和怡情性等功能，它能把人从沉重、苦闷、枯燥的物质生活中超脱出来，使人获得一种解放的感觉；审美活动还能消除人与人之间在现实中的差别，实现人们在精神层面上的平等性；审美活动通过快乐、愉悦、自豪、向往等心理体验，使人在与自然和社会的“审美交流”中获得激动和兴奋，让人感受到生活的快乐和意义，从而使麻木、乏味的物质人或经济人向全面发展的审美人升迁和转化。

在发展的形态上，出现了由单一片面的要素性发展向全面协调的整体性发展的转变。长期以来，无论是国际还是国内，社会发展基本上都是一种要素性发展。这种要素性发展主要表现在两个方面：其一，把构成系统的某一要素或部分的发展绝对化、唯一化，从而导致了社会发展的片面化、失调化的态势；其二，把构成动态的社会系统的某一发展阶段——主要是指现阶段，绝对化、唯一化，从而导致只重当前而忽视未来的不可持续的发展现象。党的十八大以来，我国的整体性发展趋势明显。我们提出的“五位一体”总体布局、“四个全面”战略布局、“人类命运共同体”理念诉求等，都是从不同侧面对整体性发展的追求或期盼；我们在实践中的一系列做法，包括转方式、调结构、去产能、提效益、补短板、求充分、重公平、防风险等，也都是整体性发展的具体要求或做法，是我们“着力增强发展整体性协调性”的表现。总之，党的十八大以来，我国整体性发展的理念正在形成，整体性发展的态势正在显现。所谓整体性发展，是指社会系统的关联性发展，具体而言，是指构成社会系统的静态的要素间（如人的要素、物的要素等）和动态的阶段间的关联性发展。从内容上看，整体性发展包括这样几方面的子内容或“子发展”：基于不同地区和国家的共同发展；基于关系角度的和谐发展；基于构成社会系统的要素或领域角度的协调发展；基于纵向维度的可持续发展。而无论是横向的共同发展、协调发展、和谐发展，还是纵向的可持续发展，都坚持以人民为中心的发展思想。因此，整体性发展就其灵魂和核心而言，体现为一种共享发展，即要努力促进人的全面发展和全体人民的共同富裕。

在发展的内涵上，出现了由重速度、重规模向重质量、重效益的转变。过去，受温饱问题的压迫，我们主要关注的是有没有的问题、快不快的问题，我国经济发展最突出的结构性矛盾是注重“量”的扩张，忽视“质”的提升，经济增长主要依赖高能耗的第二产业所推动的粗放型发展，许多企业片面追求高速增长、高强度投入、粗放式生产的经营模式，使得能源与资源的利用效率与发达国家相比存在较大差距。党的十八大以来，在我国社会生产力水平总体上显著提高、社会生产能力在很多方面进入世界前列的时代背景下，我国经济发展在内涵上正在发生着重大变化，即正在由高速增长阶段向高质量发展阶段转变。习近平总书记指出：“我们不仅要全面建成小康社会，而且要考虑更长远时期的发展要求，加快形成适应经济发展新常态的经济发展方式。[①] 这样，才能建成高质量的小康社会，才能为实现第二个百年奋斗目标奠定更为牢靠的基础。”而要建成高质量的小康社会，必须以高质量的经济发展为基础或载体；只有提高发展的质量和效益，才是解决发展不平衡不充分问题的根本途径，也是满足人民群众日益增长的美好生活需要的正确方式。

在发展的代价上，出现了由发展与代价同步增长的高代价发展向发展与代价逆向互动的低代价发展的转变。从发展哲学的角度看，在人类历史的演进中，存在着深刻的代价规律，历史进步总是在代价的付出和扬弃中实现的。换言之，发展必然要付出代价。以往我国的发展，在总体上是一种高代价发展，虽然我国的发展速度很快、成就巨大，却出现了发展成本高投入、消极后果严重化的“伴生”现象。新时代再也不能允许这种高代价发展的现象继续存在了。当我们转方式着力解决好发展质量和效益问题、补短板着力解决好发展不平衡问题、防风险着力增强风险防控意识和能力的时候，就意味着我们正在实现由高代价发展向低

---

① 习近平：《在党的十八届五中全会第二次全体会议上的讲话（节选）》，《求是》2016 年 1 月 1 日。

代价发展的转变。所谓低代价发展，是指人们在发展实践中，以最优质态、最佳量度、最良序化，在合理目标范导和最优模式驱动下，沿着科学合理的发展道路，以最少的投入和付出、最小的风险和危害、适宜的发展速度，获得最大发展收益。低代价发展的独特品质在于将实现进步的至上性和抑制代价的紧迫性有机统一了起来，在创造发展的同时又在调控着代价，实现着发展收益与代价付出的良性逆向互动，这样一种理想的发展模式，使其成为了我们实现“强起来”的不二选择。

在发展的生态保障上，出现了由人与自然分割对立向人与自然和谐共生的转变。人类文明自进入农业社会以来，相继经历了黄色发展、黑色发展和绿色发展的阶段。当前，一方面，我国资源约束趋紧、环境污染严重、生态系统退化的问题十分严峻；另一方面，人民群众对清新空气、干净饮水、安全食品、优美环境的要求越来越强烈，为此，追求绿色发展就成了我们的当务之急。习近平总书记指出：“绿色发展，就其要义来讲，是要解决好人与自然和谐共生问题。人类发展活动必须尊重自然、顺应自然、保护自然，否则就会遭到大自然的报复，这个规律谁也无法抗拒。”① 在当今中国的语境下，绿色发展，就是要在形成绿色生产方式和生活方式的基础上，坚持“五位一体”总体布局，努力追求“金山银山”与“绿水青山”相统一、今天发展与明天发展相统一。

在发展的国际环境上，出现了由专注国内发展向同时兼顾积极构建人类命运共同体、追求国际社会共同发展的转变。过去，我国社会生产落后，综合国力不强，我们的策略是稳住阵脚、韬光养晦、埋头内政，一心一意谋发展，聚精会神搞建设。进入新时代以来，经过几十年的快速发展，我国综合国力已进入世界前列，整个国家的面貌发生了翻天覆地的变化，在这种时代背景下，我们就有了将中国梦与世界各国人民的梦想联系起来的条件和能力，我们就要在坚持推动构建人类命运共同体的进程中，积极追求国际社会的和平发展、共同发展。正如习近平总书记指出的：“中国发展得益于国际社会，愿意以自己的发展为国际发展作

① 经济日报：http：theory. people. com. cn/n1/2017/0807/c40531 - 29453500. html，2017 年 8 月 7 日。

出贡献。中国对外开放，不是要一家唱独角戏，而是要欢迎各方共同参与；不是要谋求势力范围，而是要支持各国共同发展；不是要营造自己的后花园，而是要建设各国共享的百花园。”①

我国社会发展之所以会出现上述重大变化，一个根本的客观依据，是新时代我国社会主要矛盾发生了阶段性变化，即由原来的人民日益增长的物质文化需要同落后的社会生产之间的矛盾，变成了人民日益增长的美好生活需要同不平衡不充分发展之间的矛盾。新的社会主要矛盾具有两个根本属性：其一是人民性，这一点和原来的社会主要矛盾一致；其二是系统性或整体性，如“美好生活需要”就是一个包括物质文化需要在内的内涵丰富的具有综合性、系统性的概念。更为关键的是，新的社会主要矛盾直面我国社会发展的突出问题，即发展的不平衡不充分问题，而这两大问题直接关涉到我国社会发展的整体性关联性。因此，要解决新时代我国社会的主要矛盾，就必须坚持两个基本的追求。一是要坚持以人民为中心的价值导向，由此引申出要促进人的全面发展和全体人民的共同富裕。为此，在发展的境界上，就要实现由物化发展向美化发展的转变，即要追求一种具有美学意义和美化色彩的发展，通过这种品质的发展来努力促进人的全面进步。二是要设法告别要素性发展模式，尽力追求全面协调的整体性发展。这种整体性发展，显然是一种具有更高质量和效益、更注重人与自然和谐共生、更加关注构建人类命运共同体的发展。而这样的发展，也就意味着对高代价的克服和对低代价的追求。②

二 新时代“弱有所扶”的背景和意义

习近平总书记在党的十九大报告中指出：“坚持在发展中保障和改善民生，增进民生福祉是发展的根本目的。必须多谋民生之利、多解民生之忧，在发展中补齐民生短板、促进社会公平正义，在幼有所育、学有

① 人民网—中国共产党新闻网：http：//cpc. people. com. cn/n1/2016/0701/c405440 - 28516035. html，2016 年 7 月 1 日。

② 邱耕田：《新时代我国社会发展的新变化》，《大众日报》2018 年 2 月 7 日。

所教、劳有所得、病有所医、老有所养、住有所居、弱有所扶上不断取得新进展。”① “弱有所扶”是党的十九大报告中的新提法。报告增加这一项，进一步丰富了保障和改善民生的内涵，更精准、更全面地补齐了民生“短板”，反映出我们党多谋民生之利、多解民生之忧的人民情怀。长期以来，我国政府主要关注的是弱势群体中的绝对贫困群体。改革开放以来，经济的快速增长和强有力的反贫困措施，已经使几亿人脱贫，成绩举世瞩目。而在帮助绝对贫困人口的同时，也应该把社会中各类处于生活窘境和发展困境的群体纳入保障和改善民生的对象范围。“弱有所扶”中的“弱”，广义上涵盖了社会中各类处于生活窘迫和发展困境的群体。

在党的十九大报告中，涉及民生建设和社会保障的阐述可谓浓墨重彩，不仅列举了重点施策的民生领域，也提出了精准发力的具体内容。尤其值得关注的是，相较于党的十八大报告提出的“学有所教、劳有所得、病有所医、老有所养、住有所居”，党的十九大报告将“幼”“弱”两个群体纳入其中，增加了“幼有所育”“弱有所扶”的要求。这一具体而突出的变化，无疑将民生建设的内容扩充、领域拓宽，以确保更精准更全面地补齐“短板”。可以这样说，党的十九大报告中增加“弱有所扶”这四个字，对提高保障、改善民生而言，可谓意义重大。

彰显改善民生新实绩。在发展中解决民生诉求、补齐民生短板，既要尽力而为，又该量力而行，需要一件事情接着一件事情办。党的十八大以来，在全球经济下行压力下，我国各项民生指标逆势上扬，大家对民生改善的显著进步更是有目共睹。城市低保标准和农村低保标准分别增长59%和97%，近6000万名低保人员和特困群众基本生活得到有效保障；用于社会救助的财政资金从1800亿余元增加到2500亿元，贫困发生率下降到4.5%，下降5.7个百分点；养老保险覆盖超过9亿人，13亿人参加医疗保险；6000多万棚户区居民出棚进楼，1900多万住房困难群众住进公租房……一个个数据表明的是改革成果惠及百姓、民生福祉不断增进的事实。正是这些年在民生建设上的坚实步伐和非凡成就，才为解

① 共产党员网：http：//12371.cn/2017/10/27/ARTI1509103656574131.shtml，2017年10月18日。

决“弱有所扶”的民生诉求打下了扎实基础。

拓展改善民生新内涵。“弱有所扶”体现了对困难群众的真情关怀。从“幼有所育”到“弱有所扶”，民生建设将基本覆盖每个人生命全周期的重要方面，内容不断完善，范围不断延伸，短板不断补齐，充分体现了以人民为中心的发展理念。显然，未来万千贫困家庭都将从中获益，包括8500万残疾人在内的贫困阶层和弱势群体，将率先得到社会各界的更多帮扶，获取政策优惠的更大红包。也只有当弱者不再无助时，百姓对美好生活的追求才能看得见、摸得着、有盼头，真正实现一个都不能少，一个都不能掉队。

开启改善民生新征程。民生无小事，枝叶总关情。“弱有所扶”看似小事，却关系广大人民群众的切身利益。多年来，尽管通过补短板、兜底线、出实招，我们在确保民生福祉上取得了巨大成就，但要落实“弱有所扶”，做好民生改善这篇大文章，还有不少硬骨头要啃。这就需要政府部门和党员干部秉持为人民服务的宗旨意识，多谋民生之利、多解民生之忧，把改善民生、增进人民福祉作为一切工作的根本目标，完善公共服务体系，建构互联互通机制，“眼睛向下看，身子往下沉”，抓在点子上，落到关键处，做到精准施策、过细工作，确保更精准更全面地补齐民生“短板”，实现更加幸福的民生图景。

三 习近平的民生关切事·弱有所扶摘要

“老工业基地前些年下岗人员相对集中，党和政府要切实关心他们及其家庭的工作和生活，加强社区服务特别是对老年人的服务，做好就业再就业工作，让在就业创业上需要帮助的群众都得到帮助、在生活上需要保障的群众都得到保障。”①

——2013年8月28—31日，习近平总书记在辽宁考察

“要关心留守儿童、留守老年人，完善工作机制和措施，加强管理和

---

① 全部来源于新华社“新华视点”微博，http：//www.xinhuanet.com/politics/leaders/2019-08/12/c_1124865568.htm，2019年8月12日。

服务，让他们都能感受到社会主义大家庭的温暖。”

—2015 年 6 月 16—18 日，习近平总书记在贵州考察

“民生是最大的政治。要抓住人民最关心最直接最现实的利益问题，把人民群众的小事当作我们的大事，从人民群众关心的事情做起，从让人民满意的事情抓起，加强全方位就业服务，高度重视困难群众帮扶救助工作，加快建成多层次社会保障体系，加强社区治理体系建设，坚持精准扶贫精准脱贫，推进民生保障精准化精细化。”

—2018 年 4 月 24—28 日，习近平总书记在湖北考察

从幼有所育到弱有所扶，中国共产党践行着“小康路上一个都不能少”的庄严承诺。对困难群众的安危冷暖，习近平总书记始终牵挂在心。

“更加关注补齐民生领域短板，让人民群众共享东北振兴成果。要确保养老金足额发放，确保按时完成脱贫任务，完善社会救助体系，保障好城乡生活困难人员基本生活。”

—2018 年 9 月 25—28 日，习近平总书记在东北三省考察

“把更多注意力放在最普通的妇女特别是困难妇女身上，格外关心贫困妇女、残疾妇女、留守妇女等困难妇女，为她们做好事、解难事、办实事。”

—2018 年 11 月 2 日，习近平总书记同全国妇联新一届领导班子成员集体谈话

“各级民政部门要加强党的建设，坚持改革创新，聚焦脱贫攻坚，聚焦特殊群体，聚焦群众关切，更好履行基本民生保障、基层社会治理、基本社会服务等职责、为全面建设小康社会、全面建设社会主义现代化国家作出新的贡献。”

—2019 年 4 月 2 日，习近平总书记对民政工作作出重要指示

“坚持以人民为中心的发展思想，从群众最关心的问题入手，坚持尽力而为、量力而行，落实各项惠民政策，做好普惠性、基础性、兜底性

民生建设。”

—2019 年 5 月 20—22 日，习近平总书记在江西考察

“脱贫攻坚明年就要收官，要把工作往深里做、实里做，重点做好那些尚未脱贫或因病因伤返贫的群众工作，加快完善低保、医保、医疗救助等相关扶持和保障措施，用制度体系保障贫困群众的真脱贫、稳脱贫。”

—2019 年 10 月 15—17 日，习近平总书记在重庆考察

第二节　新时代“弱有所扶”政府责任机制建设研究思路与方法

弱势群体的存在具有任何时代、任何国家都无法避免的普遍性，对于社会弱者问题的关注，早已成为了一个全球性的问题，引起了社会学、社会工作学、经济学、法学、心理学等诸多学科领域的研究者们的共同兴趣。我国学者也多是从经济学、社会学的研究角度，探讨该群体的身份认同、形成原因以及对社会的影响。有的学者着力于弱势群体研究，有的学者则着力于政府责任研究，以现行社会保障政策或相关法律制度等某一方面作为角度进行分析，并制订优化方案。他们仅仅是把二者进行分开研究，没有将二者之间联系在一起，只是从微观角度或者片面的角度进行分析。因此，从行政学的角度去研究对这一特殊群体的保护问题并不十分多。而对政府的“弱有所扶”保护责任问题，从责任内容到责任实施到履责结果缺乏全面的认识和研究。

新时代背景下，中国正从传统行政管理模式向新公共管理模式转变，而政府责任机制的改变正是这一转变的基础，因此，从责任机制的转变与构建来对“弱有所扶”进行研究及实践具有重要的学术价值和应用价值。本书不仅运用了行政学相关理论知识进行分析，同时还借鉴了哲学、管理学、政治学等领域的相关理论，从更广阔的视角将以上两个方面结合在一起进行系统的研究。

一 本书的研究思路与方法

本书将社会转型过程中涌现的众多处于发展困境和生活窘迫的各类群体作为研究对象，通过对弱势群体的内涵、外延总体特征，以及政府责任、政府责任机制等相关概念界定和理论基础阐释，以政府对弱势群体的保障问题作为研究的起始点，基于双因素理论从生存权保障和发展权保障两个维度来对政府专项责任进行实证研究，试图在借鉴现有研究的基础上，在生存权保障方面对社会救助和居住保障采取进行研究，在发展权保障方面对教育保障和就业保障进行研究，通过对大量资料的搜集、整理、归纳和数据分析，找出政府在弱势群体保护中已履行的、应履行的以及应履行而未履行的责任进行客观公正的分析。与此同时，对政府内部和外部责任边界问题进行尝试性的探讨，总结我国政府在应对过程中的责任实现情况，指出存在什么问题，并探寻其原因。最后回归到弱势群体的保障权和发展权这两个出发点，针对在“弱有所扶”的问题，从宏观上整体提出如何完善和重建政府的责任机制、政府在保护弱势群体问题上应采取的具体解决路径，期冀有一定理论探讨和实践研究的作用。

本书中采用了文献研究法、多学科研究方法和数据分析法进行相关研究。

1. 文献研究法。作者对与弱势群体与政府责任有关联的文献资料的收集与梳理，通过理论思考和与实践参照，构建出具有理论依据与实践意义的相关路径。

2. 多学科研究方法。作者通过从行政学这一研究范畴分析在发展困境和生活窘迫的这一特殊群体的保护上，政府应履行何种责任，梳理出相应的问题，从政府责任机制这一角度来分析原因，从而得到完善责任机制相关路径。同时，本书基于管理学和政治学以更开阔的视角，运用相关理论对课题的若干问题进行细致的思考与研究。

3. 数据分析法。作者基于弱势群体生存权和发展权两个研究维度对我国弱势群体在现实中获得政府在救助、住房保障、教育保障与就业保障的具体人数，以及中央与地方政府、社会组织不同主体在保障资金投入中所占比重等具体情况梳理，并对客观数据进行加工统计和处理分析，最后概括总结出我国政府在实施各块保障方面对弱势群体实际履行责任情况，分析存在问题的具体原因，从而为实现政府责任路径的研究提供客观、科学的数据支持。

二 本书的研究特色与创新

我国学者大都立足于经济学和社会学的研究角度对弱势群体进行研究，或者以现行社会保障政策或相关法律制度等某一方面进行分析，试图了解这个群体产生的原因、群体的身份认同问题和对社会产生的影响。但极少有学者基于行政学的理论角度去探讨如何对特殊群体进行保护和政府责任优化方案的策划。对政府“弱有所扶”的责任实施内容、实施程序、履责结果缺乏客观的研究与认识，本书则是从行政学角度，并借鉴了哲学、政治学、管理学等领域的相关理论，将弱势群体问题与政府履行责任结合起来进行深刻的分析研究，从弱势群体的保障权和发展权入手，客观分析在新时代背景下，我国政府在弱势群体保护上应当履行的责任，从宏观上把握政府在“扶弱”中路径选择。专著创新之处是基于政府责任机制的研究角度去探析弱势群体问题，期冀能对我国相关理论的完善贡献绵薄之力。

第二章

新时代“弱有所扶”理论阐释及相关研究

第一节　弱势群体的相关界定

一　弱势群体的概念、分类和构成

社会弱势群体也称社会脆弱群体、社会弱者群体，主要是一个用来分析现代社会经济利益和社会权力分配不公平、社会结构不协调、不合理的概念，也是社会学、政治学、社会政策领域的一个核心概念，它与自由竞争、社会公平、社会权利等范畴一起形成了社会政策—社会福利制度—社会服务的理论和实践场域。弱势群体概念的形成是同一定的社会福利的意识形态相联系的。[①]

（一）国外文献回顾

弱势群体，英文中有“vulnerable groups”和“disadvantaged groups”两个相似的词语，而关于弱势、脆弱的相近说法还有“disabled”或“weak”等，后两个词比较好确认与区分，“disabled”指身体受到伤害、有残疾的，一般翻译成“残疾人”；“weak”指缺少体力、能量和精力，虚弱无力的，也有缺乏技能、意志薄弱等意思。“vulnerable”字面意思是易受伤害和攻击，也指易受责难、诱惑，易于屈服的，“disadvantaged”其一指缺乏生活中的一些必需品或有利条件，如宽裕的住房、医疗护理或教育设备；其二指处于不利条件和地位，尤其指相对于竞争或相反的

① 郑航生：《中国人民大学中国社会发展研究报告（2002）：弱势群体与社会支持》，中国人民大学出版社 2003 年版，第 6 页；王思斌：《改革中弱势群体的政策支持》，《北京大学学报》（哲学社会科学版）2003 年第 6 期。

因素或力量。

中国人民大学郑杭生认为，“disadvantaged”与“advantaged”相对，表明处境不占优势，并且缺乏改变其境遇的条件，通常也被解释为“弱者”。相对而言，“vulnerable”的含义稍微宽泛一些，既有本人比较脆弱的意思，又有由于缺乏社会参与和社会保障等原因而变很容易受到伤害的意思。①

北京大学刘继同认为，“vulnerable groups”指在生活中比较脆弱和易受伤害的社群，主要指老人、孤儿、儿童、残疾人、精神病人、长期患病者等，称“弱势群体”；“disadvantaged groups ”称“劣势群体”，指那些在就业和社会生活中长期处于不利社会境况的社群，这种不利处境主要是由社会结构性因素和制度性安排造成的，劣势意味着生活机会和社会奖励分配中长时间和系统性的不公平待遇。社会中的劣势群体主要包括低下阶层、边缘化群体和受压迫群体，如在美国包括贫民区中的低下阶层、黑人和有色人种、少数民族和女性、移民、亚洲裔、非洲裔和拉丁美洲裔美国人、老年人和退休人员、同性恋和妓女、短期和长期失业者、福利依赖者、单亲父母、未婚母亲、前犯罪和吸毒者等人群。它与弱势群体（vulnerable groups）的最大区别是他们都具有劳动能力。劣势社群的概念不包含弱势社群的概念；相反，劣势社群概念则包含在弱势社群概念之中。劣势社群是弱势社群概念的进一步发展和细化，特指那些具有劳动能力并在就业和日常生活中长期处于不利状况的社群。②

而据美国波士顿大学教育学院 Gerald S. Fain 教授所言，在美国，这两个词语也常常混用，区分不是很严格。如果一定要区分的话，“disadvantaged groups ”是已经确定的弱势群体，“vulnerable groups”则不一定，它是指脆弱的、易变成弱势的。从国外的文献看，不同的学者、不同的（资助）计划，对弱势群体的概念和构成的看法既有共同点，也有不同的

---

① 郑航生：《中国人民大学中国社会发展研究报告（2002）：弱势群体与社会支持（前言）》，中国人民大学出版社 2003 年版，第 10 页。

② 刘继同：《弱势群体与劣等群体：中国社会福利对象的政策研究》，载阎青春主编《社会福利与弱势群体》，中国社会科学出版社 2002 年版，第 24—51 页。

侧重点，而讨论更多的是“disadvantaged groups ”，正如刘继同所言，这类群体的弱势主要是由社会结构性因素和制度性安排造成的，所以也值得探讨如何从社会安排的角度来对这些弱势群体提供社会支持，以改变其弱势状态。比如有些学者认为，“disadvantaged groups ”的特征是：从收入讲，处于社会底层；有乡村的背景，遭遇一些社会和经济歧视；常常是新进入城市的移民。[①] 与之相似，还有学者列举的“disadvantaged”的特征是：贫穷，收入很少或没有收入；无工作技能，受教育水平很低，属于少数人群，如可能是犹太人、黑人；被剥夺了经济、教育和社会机会。[②] 还有主要从机会剥夺、社会排斥的角度来界定，如认为“disadvantaged groups ”指那些由于其经济境况、性别、种族或语言、宗教或政治地位等原因，很少有机会从社会和经济上被统合于社会的人的组合；他们没有土地或其他能产生收入的资源，而且通常被剥夺了一些基本的社会服务，如健康服务、适当的住房和教育。[③] 另有从资源缺乏的角度来讨论的，如认为：一般“disadvantaged groups ”主要特征与其资源的拥有相关，或者说长期缺乏五种基本的资本，即自然的（土地、动物、水）、物质的（基础设施、机器）、财政的（钱）、人力的（教育、知识）和社会的（组织的、集体自我帮助能力）。这些弱势人群难以摆脱贫穷的一个主要原因是，他们很难积聚这些资本。[④] 至于“vulnerable groups”如有学者列举的人群是：孤儿、脆弱的儿童（比社会中一般儿童面临更为消极的环境，如严重的营养不良、高发病串、高死亡率、低入学率、过度的工作负担、暴力、单亲家庭等处境，处于最危险的状况）、

---

① Robert J. Havighurst（Winter，1965）. Who are the Socially Disadvantaged? The Journal of Negro Education，Vol. 34，No，1：pp. 39 –46。

② ELMER H. Burack；F. James Staszak；Gopal C. Pati（Sep.，1972）. An Organizational Analysis of Manpower Issues in Employing the Disadvantaged. The Academy of Management Journal，Vol. 15，No3：pp. 255 –271.

③ UNESCO. Education Strategies for Disadvantaged. Groups：Some Basic Issues，1998. http：//www. unesco. org/iiep.

④ http：//www. oceansatlas. org/ servlet/CDSServlet? Status = ND0XMjM3mcy2pWVuJjMz PSom-Mzc9a29z.

残疾人、老年人。①

抛开概念的理解与歧义，从实践上看，在国外，弱势群体概念的发展是与福利国家的演进相联系的。也就是说，谁是社会中的弱势群体的问题，涉及特定社会的阶级结构、社会分层模式和流行的社会价值观，反映了特定国家、特定时期社会福利对象的政策取向。欧美国家的福利制度是伴随着欧美国家工业化和都市化过程而产生的。工业化和市场竞争带来了失业、贫困等问题，加上天灾人祸、疾病等原因，使一些人生活贫困，迫切需要来自国家和社会的救助。从欧美社会福利制度的历史来看，早期的福利政策以济贫救困为原则。目的主要是反贫穷，对象是特定的贫困群体（丧失劳动能力和依赖性群体），是选择性福利制度。如英国政府曾将需要社会救助的人群分为两种类型：一是“值得帮助”的人，如老年人、长期患病者、盲人和精神病人，这类人的共同特征是基本丧失劳动能力，无法通过竞争性劳动市场来满足自己及其家庭的基本生活需要。英国政府为他们提供社会救济。二是“不值得帮助”的人，如身强力壮的流浪汉、乞讨者等，其共同特征是有劳动能力。英国政府将他们强行安置到专门设立的就业习艺所和私营企业中就业，通过工作救助和以工代赈方式解决其救济问题。

随着社会的发展，社会福利对象也逐渐扩大。人们认识到，除了那些没有劳动能力和丧失劳动能力的人群需要受到社会的照顾和保护以外，具有劳动能力的某些贫困及困难人群也应享受国家的社会福利。1950 年，英国学者马歇尔提出公民权由公民民事权、公民政治权和公民社会权三部分组成，而公民社会权主要体现在教育制度和社会服务上。据此，所有拥有完全公民资格的公民都有享受社会服务和社会福利服务的权利，这为普及性福利制度奠定了理论基础。英国也成为世界上第一个普及性福利国家，政府为所有公民提供从摇篮到墓地的多种福利服务。② 而随着

---

① http://www.web.worldbank, org/WBSRTE/EXTERNAL/TOPICS/EXTSOCIALPROTECTION/EXTSAFETYNETSANDTRANSFERS/0, contentMDK: 20174784 - menuPK: 148956 - piPK: 216618 - theSitePK; 282761, 00. htmlpp.

② 刘继同：《弱势群体与劣等群体：中国社会福利对象的政策研究》，载阎青春主编《社会福利与弱势群体》，中国社会科学出版社 2002 年版，第 24—51 页。

社会福利对象的扩大，弱势群体的范围也扩大了。广义上的弱势群体不仅包括没有劳动能力和失去劳动能力的人群，如残疾人、老年人、儿童等，也包括由于缺乏教育和机会、社会排斥等社会原因而形成的生活困难群体，而且由于后者数量大，又具有高风险性，因而常常是社会福利服务对象的主体。

（二）中国学者的研究

社会弱势群体的生存状况及其面临的困境早就引起了中国共产党人及学者们的注意，并开展了一系列的调查研究活动。如20世纪20年代，毛泽东在对中国农村社会进行广泛调查的基础上，写出了《中国社会各阶级分析》《湖南农民运动考察报告》《兴国调查》等调查报告，反映了当时半殖民地半封建社会的中国弱势群体农民的生活状况。再如1914—1915年，北京实证会对305个洋车夫生活状况的调查；1923年，社会学家陈达指导学生对民众生活费用的调查，等等。①

但是直到20世纪末，随着中国市场经济的进一步发展和社会结构的急剧转型，社会弱势群体及其问题日趋凸显，更重要的是随着社会的日益发展与进步，社会各界尤其是政府开始关注弱势群体问题，弱势群体问题才真正成为学界的关注中心。正如有学者所言，在我国，弱势群体作为一个概念具有“突生”的特点。尽管社会政策、社会工作学界较早地使用了这一概念，但是它的流行与近些年来我国社会的分化、弱势群体的规模迅速扩大、弱势群体行动的可能性以及政府社会政策的转向有关。弱势群体概念在一定范围内进入政府的社会政策话语体系，反映了政府的社会福利意识形态的某种程度的变化。②

由于对弱势群体的研究还刚刚起步，所以对这一问题并没有统一、定论的认识。首先，弱势群体与各种相近概念并存共生，交叉混用，尚无普遍认同的权威定义。除弱势群体概念以外，学者们还使用了“边缘性群体”“脆弱群体”“社会弱者”“特殊困难群体”等概念。中国政府

---

① 张敏杰：《中国弱势群体研究》，长春出版社2003年版，第17页。

② 王思斌：《改革中弱势群体的政策支持》，《北京大学学报》（哲学社会科学版）2003年第6期。

政策文件常用“困难群体”和特定群体等概念。其次，弱势群体界定标准多种多样，界定角度千差万别，从而导致弱势群体概念的内涵和外延歧义颇多，难以区分不同类型弱势群体之间的异同之处。[①]

下面是近年来对弱势群体概念研究的一个归纳。[②]

1. 概念

学者们从不同的角度，对弱势群体这一概念进行了界定。从经济角度，将弱势群体看作贫困群体或贫困群体的一部分，“是指凭借自身力量难以维持一般社会生活标准的生活有困难者群体”[③]。也有学者认为，“由于各种外在和内在的原因，他们抵御自然灾害和市场风险的能力受到很大限制，在生产和生活上有困难。脆弱群体一部分已经是贫困者，另一部分是潜在的贫困者”[④]。或者直接从经济收入的角度将弱势群体看作低收入群体中的一部分，认为弱势群体“主要包括各种病、残及意外灾害和意外事故所导致的个人生存和劳动能力障碍者、过高赡养系数者以及市场竞争中的失败者”[⑤]。

从政治、法律、社会资源配置等层面，将弱势群体界定为在社会中处于不利地位的群体。有学者指出，“弱势”至少有这样三层含义：第一，他们的现实生活处在一种很不利的状况之中；第二，他们在市场竞争中处在弱势地位；第三，在社会和政治层面，他们往往也处于弱势的地位。[⑥] 有学者认为，“弱势群体是一个相对的概念，在具有可比性的前提下，一部分人（通常是少数）比另一部分人群（通常是多数）在经济、

---

① 阎青春：《社会福利与弱势群体》，中国社会科学出版社2002年版，第478—479页。

② 武陵、施国庆：《我国弱势群体问题研究综述》，《南京社会科学》2004年第9期；钱再见：《当前中国社会弱势群体若干问题研究综述》，《文史哲》2003年第1期；窦开龙：《我国弱势群体问题的研究》，《甘肃农业》2005年第12期。

③ 郑杭生：《转型中的中国社会和中国社会转型》，首都师范大学出版社1996年版，第320—321页。

④ 沈红：《中国贫困状况与贫困形势分析》，参见《汝信—1998年：中国社会形势分析与预测》，社会科学文献出版社1998年版，第93页。

⑤ 杨宜勇：《公平与效率——当代中国的收入分配问题》，今日中国出版社1997年版，第75页。

⑥ 苑哥：《关注社会弱势群体——访清华大学社会学系教授孙立平》，《中国企业报》2002年4月12日。

文化、体能、智能、处境等方面处于一种相对不利的地位”[①]。再如，认为弱势群体“指由于自然、经济、社会和文化方面处于不利状态而难以像正常人那样去化解社会问题造成的压力，导致其陷入困境、处于不利社会地位的人群或阶层；在社会变迁的进程中，这个群体是社会援助的对象，是社会福利的接受对象”[②]。还有学者认为，弱势群体是由那些在社会资源分配过程中处于不利地位的人们所组成的社会群体，他们在社会的经济生活中处于一种无奈状态，无法与其他人群进行正常的社会竞争，不得不退出主流社会，日益被边缘化，从而形成一个具有共同特征的底层社会群体。[③]

从社会生活和社会心理两方面，认为弱势群体是生活困难、适应能力差、易受挫折、需要支持和救助的群体。有学者认为，弱势群体是指那些依靠自身的力量无法保持个人及其家庭成员最基本的生活水准、需要国家和社会给予支持和帮助的社会群体。[④] 也有学者认为，弱势群体是由于社会结构急剧转型和社会关系失调，一部分社会成员由于自身的某种原因（竞争失败、失业、年老体弱、残疾等）而造成对现实社会的不适应，并且出现了生活障碍和生活困难的人群共同体。[⑤] 还有学者认为，“所谓脆弱群体，既包括由于收入不足而处于生活匮乏状态的人群，也包括由于个人或社会原因而造成的心理失调、适应能力下降的人群”[⑥]。再如，认为弱势群体是在遇到社会问题时自身缺乏应变能力而易于遭受挫折的群体。[⑦]

从社会排斥角度，认为弱势群体是指由于某些障碍及缺乏经济、政治、社会机会而被排除在社会经济发展进程之外，不能充分享受到社会

① 李林：《法治社会与弱势群体的人权保障》，《前线》2001 年第 5 期。

② 张敏杰：《中国弱势群体研究》，长春出版社 2003 年版，第 17 页。

③ 吴鹏森：《论弱势群体的“社会报复”》，《江苏行政学院学报》2003 年第 1 期。

④ 郑杭生、李迎生：《全面建设小康社会与弱势群体的社会》，《中国人民大学学报》2003 年第 1 期。

⑤ 钱再见：《中国社会弱势群体及其社会支持政策》，《江海学刊》2002 年第 3 期。

⑥ 李强：《社会支持和个体心理健康》，《天津社会科学》1998 年第 1 期。

⑦ 王思斌：《社会生活工作导论》，北京大学出版社 1998 年版，第 17 页。

经济发展的成果，在社会上处于不利地位的人群。[①]

从多种角度概括出弱势群体的综合特征。如有学者认为，弱势群体的弱势既是经济意义上的，也是社会意义上的，更是政治意义上的。在经济意义上，弱势群体的弱势体现为市场竞争力低、收入低、就业和收入不稳定；在社会意义上，弱势群体的弱势体现为被歧视，合法权益被侵犯；在政治意义上，弱势群体的弱势体现为无法参与、影响政策的制定，而有时成为某些政策的受害者，没有自己的声音，成为沉默的一群。因此，弱势群体主要指那些劳动能力和就业能力低下，资源缺乏（就业信息、社会关系等），身处困境（经济、社会、政治）之中的人群。[②]

此外，还有学者指出弱势群体是一个变化的概念，它的形成和演变轨迹是社会在一定的发展时期，政治、经济、文化综合作用的结果。[③]

从以上的归纳可以看出，虽然对弱势群体所用的名称不同，概念界定的角度也各不一样，但有一些最基本的共识，本书通过梳理国内众多学者对于弱势群体的定义和范围界定，概括出新时代我国弱势群体的定义是：社会中各类处于发展困境和生活窘迫的群体。其范围界定主要包括五种群体：第一类是城市中的各类失业人员。改革开放带来的经济体制与社会机构的大变化促成了产业结构大调整以及资源分配和就业制度的大变迁，导致城市里面涌现出很多失业者与下岗工人。这些群体普遍特征是受教育程度低，年龄偏大，与市场需求不符，尤其当城市中的劳动力过剩时，这些群体想要再就业就更困难了。第二类是失地农民与进城务工人员，他们是中国弱势群体的特殊代表。随着城镇化的不断推进，更多的农村融入城市，失地农民越来越多，补偿金不合理的情况比比皆是，加之失去土地后便不能再进行耕作，很多失地农民只能离开家乡到城市里面打工，虽然他们对于城市作出了巨大的贡献，但是由于户籍、收入等的限制，他们始终无法融入城市，农民工群体陷入无处安身的困

---

① 孙迪亮：《社会转型期城市弱势群体的特征、成因及扶助》，《理论研究》2003 年第 1 期。

② 崔风、张海东：《社会分化过程中的弱势群体及其政策选择》，《吉林大学社会科学学报》2003 年第 3 期。

③ 薛晓明：《弱势群体概念之辨析》，《生产力研究》2003 年第 6 期。

境。截至2016年，我国农民工数量已高达2.8亿人。第三类是老年人。在我国，男人年龄60周岁以上，女人年龄55周岁以上则可界定为老年人，随着年岁不断增加，该群体的生活自理能力与生理机能逐渐下降，他们在生活方面难免要依赖儿女或者社会的保护，相比于青壮年，老年人明显属于弱势群体。随着我国社会老龄化现象的严重，据统计，当前我国60岁及以上老年人数为23086万人，占全国总人口的16.7%，政府承担着沉重的社会养老压力，尤其是我国人口老龄化逐渐产生老年人空巢孤独化严重倾向，养老问题正成为影响我国未来发展的重要社会问题。[①] 第四类是残疾人。残疾人是特指那些无论是在生理和心理，还是在智力和人体结构上，均不同程度存在功能不正常或功能丧失，不能按照正常方式从事活动的人。因而他们需要得到全社会的关怀和保护，给予他们更多的生活便利。显而易见，残疾人在社会上总是处于比较弱势的地位，在社会各个领域都缺乏竞争力。2016年年底有关数据显示，困难残疾人生活补贴人数521.3万人，重度残疾人护理补贴人数500.1万人。第五类是流浪儿童。指缺乏应有的家庭监护，没有固定的栖身场所，长期在外流浪的儿童，他们中大部分为父母双亡、没有监护人的孤儿。这类流浪儿童没有意识到学校接受义务教育，也没有能力去打工维持生计，长期以乞讨、捡垃圾等方式勉强度日，甚至去进行偷盗。针对这类情况，我国政府职能部门也制定了一些救助政策，建立了一些救助机构，提供救助服务。但从目前来看，救助实施情况并不理想。据国家民政部门相关统计数据显示，2016年我国仍有孤儿46.0万人之多，其中集中供养的孤儿仅占三分之一，大量孤儿处于社会散居状态。

长期以来，我国的贫困问题一直存在，而且比较突出。中华人民共和国成立以来，我国政府制定的相关扶贫开发政策与社会救助、社会优抚等众多社会保障制度重点帮扶对象都是绝对贫困群体，绝对贫困群体成为“弱有所扶”的重点。改革开放以来，我国政府通过采取有效的反贫困相关措施促进了经济的快速增长，使全国6亿多人脱贫，贫困人口

---

① 马红军、蒋晓婧：《精准扶贫视角下弱势群体的社会保障策略分析》，《邢台学院学报》2008年第2期。

减半，成绩斐然，成为全球第一个实现联合国千年发展目标的国家。我国以农民年人均纯收入作为测算标准，2011 年国家扶贫标准是 2300 元/年，2016 年为 2855 元/年，从购买力平价角度来测算，约为 2.2 美元/天，比国际上划分的 1.9 美元/天的极端贫困标准只是略高一些。据民政部统计，截止到 2016 年年底，全国有城镇低保户 855.3 万户，折合约 1480.2 万人，有农村低保户 2635.3 万户，折合约 4586.5 万人。城镇低保平均标准 494.6 元/人/月，全国农村低保平均标准 312 元/人/月。事实上，我国目前城乡低保标准基本处在维持贫困家庭最基本生活的水平。① 按照世界银行的贫困划分标准，当前，我国生活在贫困线以下人口占总人口 14.3%，共 2 亿多人，大约等于英国、法国和德国人口总和。② 所以，随着国家经济实力的日益增强，我国要努力实现 7000 多万绝对贫困人口整体脱贫，确保 14 亿民众在 2020 年全面达到小康，应该将“弱有所扶”相关政策措施向范围更广、规模更大的相对贫困群体推进，新时代的“弱有所扶”将加速实现我国反贫困目标，从而使相对贫困群体参与到共享经济和社会发展中来，进一步改善和提高相对贫困人群的生活质量和生活水平，创造新时代美好生活。

2. 分类与构成③

（1）生理性弱势群体与社会性弱势群体。生理性弱势群体主要由残疾人、退休者、年幼者、精神病及体弱多病者构成，由于生理上的缺陷、疾病或生理的衰老、年幼等原因，使他们在社会竞争中自然地处于不利地位。社会性弱势群体由贫困者和失业、半失业者构成，引起的因素较复杂，有恶劣的地理环境等自然因素，有产业结构调整、企业经营机制转换等经济因素，也有个人素质低、能力差等个人因素。深层的原因是社会结构转型中，计划经济体制和机制与市场经济体制和机制的摩擦、

① 民政部：《2016 年社会服务发展统计公报》，http://www.mca.gov.cn/article/sj/tjgb/201708/20170815005382.shtml。

② 《习近平在布鲁日欧洲学院的演讲》，《人民日报》2014 年 4 月 2 日。

③ 吴玲、施国庆：《我国弱势群体问题研究综述》，《南京社会科学》2004 年第 9 期。

不协调所引发的诸多问题。[①] 还有学者在此基础上继续细化，补充了“自然性社会弱者”，主要包括生态脆弱地区的人口、自然灾害的灾民，而“社会性社会弱者”指单纯的社会原因造成的，如下岗、失业者。[②]

（2）初级弱势群体和次级弱势群体。初级弱势群体是指由于成员基本生活需要未能得到满足而形成的生活有困难者，包括无依无靠的鳏寡孤独者、残疾人和其他因丧失、缺乏劳动能力而无生活来源者，遭受自然灾害难以维持基本生活需要的个人和家庭；无固定职业或失业造成的生活低于基本标准的个人和家庭；由于其他原因造成的生活水平低于基本标准的个人和家庭。次级弱势群体则是指在其基本物质需要得到满足的前提下，由于自身生理和心理上的病障或社会失调的影响造成其心理上的受挫感和剥夺感，从而难以适应社会甚至形成越轨行为的社会成员的集合。[③]

（3）结构性弱势群体和功能性弱势群体。结构性弱势群体主要是指在社会结构中处于不利地位的社会群体。功能性弱势群体主要是指由于社会成员自身的素质较差而导致他们处于弱势，无法与其他社会成员进行公平竞争。如残疾人、退休者、文化程度过低和年龄较大的失业者，某些非正规途径的就业者，等等。[④]

（4）新生弱势群体和传统弱势群体。有学者认为，“在传统意义上，弱势群体主要指老弱病残者和无劳动能力的依赖人群（主要是儿童），但随着农村改革和城市国有企业改革的不断深入，那些在劳动力市场中竞争力较弱、综合性能力较低而受不到平等对待的群体，如女性、非城市人口、农村贫困人口和失业、下岗人员等便成了这一群体的新成员”。[⑤] 其中，老弱病残孤是弱势群体的主体，失业者和国有、集体企业的下岗职工是当前急需保护的弱势群体；社会特困人口是目前城乡居民中最困

① 朱力：《脆弱群体与社会支持》，《江苏社会科学》1995 年第 6 期；冯招容：《弱势群体的制度因素分析》，《当代经济研究》2002 年第 7 期。

② 陈成文：《社会弱者论》，时事出版社 2000 年版，第 34 页。

③ 郑杭生、李迎生：《社会分化、弱势群体与政策选择》，《中国网》2003 年 1 月 20 日。

④ 吴鹏森：《论弱势群体的“社会报复”》，《江苏行政学院学报》2003 年第 1 期。

⑤ 张敏杰：《中国弱势群体研究》，长春出版社 2003 年版，第 17 页。

难的弱势群体，进城民工是相对的弱势群体。

（5）绝对弱势群体和相对弱势群体。绝对弱势群体既包括欧美学者所指的弱势群体（儿童、孤儿、老年人、残疾人、精神病人、长期患病者），还包括那些社会中确实存在的生存懒惰者。这些群体的一个共同特征就是其形成完全是个人因素，即年龄的、生理的、意志的，与社会转型和经济转轨无关。“称其为绝对弱势群体，是因为这个群体在任何社会任何时代都会存在，只是弱的程度有差异而已。”相对弱势群体，类似于欧美的劣势群体，也就是在现有的弱势群体中，除绝对弱势群体以外的其他弱势群体。这些弱势群体的共同特征为，他们是在社会转型和经济转轨的过程中产生的，一般与个人因素有关，但不完全是个人因素造成的，在不同的国家，不同的时代，其构成也不一样。“称其相对的关键一点，如果在处理得好的前提下，在很大程度上会随时间的推移而自然消亡。”①

（6）城市弱势群体和乡村弱势群体。有学者认为，从地域分布上看，我国社会转型期的弱势群体包括城市弱势群体和乡村弱势群体。城市弱势群体主要指下岗职工、失业人员、停产或半停产企业职工、早退休或被拖欠退休金人员以及因疾病、年老、孤寡伤残而领取最低生活保障金的人员，其形成和凸显的最直接表现是大批下岗职工和失业人员加入进来并构成其主体部分。② 也有学者认为，从较广泛的意义上来说，城市弱势群体包括失业和下岗人员、以退休职工为主体的老年群体、在业低收入者群体，也包括农村进城务工就业群体。前者主要是计划经济体制内的人员，他们是体制改革中利益相对受损的群体；后者是计划经济体制外的人员，他们由于受到社会排斥，游离于城市的边缘甚至不被承认，处于弱势状态。

---

① 陈运遂：《弱势群体概念及界定的研究》，《西南科技大学学报》（哲学社会科学版）2005 年第 2 期。

② 孙迪亮：《社会转型期城市弱势群体的特征、成因及扶助》，《理论研究》2003 年第 1 期。

二 弱势群体的特征[①]

（一）贫困性

很多学者都认为贫困性是弱势群体的本质特征（或首要特征、基本特征），它表现在经济上的低收入、生活上的贫困等。有学者还具体归纳了贫困的综合特征：①经济收入低于社会人均收入水平，甚至徘徊于贫困线左右，处于社会底层。②消费结构中绝大部分或全部的收入用于食品，恩格尔系数高达80%—100%，入不敷出。③生活质量较低，用廉价品，无文化娱乐消费，并有失学等后果。④除经济生活压力大外，心理压力也大，没有职业安全感，经济收入不固定或过低，常有衣食之忧。⑤由于能力、素质较差等原因，很少能改变目前贫穷状况。⑥这种经济上的贫困和社会中的劣势地位，将持续一段时间甚至永久。[②] 还有学者指出城市贫困群体在贫困性方面独有的特征：一是当现金收入断绝时，可能吃饭都成问题；二是城市中贫富差距极为鲜明；三是城市生活费用高，且缺少弹性。[③]

（二）边缘化

弱势群体由于资源匮乏，被排斥在主流社会之外，并远离权力中心。有学者认为，弱势群体由于经济的贫困，使其几乎没有可利用的稀缺资源或特殊等价物参与到广泛的社会交换中，去换取自我发展的资源和机会。弱势群体社会网络资源匮乏，使其交流或流动只局限于底层社会，从而被排斥在主流社会之外；由于政治资本不足造成弱势群体大都远离权力中心，更不用说参与到关系自身权益的决策和政治生活中了。[④]

（三）低层次性

社会弱势群体的社会地位处于低层次，从职业地位来看，弱势群体在城市劳动力市场中处于一种附属和次级的位置，职业声望低；从经济

---

① 吴玲、施国庆：《我国弱势群体问题研究综述》，《南京社会科学》2004年第9期。

② 朱力：《脆弱群体与社会支持》，《江苏社会科学》1995年第6期。

③ 苑哥：《关注社会弱势群体——访清华大学社会学系教授孙立平》，《中国企业报》2002年4月12日。

④ 高强：《断裂的社会结构与弱势群体构架的分析及社会支持》，《云南行政学院学报》2003年第6期。

与社会地位看，弱势群体普遍处于社会的中下层[①]；弱势群体的人力资本也偏低。

（四）脆弱性

由于弱势群体生活在社会底层，处于弱势，却承受着比其他群体更大的经济、社会、心理压力，故在承受力上表现为脆弱性。有学者认为，弱势群体是社会的各个群体中经济承受力和心理承受力较弱的群体，是社会结构的薄弱带，一旦社会各种矛盾激化，经济压力和心理负荷累积到相当程度，影响到他们的生存，社会风险将首先从这一最脆弱的群体身上爆发。[②] 还有学者认为，弱势群体普遍缺乏资金、权力、能力和关系等资源优势，仅仅依靠自身努力难以摆脱劣势地位，而支持不足，个人受挫情绪强烈，容易悲观失望，有些发展成为对社会的仇视、对抗心理，引发违法犯罪行为。[③]

（五）强烈的被剥夺感

由于生活在同一地区、同一社会的不同社会群体之间悬殊，弱势群体的相对剥夺感强烈。如有学者认为，中国贫困群体有一种比较深切的相对剥夺意识，涉及面比较广泛，而且具有相对剥夺感的人数往往超过了实际的相对贫困人数。[④]

三　弱势群体形成的原因

弱势群体在任何社会都存在，无论是发展水平高的社会，还是发展水平低的社会，仅仅是在数量和规模上存在区别。笔者认为，在分析弱势群体的成因时，必须对“社会转型”给予高度的关注，它才是造成弱势群体问题日益突出的最主要的原因（至少在当前中国社会转型的特殊语境下，社会转型对弱势群体的形成是起决定性作用的。这是因为，当

---

① 黄蔚、陈春洁、马莉：《关心弱势群体实现共同富裕》，《中国社会科学研究生院学报》2003年第4期。

② 崔风、张海东：《社会分化过程中的弱势群体及其政策选择》，《吉林大学社会科学学报》2003年第3期。

③ 张富良：《构建对弱势群体的社会关怀新探》，《求实》2002年第10期。

④ 吴忠民：《中国现阶段贫困群体分析》，《科技导报》1999年第7期。

代中国弱势群体中需要重点关注和积极应对是社会性弱势群体），其他的因素要么是由“社会转型”派生出来对弱势群体的形成发生作用的，要么对弱势群体形成所起的作用是次要的。[①]

（一）社会转型造成社会结构的断裂

20 世纪 90 年代以来，中国社会结构的断裂是一个趋势，学者们用“断裂社会”来描绘这一趋势。有学者提出 20 世纪 90 年代中期以来，这种社会与三个重要的背景因素有着密切的关系。第一，中国由生活必需品的时代逐步进入耐用消费品时代；第二，社会中的资源配置从扩散到重新积聚的趋势；第三，全球化的缺失以及中国逐步全球化的过程。[②] 这一过程必然导致社会结构的调整，各利益阶层分化整合，形成地位不同的各种社会群体。然而，在中国特定的条件下，社会结构的这种调整具有一定的断裂性。

社会阶层的核心内容是社会资源和社会机会在不同群体中的分配方式或配置方式的差异。随着我国社会的急剧转型，社会资源重新分配聚合，形成了不同的社会阶层。不同的社会阶层占有社会资源的方式和规模不一样，决定了其在社会结构中所处的位置不同，从而形成了所谓的强势群体和弱势群体之间的区分。

弱势群体和强势群体在社会结构中所处的位置完全不一样，甚至在某些方面形成对立。强势群体享有更多的社会资源，在社会管理中居于主导地位，在自己利益的表达和争取方面更具影响力，他们是社会改革的既得利益者。与此相对应，处在社会不利地位的弱势群体则承担着社会改革的代价，其利益由于社会的转型遭到损害甚至完全剥夺。社会结构的断裂性还表现在各社会群体的利益协调机制的缺失。社会中的一部分人，由于社会的转型承担了巨大的代价，使其社会地位处在不利的地位，这种不利除了表现为其经济的相对贫困性、生活水平的低下性之外，还表现在其政治生活的被动性。作为社会弱势群体的那部分人，往往不

① 王保帅、李楷：《转型期中国社会弱势群体问题之成因分析》，《法治与社会》2011 年第 10 期。

② 孙立正：《转型与断裂：改革以来中国社会结构的变迁》，清华大学出版社 2004 年版，第 89、110 页。

能够主动参与到社会管理，在涉及其切身利益的政策制定方面不具有发言权。此外，由于弱势群体普遍处在社会最底层，生活贫困，文化素质低下，这又反过来造成其他群体对他们的排斥甚至歧视，这就导致其社会生活处于被支配地位。这些因素导致其与其他社会群体不能到达有效的利益沟通和协调，他们的利益往往被忽视，这又更进一步加剧了其社会地位的不利。从而形成一个“地位低下——利益被忽视——地位更低下”的恶性循环，社会弱势群体的成因错综复杂。

此外，弱势群体所形成的特定的文化也将其排斥在社会结构之外。学者们由此提出“贫困文化”的概念，它是指贫困阶层所具有的一种独特生活方式，它主要指长期生活在贫困之中的一群人的行为方式、习惯、风俗、心理定式、生活态度和价值观等非物质形式。[①] 这种文化往往与主流文化格格不入，不能融入主流文化中，甚至被主流文化认为是愚昧落后的文化形式，遭到主流文化的抵触和排斥。这就加剧了弱势群体在社会结构中的边缘性。

“断裂社会”的一个显著特征就是一部分人被排斥到社会结构之外，“被排除出去的人，甚至已经不再是社会结构中的底层，而是处于社会结构之外”。弱势群体就是在断裂社会中被排除出社会结构和在社会结构中处于最底层的那部分人群。

（二）“计划”到“市场”的阵痛

中国社会转型包括多方面的转变，在经济方面就是市场经济体制的确立，经济体制由计划经济体制向市场经济体制转变。市场经济以市场为主导，强调生产要素的自由流通，提高了经济活动的效率，从而达到资源的优化配置。

市场经济是竞争的经济体制。在市场中，竞争推动和迫使经济主体进行合理决策、不断尝试生产要素的更好组合、开发和提供新的产品，从而保证资源配置的合理性，减少产品的稀缺程度，推动整个社会的经济增长。因而，确立市场经济体制就必然引入竞争以追求效率的最大化。在市场经济中，没有竞争就无法实现合理配置资源的目标。市场只有在

---

① 李学林：《社会转型与中国社会弱势群体》，西南交通大学出版社 2005 年版，第 68 页。

竞争的前提下才能相对有效地起到合理配置资源的基础作用。然而，竞争就必然产生优胜劣汰，这是以竞争为基本特征的市场经济的基本法则。这一市场经济的基本法则“不可避免地使一部分人成为竞争的胜利者，形成强势群体；同时，又使一部分人沦为竞争的失败者，形成弱势群体”。[①] 这是市场经济体制运行的必然结果。与此同时，计划经济时期实行的就业政策和旧体制也积累了大量的隐性失业人口。正如昝剑森指出的那样，在计划经济时期，我国长期实行统包统配的就业政策。它的实质是“低工资、高就业”，而结果是所谓的“三个人的活五个人干，三个人的饭五个人吃”，这也就是我国在传统经济时期之所以能成为世界上唯一的高就业模式国家的主要原因。[②] 这亦即我国计划经济时期的“大锅饭”政策，在这一就业政策下，不仅使经济活动运行的效率低下，还造成大量富余劳动力的存在，且这些富余劳动力长期从事简单劳动，劳动技能水平低下、种类单一。在确立追求效率的市场经济体制后，这些劳动力被迅速地排除在经济活动之外，加之其因长期从事简单劳动导致的技能水平低下、技能种类单一，使这部分人再次融入经济生活显得特别困难，从而最终演变成社会的弱势群体。

此外，在计划经济时期，企业生产产品主要按照国家的计划，而不是以市场需求为主导，因而，企业在主动追求效率的提高和生产技术的革新方面就显得积极性不高和动力不足。在市场经济体制确立后，这些企业被投入市场，参与市场竞争，其在效率和管理体制上的弊端就迅速凸显，一部分企业没有积极求变，最终遭到市场的淘汰，这又导致了大量的失业人口产生，这些人中一部分再就业或创业失败，由此生活艰难，演变成我国转型时期最典型的社会性弱势群体。

（三）社会急剧转型与制度滞后的矛盾

从历史的角度看，社会基本制度的每一次安排、重构和重大变迁，都会引起社会利益的重新配置，引发社会分层体制的巨大变迁。社会弱势群体，也往往是在这一过程中被造就的。制度的生产、演化、变迁是

---

① 丁生忠：《和谐社会视野下的弱势群体问题分析》，《长沙大学学报》2008 年第 1 期。

② 昝剑森：《改革中“弱势群体”的成因探讨》，《当代世界与社会主义》2002 年第 1 期。

人类文明发展中的永恒主题。人类迄今所取得的文明成就，在很大程度上可以将之定义为人类制度文明的成果；而人类迄今所面临的无法化解的难题，在很大程度上也可将之归咎于制度本身的安排缺陷。任何一项社会制度的安排，都是有其特定的价值指向的。所以，制度价值的选择就成为制度设计合理性的定盘星。当然，制度的价值选择又不是自我决定的，而是历史性的，也就是说要受历史条件的制约。比如农民工问题就是我国长期实行的户籍管理制度的副产品，也是我国计划经济体制向市场经济体制转轨的产物。户籍制度作为一种社会控制制度，从它产生的那天起就有其价值取向，那就是社会秩序价值。1949 年以后，由于新政权刚刚成立，百废待兴，安全、秩序成为这一时期社会制度最基本的价值取向，城乡分治的户籍制度便应运而生。与此同时，我国确立了生产资料的公有制度，自然资源和社会资源已属全民或集体所有，如何具体分配这些资源也需要与之配套的规则和秩序。基于为工业化积累资金的考虑以及对过度城市化的担忧，对农村人口向城市转移进行了户籍、粮食及副食品供应、劳动就业、教育、医疗和养老保险等方面的限制。应该说，户籍制度在当时的历史背景下，对公共秩序的建立、生产的恢复以及社会问题的缓解起到了积极的作用。但随着社会的发展、时代的变迁，社会的价值理念发生了深刻的变化，平等与自由成为社会的主流价值追求。户籍制度作为一种传统制度对人们自由的束缚问题，就引起了社会的高度关注。农民工问题的凸现就是在这一背景下形成的。当然，农民工问题不仅仅是户籍制度的产物，它还是社会转型过程中各种历史与现实因素相互作用的产物。在 2003 年 12 月国务院发布的《关于促进农民增加收入若干政策的意见》中首次对农民工的社会地位作出重新界定，“进城就业的农民工已经成为产业工人的重要组成部分”。但是由于制度和体制的原因，作为产业工人重要组成部分的农民工却仍游离于城市之外，也就是游离于自己创造的“城市财富”的分配之外。我国长期实行的以城乡二元体制为基础的、表现在户口制度、就业制度、教育、社会保障制度诸方面的具体设计已经成为制约社会和谐发展的樊篱。农民工这一弱势群体形成于城乡的二元分立之间，而在城市内部，在社会制度变迁过程中也形成了自己内部的弱势群体，那就是“下岗职工”。在计划经济时代，实行“统包统配”的就业制度和社会保障制度，从而促成了职工对企业的关联合一。在市场经济化过程中，由于与之相适应的社会保障制度还不健全，企业对职工的传统义务短期内尚难完全剥离，从而导致了“下岗职工”的大量出现。可见，下岗职工是我国在此阶段制度重构和制度变迁的必然伴生物。

社会转型必然产生一定的社会代价，而承担社会代价最集中的人群就是社会的弱势群体。然而，社会转型对社会一部分成员来讲，仅仅是形成了他们演变成弱势群体的一种可能性。倘若从制度层面注重对这部分社会成员的利益保护，预先对其可能形成的不利地位进行制度扭转，这部分人群是否有可能摆脱演变成弱势群体的命运？笔者认为，答案是肯定的，至少可以影响到这部分人演变成弱势群体的数量和规模。从某种意义上讲，科学的制度安排可以缓解社会急剧转型导致的某些社会问题。我国当前的弱势群体问题之所以突出，在很大程度上是由于：一方面社会急剧转型，另一方面保障弱势群体利益的相关制度严重滞后。

这种社会转型与制度滞后的矛盾是弱势群体形成不可忽视的一个因素。这突出地表现在社会保障制度的滞后性方面。我国的社会保障机制起步比较晚，真正权利意义上的保障机制还没有建立起来，我国的立法机关在保护弱势群体权利方面作出了巨大的努力，制定了《妇女权益保障法》《未成年人保护法》《老年人权益保障法》《残疾人保障法》等对弱势群体特别保护的法律，取得了一定的成效。但是按照一个完善的法治社会对于人权保障的标准和要求来看，我国立法对于弱势群体的人权保障还有相当差距。例如，尽管立法规定了对妇女、未成年人、残疾人等的特殊保护，但对实现这些弱势群体保护所需要的经费和其他物质条件，在立法中却没有具体的量化规定；对于侵犯这些弱势群体权利的行为，应当通过何种程序予以防止和惩处，也缺乏可操作性的规定。特别是，一些弱势群体的权利诉求在立法中还没得到确认和调整。在弱势群体权利的分配方面还存在缺陷。权利分配制度出现空转，使得权利分配不公的问题更加凸显。例如，贫困家庭要求获得适当生活水准的权利，贫困者要求获得医疗保健和救助的权利，要求免费获得精神医生咨询和治疗服务的权利，在法律的保护方面就近乎空白。而在有些地方规章中还存在一些对弱势群体的歧视性规定，比如性别歧视、教育歧视、就业歧视等。这些歧视性规定是权利分配不公在法律上的反映，它们无形中在很大的程度上剥夺了一部分人的权利，使他们处于更加劣势的地位。

社会保障是市场经济下维持安定团结的一种有效、稳定机制，是保证社会稳定的“减震器”和“安全网”。如前所述，市场经济必然导致市场主体之间收入和生活富裕程度的差异和不平等，这种差异和不平等的存在，有益于促进生产效率的提高。然而，这种差异和不平等也可能发展成极其悬殊的贫富差距。而且由于“马太效应”，富者更富，穷人更穷，因而建立相应的保护机制以限制差距的急剧扩大，保障生活贫困者的基本生活水平就显得尤为重要。由此观之，社会保障制度可以弥补市场机制和按劳分配的不足，为创造安定团结的社会环境提供可靠的保证。

第二节　研究弱势群体的理论基础

一　西方社会排斥理论

任何理论都有它产生、发展的社会背景，西方社会排斥理论亦不例外。社会排斥理论能在西欧诞生和兴盛与其深刻的社会背景休戚相关。第二次世界大战之后至20世纪70年代中期，被西方经济学家誉为“辉煌30年”。在此期间，西方国家甚至纷纷宣布建成“福利国家”，甚至宣称贫困已经一去不复返。但是，到了20世70年代中期以后，西欧经济结构发生了急剧的改变，开始了一个重大的经济重建过程，使得社会面貌发生了巨大的改变。“在经济重建过程中，出现了以前人们认为是将要消失的问题——贫困。这种新出现的贫困主要不是由个人原因引起的，而是由工业重建，即大规模的经济变迁引起的”。[①] 这一切对以往的充分就业和社会整合的“欧洲模式”形成了严重的威胁。如何有效解释并解决这些新出现的社会问题，成为当时困扰人们的重大心事。“正是在这个时候，社会排斥概念作为一种方法浮现出来，阐述看起来是（或者过去被

① 毛泽东：《建国以来毛泽东文稿（第6册）》，中央文献出版社1992年版，第326页。

定义为是）由社会本质中的基本变迁所引起的一套新问题。”① 20 世纪 70 年代西欧由于经济结构调整所带来的社会问题正是滋生社会排斥理论产生和发展的“温床”，社会排斥理论也为解释和解决这些新的社会问题提供了一种很好的理论范式。

“社会排斥”术语具有模糊、多角度和边缘宽广等特点。从社会学视角，是指个人或群体被全部或部分的排斥在社会系统之外；从经济学视角，是指对“新贫困”问题的认识与研究；从政治学视角，是指公民无法正常参与全部社会生活；从心理学视角，是指容易带来社会隔阂的消极心理状态。社会排斥的现实表现是多种多样的，具有多种特征，主要表现在：第一，社会排斥是一个动态的过程。“社会排斥研究强调是‘谁’（推动者和施动者）通过怎样的制度过程将他人排斥出一定的社会领域，重在揭示其中的机制和过程。”② 第二，社会排斥具有综合、多维性。社会排斥导致的社会问题是综合性的，它不是单独的一个问题或一个问题的单方面。第三，社会排斥是一个积累性的过程，遭受某一维度的社会排斥可能引发另一维度社会排斥，也就是说一个人遭受某一维度的排斥后，会继续遭受相关维度排斥。作为一种结果或状态，社会排斥现象的出现有一定的原因。社会文化、社会结构、国家政策、现存的意识形态等多方面因素造成了社会排斥，而社会流动率则反映了社会排斥程度。社会排斥是由于社会结构的不平等所造成的。脆弱群体所面对的困境并非他们自身不够努力、自暴自弃的结果，更多的情况是由于权利不足和机会缺乏，是社会结构有意无意地将之排斥于正常的社会生活之外而导致的。社会排斥往往发生于不同的社会政策层面，当社会政策系统化地拒绝向某些社会群体提供资源，使之不能完全参与社会生活时，就会导致社会排斥。

总而言之，社会排斥是个含义宽广，具有广泛适用性、很强解释力的概念。人们可以从个人、群体、地区、国家乃至世界等各个角度来分析和理解社会排斥。但无论从任何角度分析社会排斥，它都具有动态性、

---

① 毛泽东：《建国以来毛泽东文稿（第 6 册）》，中央文献出版社 1992 年版，第 326 页。

② 曾群、魏雁滨：《失业与社会排斥：一个分析框架》，《社会学研究》2004 年第 3 期。

系统性、多层次性、累积性和代际传递性等特性。作为一种结果或状态，社会排斥现象的出现有一定的原因。社会排斥现象的出现是经济社会变迁的结果，社会排斥现象与封闭的社会关系或已有的社会体制有关。由于社会排斥对个人、群体及全社会的发展都有很大破坏性。反社会排斥也一直被人们看成消除诸如贫困、歧视和偏见等社会问题以期获得社会稳定、安全、公正的重要途径。

二 西方社会分层理论

自19世纪中叶以来，西方的社会学家开始从社会分层角度进行研究，形成了几种对当代有重要影响的不同分层理论流派，德国社会学家韦伯按照人在社会上拥有的财富、权力、声望分层尺度来划分社会各个阶层，成为最早提出社会分层理论的学者，奠定了从社会分层角度研究弱势群体的基础。在韦伯这一理论基础上，美国学者沃纳按照收入与财产等综合指标将社会居民分为上上层、上中层、上下层、下上层、下中层、下下层六个阶层。在他的理论界定中，“下下层”特指美国社会的弱势群体，也就是那些靠领取政府救济金生活的人。基于阶级分层的观点，西方学者们普遍认为资本主义社会是存在“穷人”阶级的，但没有“贫困”的现象。所以，他们通常都是认为“穷人这些脆弱者群体是竞争的劣质群体”，大都对弱势群体持否定、不保护的态度。西方的社会分层理论对弱势群体问题进行分析时，基本上是把当代资本主义社会看作一个合理的社会事实，研究的角度大都是如何维护社会稳定，研究的兴趣大多来自大资本所有者的金钱资助和推动。

三 西方协商民主理论

20世纪后期，西方发达国家发生了深刻的变化：社会分化加剧，社会主体利益多元化，价值追求呈现出多元的取向；各种社会组织如雨后春笋般成立，市民社会力量日显强大；政府靠自身无法圆满解决环保、公共卫生和社会治安等问题；信息技术给公民参与政治提供了新途径。面对新变化，传统代议民主制显得相对僵化，协商民主理论因此应运而生。

协商民主理论是20世纪80年代初兴起的一种新民主范式，1980年，美国政治学教授约瑟夫·毕塞特在《协商民主：共和政府的多数原则》一文中首次使用"协商民主"一词，他倡导公民参与，民主协商，反对强制与精英主义。所谓协商，是一种不同行为主体交换信息、辩论、协调相互间的关系，共同商议以达成协议的沟通行为。尤其在政治领域，理性的交流和协商是达成共识的必要条件[①]。所谓协商民主，"简单地说，就是公民通过自由而平等的对话、讨论、审议等方式，参与公共决策和政治生活"[②]。它把民主从选举环节扩展到决策过程，主张公民通过公共协商参与政府公共政策的制定过程。在协商过程中，所有参与者都能自由公开地表达观点，并倾听他人的不同意见，进行理性的思考，达成共识，有助于实现公共政策合法化，也有利于保障社会不同阶层，尤其是弱势群体的话语权。但协商民主也承认资源、经济以及能力的不平等会对弱势群体的话语权保障产生一定的影响，因此必须构建一种机制来保障弱势群体的话语权。

四 西方多元福利理论

1883年德国出台健康保险制度，这一制度标志着福利国家的诞生，吉尔伯特·特瑞（2013）提出政府需要承担新的责任，包括发起、规范、资助处理某些风险和劳工类型的保险计划。经济大萧条后，凯恩斯主义占据重要地位，他提出为了实现充分就业必须实施国家干预，这一时期保障人群范围在逐渐扩大，同时福利水平也大大提高，国家是社会福利的主要提供者。20世纪70年代，石油危机爆发，经济增速下降，人口老龄化达到15%以上，老年人口的养老需求不断提高，贫富差距拉大造成社会不公平现象增加，随着这些福利国家危机的出现，人们开始对福利国家传统理论表示质疑，并开始思考变革传统的福利国家的理论，很多国家开始削减福利开支，从国家保障的单一主体发展成多元责任主体，

---

① 何包钢：《协商民主：理论、方法和实践》，中国社会科学出版社2008年版，第17页。

② 俞可平：《协商民主——西方协商民主理论的最新发展》，《学习时报》2006年11月6日。

福利多元主义也正是在这样的背景下应运而生的。

该理论主张社会福利来源的多元化，既不能完全依赖市场，也不能完全依赖国家，福利是全社会的产物。1978 年，在英国的《沃尔芬德的志愿组织的未来报告》中，福利多元主义的概念被首次提出，要求福利应维持多元体系，志愿组织应进行提高并参与其中（Wolfenden, 1978),[①] 实际上提出了政府、市场之外的其他主体在社会福利供给中的功能，具有里程碑式的意义。此后，该理论在国外逐渐发展成熟，得到了学界及政策制定者的普遍认同，并广泛应用于实践。

从该理论的发展过程来看，根据福利提供主体划分的不同，可分为两种流派：一种是以罗斯等人为代表的坚持三分法的派别；另一种是以约翰逊等人为代表的坚持四分法的派别。

1. 三分法

罗斯（1986）是最早对福利多元主义进行系统阐释的学者，他采用三分法的方式将福利的提供者分为国家、市场和家庭三部分,[②] 他认为福利是全社会的产物，任何一个单一的主体都不能满足社会福利的需求，他的思想打破了福利国家完全由国家提供福利的做法，建立了多元福利供给的基本分析框架。伊瓦斯与罗斯持有相似的观点，并进一步发展了罗斯的观点，提出福利三角的研究范式，他在对罗斯关于福利多元主义观点评判的基础上，主张将国家、市场和家庭具体化为对应的经济组织、价值和社会成员关系，并把福利三角分析框架放在文化和政治的背景下进行讨论。可见，伊瓦斯在罗斯的思想基础上更进了一步，他不仅继承了罗斯将社会福利提供来源分为国家、市场和家庭的思想，而且提出了三者之间的内在关系。他认为在现行的“福利多元化”政策中，强调的是协同合作，而不是不同部门之间的相互替代。同样支持福利供给主体三分法的学者还有阿布瑞汉森和杜非等，阿布瑞汉森（2005）认为社会

---

① Wolfenden. The Future of Voluntary Organizations: Report of the Wolfenden Committeep. Croom - Helm, London, 1978.

② Rose R. Common goals but different roles: The state's contribution to the welfare mix. Richard Rose, ReiShiratori. The welfare state: East and West (13 - 39). New York: Oxford University Press, 1986.

福利来源于国家、市场和市民社会,[①] 与伊瓦斯不同的是他用市民社会取代了家庭。杜非认为国家提供保障，市场提供机会和风险，市民社会提供团结和分离，从而形成了分析社会排斥和社会融合的福利三角模式。

2. 四分法

约翰逊（1999）是四分法的典型代表，他将福利提供者分为国家、市场、家庭和志愿组织四个主体，与三分法不同的是在国家、市场和家庭的基础上加入了志愿组织，并强调志愿组织、家庭等非正式组织在福利提供过程中发挥重要作用。[②] 吉尔伯特（2000）与约翰逊持有相似的观点，不同的是他将家庭归为非正式组织，认为社会福利来源于政府、市场、志愿组织和非正式组织，他的思想的先进性在于认识到了不能将这四个主体分离来看，这四个部门之间具有交互性。[③] 伊瓦斯同样支持四分法的思想，在他原来思想的基础上加入了民间社会，将福利三角发展为市场、国家、家庭和民间社会四者共同参与的四元结构福利提供体系。

综上所述，福利多元主义虽然有三分法和四分法的不同，但它们的共同之处在于都反对福利国家将社会福利供给的责任完全归为政府的理念，打破了政府和市场的对立格局，提出了社会福利来源于国家、市场、家庭、社会组织、个人等多元主体的新模式，有效地满足了公民的不同需求。

五　马斯洛需要层次理论

马斯洛需要层次理论是亚伯拉罕·马斯洛于 1943 年提出，是人本主义科学的理论之一，其不仅是动机理论，同时也是一种人性论和价值论。按照马斯洛需求层次理论，人的需求可分为五个层次，这五个层次分别为生理、安全、社交、尊重和自我实现。他认为这些需要之间呈现一个

---

① Abrahamson P. Neo－liberalism. Welfare Pluralism and Reconfiguration of Social. Policies：From Welfare to Workfare? Refereed paper presented to The Transitions and Risk：New Directions in Social Policy Conference. Centre for PublicPolicy，University of Melbourne，2005：23－25.

② Johnson，N. Mixed Economies of Welfare：a Comparative Perspective. London：Prentice Hall，1999：5.

③ Gilbert，N. Welfare Pluralism and Social Policy. CA：Sage Publications，2000.

梯级层次，低层次需要得到满足后又会产生更高的需要。生理上的需要是人们最原始、最基本的需要，如吃饭、穿衣、住宅、医疗等。若不满足，则有生命危险。这就是说，它是最强烈的不可避免的最底层需要，也是推动人们行动的强大动力。安全的需要要求劳动安全、职业安全、生活稳定、希望免于灾难、希望未来有保障等。社交的需要也叫归属与爱的需要，是指个人渴望得到家庭、团体、朋友、同事的关怀爱护理解，是对友情、信任、温暖、爱情的需要。它包括：1. 社交欲希望和同事保持友谊与忠诚的伙伴关系，希望得到互爱等。2. 归属感（希望有所归属，成为团体的一员，在个人有困难时能互相帮助，希望有熟识的友人能倾吐心里话、说说意见，甚至发发牢骚）。尊重的需要可分为自尊、他尊和权力欲三类，包括自我尊重、自我评价以及尊重别人。与自尊有关的，如自尊心、自信心，对独立、知识、成就、能力的需要等。自我实现的需要是最高等级的需要。满足这种需要就要求完成与自己能力相称的工作，最充分地发挥自己的潜在能力，成为所期望的人物。弱势群体的人权从大的方面来说就是生存权和发展权，尊重和保障他们的人权，就是要维护其生存权和发展权。

六　双因素理论

双因素理论（two factor theory）亦称“激励—保健理论”。美国心理学家赫茨伯格 1959 年提出。他把企业中有关因素分为两种，即满意因素和不满意因素。满意因素是指可以使人得到满足和激励的因素。不满意因素是指容易产生意见和消极行为的因素，即保健因素。他认为这两种因素是影响员工绩效的主要因素。保健因素的内容包括公司的政策与管理、监督、工资、同事关系和工作条件等。这些因素都是工作以外的因素，如果满足这些因素，能消除不满情绪，维持原有的工作效率，但不能激励人们更积极的行为。激励因素与工作本身或工作内容有关，包括成就、赞赏、工作本身的意义及挑战性、责任感、晋升、发展等。这些因素如果得到满足，可以使人产生很大的激励，若得不到满足，也不会像保健因素那样产生不满情绪。保健因素与激励因素的实质区别就在于“平等因素”与“公平因素”的区别，凡是共同享有的、共同承受的、共同面对的就是平等因素，而与其工作职责目标紧密统一的，必须按工作成就成绩分层次、分等级享有、承受与面对的则就是“公平因素”。凡是平等的必然是保健的，因而是必须给予其基本满足，却是永远难以完全满足的因素；相反，凡是公正的必然是激励的，因而虽然是员工不会主动要求的，却是最大限度地有激励性的，从而也是应该给予提倡与实施的。结合双因素理论知识，在本书中，作者认为，关注弱势群体在生存权上的保障，就是重视相当于双因素理论中的“保健因素”，政府做好这方面的保障工作，能消除弱势群体的不满情绪，增加群体的安全感，保持社会稳定和谐；而政府履行好弱势群体在发展权上的保障职责，将能对该群体产生激励作用，进一步增强该群体的获得感和幸福感。

第三章

责任与政府责任机制的理论阐释及相关研究

第一节 责任语义分析

人们在探讨某一概念时，总要探究概念的词源意义，并进行语义分析。作为一种学术规范，这已成为不可逾越的教条——这表面看来简单，仔细分析这种现象，却有着深远的意义。

人们通常从不同侧面，在不同意义上使用一个词语或概念。如果在交流时不能彼此达成意义上的共识，或不能确定自己使用本词语或概念的中心含义，交流起来就会出现麻烦。因而，语义分析就成为克服交流障碍的手段。任何概念和词语均随着时代的变化而变化，词语本身的含义始终打上时代的烙印。在不同的社会、时代、语言环境中使用它们其含义大不相同。因此，词语、概念不仅表达其所反映的事物的特质，而且还可通过对它们的语义分析探析特定社会、时代、语境的社会背景。这样看来，概念的语义分析就不仅是一种学术规范了。

对“责任”一词的词源意义或语义分析，学者已有很深入的研究。[①]综合他们的研究成果，“责任”一词在汉语中，大体有如下主要含义。

在古代汉语中，并无“责任”一词，仅见“责”字。但现代汉语中

① 张文显：《法学基本范畴研究》，中国政法大学出版社 1993 年版，第 184 页。孙笑侠：《法的现象与观念》，群众出版社 1995 年版，第 200—201 页；冯俊：《刑事责任论》，法律出版社 1996 年版，第 10—15 页。

的“责任”一词，是从“责”字发展而来的。“责”在古汉语中是一个多义的概念。据《辞海》《辞源》摘引，“责”[1] 至少有六种意义。

（1）求，索取。《左传·桓公十三年》：“宋多责赂子郑”。《说文解字》：“责，求也。”[2]

（2）诘斥，非难，谴责。《汉书·东方朔传》：“使先生自责，乃反自誉。”[3]《管子·大臣》：“文姜通于齐侯，桓公闻，责之姜。”[4]

（3）要求，督促。《荀子·宥坐》：“不教而责成功，虐也。”[5]

（4）处罚，处理，责罚，加刑。《论衡·问孔》：“责小过以大恶，安能服人？”[6]《新五代史·梁家人传》：“（刘）祟患太祖庸堕不作业，数加笞责。”[7]

（5）义务，责任，负责。《书·金縢》：“若尔三王，是有丕于之责于天。”[8]《蔡沈传》：“丕子，元子也，盖武王为天元子；三王当任其保护之责于天。”[9]

（6）债。《国策·齐策四》：“乃有意欲为收责于薛乎？”[10]《汉书·淮阳宪王钦传》：“博（钦舅张博）言负责数百万。”[11] 古代汉语发展至今天已有巨大变化，且“责”也成为“责任”二字，然而，一些基本的含义始终得以保存下来。在现代汉语中，无论是学术用语还是日常用语，基本上保留有古汉语中的某些主要含义。在学术上，迄今为止，对责任语义考证有如下一些观点。

张文显先生在《法学基本范畴研究》中，考证“责任”一词在现代汉语中的基本语义有三：

---

① 辞海编辑委员会：《辞海》（缩印本），上海辞书出版社 1980 年版，第 1220 页。

② 许慎撰：《说文解字》，中华书局 1993 年版，第 130 页。

③ 辞海编辑委员会：《辞海》（缩印本），上海辞书出版社 1980 年版，第 1220 页。

④ 商务印书馆编辑部：《辞源》，商务印书馆 1983 年版，第 2951 页。

⑤ 辞海编辑委员会：《辞海》（缩印本），上海辞书出版社 1980 年版，第 1220 页。

⑥ 辞海编辑委员会：《辞海》（缩印本），上海辞书出版社 1980 年版，第 1220 页。

⑦ 商务印书馆编辑部：《辞源》，商务印书馆 1983 年版，第 2951 页。

⑧ 辞海编辑委员会：《辞海》（缩印本），上海辞书出版社 1980 年版，第 1220 页。

⑨ 辞海编辑委员会：《辞海》（缩印本），上海辞书出版社 1980 年版，第 1220 页。

⑩ 辞海编辑委员会：《辞海》（缩印本），上海辞书出版社 1980 年版，第 1220 页。

⑪ 辞海编辑委员会：《辞海》（缩印本），上海辞书出版社 1980 年版，第 1220 页。

其一，“责任”即为分内应做的事，如“岗位责任”“尽职尽责”等。这种责任实际上是一种角色义务，在这种意义上使用“责任”。其中心意思仍为“义务”。

其二，特定的人对特定的事项的发生、发展、变化及其成果负有积极的助长义务。如“担保责任”“举证责任”。

其三，因没有做好分内之事（没有履行角色义务）或没有履行助长义务而应承担的不利后果或强制性义务，如“违约责任”“侵权责任”“赔偿责任”等。

孙笑侠先生在《法的现象与观念》中对“责任”一词的现代汉语语义考证为：

“责任”一词应被理解为一种“分内应做的事”，如“岗位责任”中的“责任”。在这种情况下，“责任”一词表示责任关系这一前提的存在，换而言之，责任一词蕴含着某种责任关系。

冯军先生在《刑事责任论》一书中，对“责任”一词的语义考察无论在方法上还是从材料多寡情况上看是十分严肃认真的。他分析了《法制日报》上 1993 年 4 月 1 日至 30 日出现的“责任”用语 76 例，认为“责任”一词在现代汉语中有三种意义。

（1）“责任”表示“义务”。如：“要把监督宪法实施的责任承担起来。”“使这项工作形成上有人抓、下有人管，责任到人的齐抓共管的新格局。”“责任”表示“义务”的用法常见，并已形成固定的词组，“赔偿责任”“照管责任”“举证责任”等均频见于报端。

（2）“责任”表示“过错、谴责”。如：“查清原因及有关当事人的责任”“将这场悲剧的一切责任都归咎于任建军有失公平”。

（3）“责任”表示“处罚、后果”。如：“事实清楚、证据确实、是非分明、责任明确、处理恰当、程序合法、文书齐全。”“如果答错了而不必负任何责任即不另外扣分。”用法频繁的词组“风险责任”中的“责任”，也是指的某种“处罚”或不利的“后果”。

以上三种分析，有一个共同特点就是均带有一定的目的性，即从自己先入为主的对责任的理解和以后的论证需要出发来阐述责任的语义。张先生的分析是建立在他所主张的“法律责任”是“第二性义务”的观点之上的，故而强调“责任”在现代汉语中的语义侧重于“义务”；而孙先生断言“责任”有两层语义：责任关系和责任方式，然后再找例证分析的，故“责任”语义始终是“责任关系”或“责任形式”；冯先生从论证“刑事责任”的目的出发，多少带有刑事责任特征的痕迹。如果综合三者的分析，大体可以反映“责任”一词在现代汉语中的语义。在中国法学界这些分析是迄今为止最为全面、细致的。应当指出的是，语义分析有极大的局限性，并不能全面科学地说明一个概念。哈特认为：“在研究词的意义时，就词论词的做法不足为训……在各类型的社会情境之间或社会关系之间，有许多重大的差别通常并不是直接显现出来，通过考察相应词语的标准用法，考察这些词语如何取决于具体的社会联系，就可以最清晰地把握这些重大的差别，然而这种考察经常受到忽视。在这一研究领域．特别明显的是，如J·I. 奥斯丁教授所说，可以用‘对词的深化认识去加深我们对现象的理解’。”[①]

从上述“责任”的语义分析，可以看出，“责任”一词有广义与狭义之分。广义的责任是指在政治、道德或在法律等方面所应为的行为的程度和范围；狭义的责任则指违反某种义务（政治的、道德的、法律的）所应承担的后果，这种后果往往与谴责、惩罚联系在一起，因而是不利的后果。广义的责任往往涉及“责任”的形而上的问题，具有抽象性；而狭义的责任只注重具体的、实在的规范规定及实际的后果。

“我们为什么要承担责任”是人们对责任问题的抽象思考。在探求承担责任的原因时，人们往往从两个不同角度、站在两种不同立场来思考这个问题。第一种是从孤立的个人主义角度，站在人是有理性的个人，是可以通过自己自由意志去选择自己行为的立场，去考察责任的原因。当然，这种看法在社会关系单一、分工较为简单的社会是十分有道理的。但当今社会是一个人与人的关系、社会分工十分复杂的社会，因而人们对责任的思考走向了另一种，即把个人置于广阔的社会之中，个人承担责任的原因与社会各因素广泛相联系。因而责任是一个多层次的概念，具有复杂、综合的性质，它反映了社会对个人的要求即每个社会成员均

① ［英］哈特：《法律的概念》，张文显译，中国大百科全书出版社1996年版，第1页。

应有责任感，同时也反映了社会对其成员不履行职责的态度及因此而加予成员的社会后果。

根据社会规范的不同层次、调整社会关系的范围、对象、手段的区别，责任也就可分为政治责任、道德责任、法律责任，等等。

第二节 责任政府与政府责任机制

政府这个术语由于通常所指对象的多样化而弄得很难界定。在政治学理论中，政府通常指所有国家机关，包括立法（代议）机关、行政机关、司法机关和国家元首等。在宪法学或行政法学中所称“政府”单指国家行政机关。有时，政府概念还表达在“机关”以外的意义，指国家统治的活动过程，即“统治与管理”或“国务活动”。另外政府还在指国家统治的方式、方法或制度意义上使用。[①] 可见，“政府”这一概念在一般政治语境中不是在狭义意义上被严格使用的，凯尔逊曾一语道破天机：“政治理论（它实质上是国家理论）之不能令人满意的情况，多半是由于不同作者以同一名义对待很不同的问题，甚至同一作者不自觉地在几个意义上使用着同一个词。”[②] 本书所说的“政府”主要是在行政机关的意义上使用的。

什么是政府即行政机关呢？自宪法诞生以来，行政机关通常与“分权”联系在一起，行使国家行政权的组织机构即为行政机关，同其他国家机关相区别。在行政法上，人们通常把行政机关作更为细致的界定，如“国家行政机关，简称政府，是指依照国家宪法和法律组织起来的、行使国家行政权力、组织管理国家行政事务的机关”[③]。再如，“行政机关是国家机关的一种，它是由国家依法设立并代表国家依法行使国家行政

① 罗豪才、吴撷英：《资本主义国家宪法和政治制度》，北京大学出版社 1983 年版，第 251 页。

② ［奥］凯尔逊：《法与国家的一般理论》，沈宗灵译，中国大百科全书出版社 1996 年版，第 203 页。

③ 应松年：《行政法学教程》，中国政法大学出版社 1988 年版，第 70 页。

权、组织管理国家行政事务的机关”[1]。从一般意义上来研究行政机关，无疑要关注这个基本要素即行政权的行使。

行政权就其本来的含义而言，应该是根据代议机关制定的法律和作出的决议而进行国家管理工作的权力。行政权的基本特征是执行与管理，尽管行政机关可根据代议机关的法律、决议的精神制定行政法规，其目的仍然是为了执行与管理。但是，正如龚祥瑞先生所言：“行政权先于立法权而存在。国家机构的发展规律告诉我们总是先有行政机关而后才有立法机关，行政权超过立法权，因为它有更强大的实权来管理整个社会事务，这是世界各国政治制度发展的必然结果。”[2] “管理”意义上的行政权自其产生后的相当长一段历史时期，既不具备独立的存在形式，也无“行政权”这一独立的概念，而是与国家其他权力交混在一起，以一种概括性权力的形式表现出来。近代宪法的诞生和宪政的盛行使行政权从整个国家权力体系中分离出来（事实上是一种分工）而成为一种相对独立的国家职权，并与国家其他权力（如立法权、司法权等）之间形成一种相互分离与协作、制约与监督的体制关系。行政权从此摆脱了单一的“管理”含义，而着重“执行法律和决议”的含义。在英文中，为区别这两种不同含义，对“行政权”的表述使用“Executive Powers”，而不是“Administrative Powers”。作为行政机关的“政府”，因为历史传统、政治文化因素等方面不同，世界各国呈现出不同体制。根据行政机关与国家元首、立法机关的相互关系来划分，主要有如下几种形式：（1）以英国为代表的责任内阁制政府（Cabinet System of Goverment）又叫议会制政府（Parliamentary Goverment）。（2）以美国为代表的总统制政府（Presidential Goverment）。（3）以法国为代表的具有议会制特点的总统制政府。（4）以瑞士为代表的合议制（Collegial System）或叫委员制政府。（5）以中国为代表的“议行合一”制政府。因为政府体制不同，行政权的范围和运用方式呈现出非常复杂的情况，而行政机关的职权也就跟着复杂起来了。但是，不同政府体制下的行政权的行使范围和运用方式仍然

① 罗豪才、应松年：《行政法学》，中国政法大学出版社 1989 年版，第 48 页。
② 龚瑞祥：《比较宪法与行政法》，法律出版社 1985 年版，第 197 页。

有其共同的地方。政府代表国家行使行政权，大致具有或者必须具有以下特征：

1. 主动性。作为“法律和决议”的执行机关的政府，其权力行使过程和审判权（同样是执行法律）的行使有明显的区别：即行政权的行使具有主动性，而司法权实行所谓“不告不理”的原则，具有被动性特征。行政权范围广泛，行政机关必须连续而不间断并主动行使其职权而无须有人请求，否则，一国将陷入瘫痪状态。虽然行政机关有些职能行使是应请求进行的，如行政复议、行政裁决、发放许可证等，但是这些只是行政职能中的一小部分。

2. 广泛性。行政机关行使职权涉及的对象具有广泛性。这种广泛性既包括事务的广泛性，也包括对人的广泛性。行政机关行使职权覆盖了一国涉及公益性的几乎所有事务，从内政到外交，从生产到消费，等等。行政机关行使行政权涉及每一个人，它不像其他一些社会组织其管辖权只限一部分人或一类人（如律师协会之于律师，医师总会之于医师等）。

3. 在组织体系上的多级性和领导—从属性。责任政府行政权具有命令性与强制性特征，基于政令的畅通、信息反馈的顺畅等因素，行政机关在组织体系上机构往往具有多级性特征，行政机关系统是一个巨大的网络。行政机关由于行使的是组织管理职能，特别要求速度和效率，故在组织体系上实行领导—从属制，即上级行政机关领导下级行政机关，下级行政机关从属于上级行政机关，向上级行政机关负责并报告工作。这一特征是国家立法机关和国家审判机关均不具备的。

一　责任政府与政府责任

在行政权日趋膨胀和专横、行政机构日趋臃肿、官僚化倾向严重的今天，人们往往回忆起“责任政府”的种种好处来，希望能举起这把古老的宝剑荡平这些对民权肆意侵犯的种种现象。“责任政府”真能做到吗？什么是“责任政府”呢？

责任政府因政府体制不同，称呼亦不一样。如在采取总统制政府体制的美国称有限政府（Limitied Goverment），在采取内阁制政府体制的英国就直接称“责任政府”（Responsible Goverment）。其责任表达方式亦不相同，如美国的政府责任通过“三权制衡”机制来体现，英国主要通过“议会至上”方式来体现，在中国主要通过在“议行合一”原则指导下的政府向权力机关负责的方式来表达。那么是否有一个一般意义上的“责任政府”概念和定义呢？

在我国，通常人们把责任政府等同于“内阁制”政府，对其所作解释亦是在这种意义上所作的。如《新编法学词典》[①]中，“责任政府”的词条解释见“内阁制”，在“内阁制”的词条中把“内阁制”直接解释为“责任内阁”“责任政府”。我国绝大多数法学词典包括大百科全书词典均未收入“责任政府”词条，一般将“责任政府”放入“内阁制”一条解释。Black’s Law Dictionary 对“责任政府”的解释是：“这个术语通常用来指这样的政府制度，在这种政府制度里，政府必须对其公共政策和国家行为负责，当议会对其投不信任票或他们提出的重要政策遭到失败，表明其大政方针不能令人满意时，他们必须辞职。”[②]英国学者 E. C. S. Wade 和 G. Gatfrey Phillips 合著的《宪法和行政法》一书对“责任政府”的解释亦侧重于“内阁制”政府体制的意义。书中说：“在民主国家里，统治者应该是有责任的，应该对被统治者负责。既然，人民直接统治是不切合实际的，那么，宪法设置了一个机构，在这个机构里，统治者应该对人民选举的代表负责。一般而言，‘负责’有多种意思，‘责任’也有多种不同形式”。[③]但他们所言的“责任”主要是“政府对议会的政治责任”。由此看来，“责任政府”似乎成为一个约定俗成的“内阁制”政府的代名词。但我们似乎更乐意赋予其广阔的意义。在民主社会里，政府——无论是何种形式的政府，均承担着各种责任，政治的、道义的、宪法的、其他法律的责任。

权力和责任是相对的，人民群众在授予政府权力的同时，也赋予了

---

① 乔伟：《新编法学词典》，山东人民出版社 1985 年版，第 141、521 页。

② ［英］HENRY CAMPBELL BLACK，M. A：《布莱克词典》（英文版），转引自高秦伟《构建责任政府：现代政府管理的必然要求》，《济南市社会主义学院学报》2002 年第 1 期。

③ ［英］E. C. SWade，G. Gatfrey Phillips：《宪法和行政法》，转引自王成栋《政府责任论》，中国政法大学出版社 1999 年版，第 79 页。

政府责任，也就是政府权力和政府责任同时来源于人民，所以，政府必须向人民负责。什么是政府责任呢？不同的学者有着不一样的说法。最初在18世纪的时候，亚当·斯密在他的著作《国富论》中就作出了仔细的说明：首先，"维护社会不被其他独立社会所迫害"[①]；其次，"尽自己最大的努力去保护社会上的人员不被其他人员所侵害"[②]；最后，"建立和维持某些对于一个大社会当然是有很大利益的公共机构和公共工程"[③]。一直到今天，政府责任有很多种表现形式，但是实质都是和亚当·斯密提出的内容相同。

我国学者张成福在西方学者提出的政府责任含义的基础上进行了汇总，指出了政府责任的含义。狭义的政府责任，是指国家的公务人员没有按照法律规定履行职责和义务或者违反行政组织及其管理工作的规定，当这种状况发生的时候，公务人员就要对自己的不合法的行为承担相应的后果，而行政部门和特殊机构的人员要按照法律的要求对他们进行处罚。广义的政府责任，就是政府需要对社会上的各类问题作出反应，然后想出解决的办法，从而使公众的权益得到合理的实现，比如说像公司企业要根据市场发展的情况进行改变，政府同样要按照社会的发展状况对人们作出回应。从某种意义上来说，政府责任就是要满足人们的要求，政府除了要完成法律所规定的事务外，也要做法律虽然没有规定但是对人们有益的事务。笔者认为，要想真正的了解政府责任，就要从广义角度去进行了解。也就是说政府责任就是要对社会的要求作出及时的应答，而且还要发现人民群众的需要，并要在实践中通过各种手段满足公众需求，如各种政策、法律法规的制定以及实施，体现出政府的回应性。相反，如果政府没有及时地回应社会需求，没有及时完成回应社会的任务，就要受到相应的处罚。

本书中，政府在保护弱势群体中所承担的政府责任，是从最广泛的角度来说明的，也就是政府必须对社会弱势群体问题作出回应，使他们

① ［英］亚当·斯密：《国富论》，唐日松等译，华夏出版社2005年版，第497页。

② ［英］亚当·斯密：《国富论》，唐日松等译，华夏出版社2005年版，第497页。

③ ［英］亚当·斯密：《国富论》，唐日松等译，华夏出版社2005年版，第516页。

可以脱离困难处境。社会生活的各方面都与政府紧密联系，所以政府责任也会体现出多方面的内容。根据法治原则、市场原则、社会原则，可将政府责任划分为政治责任、行政责任、法律责任和道德责任四个内容。

第一，政治责任。全心全意为人民服务是我国政府政治责任的核心内容之一。由于我们国家实行的是人民民主专政体制，人民是国家主人，政府的权力来自人民，政府要成为广大人民意志的代表，必须向人民负责，积极回应人民。对弱势群体的帮助和支持，也是政府履行政治责任的一种表现。

第二，行政责任。行政责任是国家各个权力机构和部门要完成的工作和履行的义务，一般来说，行政责任主要存在于公共行政里面，也就是公共行政机构的每一个阶层和部门间、领导与部属之间。在我国政府部门以及公务员的行政责任主要包括两大方面：一方面是政府及其公务员未履行规定义务时或违法行使职权时所引起的消极的行政责任；另一方面是在日常行政管理工作中，要满足人民的需要，就必须依法行使权力，做好本职工作，尽责尽职。

第三，法律责任。政府要履行法律责任就是法律明确规定政府要履行的职责。法律责任是一种客观上的责任，是我们国家有关法律中特别指出的，这个责任主要发生在行政主体与客体之间，这时，政府是以整体形象承担法律责任，但也可能在政府的部门机构之间存在，还有可能出现在政府机构或者部门里的不同领导和员工之间。

第四，道德责任。美国的公共行政学对政府道德责任做了说明，这里提到的政府指的是各级政府，不仅包括中央政府也包括各级地方政府，虽然他们拥有的权力不同，但是在道德责任上他们是一致的。在实践当中，政府要履行道德责任并不是一件简单的事，因为道德责任没有用法律、法规这种外在强制力进行管制，它是一个内部的管理体系，政府的相关工作人员能否完成自己的责任，有赖于他们自身的道德修养、自身的内在控制力。要真正将道德的软约束纳入政府责任体系当中，还需要不断的探索和实践。

二 政府责任机制

在欧美国家，政府责任机制是一种科学的绩效评估的链条责任机制，是政府通过建立市场管理机制，进而实现投入、产出、结果反馈等一系列管理成果。

（一）政府责任机制的本质

要理解政府责任机制的本质，首先需要准确把握“机制”的含义。就其词义来考究，其最早出现在希腊文中，义指“机器的构造及工作原理”。《牛津词典》则将其定义为机械装置或机体的“结构”与“共同作用”。而依据最新修订《新华词典》的解释，“机制”一词已由原意发展衍生出引申义，主要指“有机体各部分的构造、功能、特性及其相互联系和相互作用等”。而《现代汉语词典》及其他中文词典则从更为广泛的角度来定义“机制”，一般而言用其泛指事物之间的“有机联系”和“相互作用”。①

由于其所蕴含的含义具有普适性，“机制”一词已然成为一个专业术语而被广泛应用于国内外各个学科领域。生物学、医学等自然科学领域是最早引入机制概念的领域，用以指代生物体内各器官在生物体内发生生理或病理变化时的彼此联系、调节及作用方式，并由此产生了生物机制、生理机制、病理机制等一系列专业概念、理论。后来。“机制”一词被陆续引入经济学、管理学等社会科学领域，用以研究社会系统中各构成要素的结构、功能、相互联系及其运行原理，从而进一步拓展了社会管理理论研究视野。

显然，“机制”一词在经由各个领域的广泛使用后，已经在原来“机器的构造和工作原理”这一含义的基础上被赋予了更新、更丰富的内涵。现多通用为泛指存在于事物之间的、相对稳定的相互联系和相互作用。机制的内在逻辑关系是：将存在于机制各主体之间的相互联系视为机制的静态关系结构；将构成主体之间的相互作用视为机制的动态表现形式；

---

① 颜佳华：《当代中国社会转型期政府权力运行机制重塑研究》，湖南人民出版社 2009 年版，第 43—44 页。

其相互联系与相互作用具有规律性与稳定性，产生的功能也并非将各主体的功能进行简单相加，而是经过优化整合后，作为统一各构成要素的有机系统的整体功能而发挥出来。由于这种逻辑关系在机制运作过程中将会循环反复地出现，体现出一定的规律性，因而机制是一种稳定的运作模式。[①] 需要注意的是，研究“机制”必须要建立在对系统的研究的基础上，机制所代表的各要素之间的相互作用和关系，是必须存在于由各要素所构成的系统内部之中的，系统的整体功能和特征通过要素间的共同作用表现出来。此外，研究“机制”还不能脱离了对过程的研究，各构成要素间的相互作用和关系是一个具有连续性的过程。基于如上逻辑，若建立起机制与政府责任之间的联系，抑或是将其引申至政府责任领域，便成为政府责任机制。政府责任机制，是指在科学划分政府责任的基础上，为实现和维护公共利益、保障公民权利，通过制度安排而形成的政府责任系统内各责任构成主体之间循环反复出现、具有某种规律性与稳定性的相互联系与相互作用的模式及运作方式。那么各政府责任主体之间究竟是一种怎样的关系？如何实现各主体之间相互联系、相互作用和协同运转？政府责任机制的本质究竟是什么？

本书认为，政府责任机制可以从静态与动态两个方面来理解：从静态的结构来看，任何政府责任主体并不都是独立的个体，任何政府责任主体要履行其职责都离不开其他政府责任主体的支持和配合。无论是横向不同区域的政府责任主体之间，还是纵向不同层级的政府责任主体之间，都存在这种相互依存关系，没有相互分工协调，任何主体的责任都不能得到充分实现。从动态的程序来看，政府责任机制作为一套保证政府按照公意运行的责任约束与追惩机制，具体包括明确和健全责任、责任履行、责任监督、追究责任四个环节构成的不可分割的循环系统。

1. 责任定位

责任混淆不清自然就谈不上责任履行和责任监督，那么责任追究就更无从谈起。因此，明确组织及其个体之间的责任关系，是实现和健全政府责任机制的前提。一是明确责任。这就要求我们对政府及其部门和

① 沈荣华：《政府机制》，国家行政学院出版社2003年版，第2—3页。

公务员个人进行科学的分门别类、分类组合，据此合理地将政府责任分配到各部门、各单位，再到岗位，最后落实到人，达到环环紧扣和通畅无阻，使整个政府部门的公务员个体责任明确，整体责任秩序井然，这样才能确保各自责任与义务的实现。二是健全责任。一般可以将政府责任划分为四大类，即道德责任、政治责任、行政责任、法律责任。将政府责任作出此种分类，并不是要将政府责任的各个构成部分分割而治，而是要运用逻辑上的分析路径，细致探究政府责任的内容构成及各构成成分间的内在区别与联系。如果政府及其部门、公务员个人无法区分和健全政府责任，就无法真正做到有责可履；更为重要的是如果政府责任不能以法律或规章的形式加以明确，就无法真正做到有责可问。由此可见，明确和健全责任是一个循环的环节，我们既可以在明确责任的同时健全责任，又可以在健全责任的同时明确责任，在明确和健全责任的同时为接下来的三个环节打下坚实基础。

2. 责任履行

科学地将政府责任分类之后，接下来就是政府责任主体分工、分责任的环节，其实质就是政府责任主体按照各自的职责范围履行责任。具体而言，就是要将不同类型的政府及其部门、公务员个人按照其类别特征分别分派不同性质和数量的工作任务，并有针对性地做到各司其职和各尽其责。这个环节值得注意的是：任何政府责任主体并不都是独立的个体，任何政府责任主体要履行其职责都离不开其他政府责任主体的支持和配合。无论是横向不同区域的政府责任主体之间，还是纵向不同层级的政府责任主体之间，都存在这种相互依存关系，没有相互分工协调，任何主体的责任都不能得到充分实现。具体做法是：任何政府责任的主体首先要从整体全局了解本单位的整体责任，然后明确各自自身的具体责任，要碰到问题集思广益和协商讨论，做到相互之间责任履行相对有限分离，但要保证沟通无限，这样才能达到有效实现主体责任的目的。

3. 责任监督

政府责任监督是由专门机构或人员，对政府责任主体的责任履行情况进行监督、检查和评价，并将监督检查和评价的结果反馈给包括被监督者、检查者和政府责任评价主体的系统过程。具体而言，在行使政府及其部门责任监督时，应依据不同政府责任主体各自对应的专门分工，来进行日常责任监督、责任考察、考核评价等一系列管理的各自配套的方式来进行。而在这些责任监督方式中，责任的考核与评价又是政府责任监督的核心。开展政府责任考核评价可以有针对地对每一种不同类型的政府责任主体进行专门分工，制定专门的绩效指标体系和评估标准，有的放矢地评估各责任主体在实现工作目标过程中所取得的成果，以及其履行责任的结果和效果。

4. 责任追究

由于每一种不同类别的政府责任主体所承担的责任重点有所不同，所以在责任追究方面，监督检查或评价机构应根据不同的政府责任主体在履行政府责任过程中，要使失“哪方面责”的问题对号入座，不能张冠李戴。同时，要通过日常责任监督、责任考察以及责任追究等一系列管理的各自配套的路径来进行责任追究。如政治责任反映的是政府与公民、社会之间的关系，因此，一切社会政治组织与政治力量都可以成为政治责任的评判和追究者。再者，根据政治责任追究机关的不同，我国政治责任的追究形式可分为党政追究、人大追究、自我追究和社会追究等。由有关方面根据监督检查和评价的情况，针对政府责任履行过程中存在的问题进行责任追究，进而进一步明确和健全政府责任，推动政府更好地履行责任。政府责任机制的这四个环节之间相互促进和影响，构成了不可分割的政府责任机制循环系统。[①]

（二）政府责任机制的发展

伴随着公共行政范式由传统公共行政模式向新公共管理模式的转变，政府责任机制的发展也随之历经了相应模式下责任范式的转变过程。在传统公共行政模式下，由于责任机制作为官僚系统运行的根本动力和约束，整个责任机制呈现出单一化和僵化现状，在整个政治—行政二者分离的官僚体系中，政治官员可能由于其自身并未明确其在所主管部门中理应承担的管理责任，而担负了与个人职位并不相称的政治责任。政府官僚和公职人员则可以以此而规避理所当然的责任，弱化其管理绩效与

---

① 刘力云：《政府审计与政府责任机制》，《审计与经济研究》2005 年第 7 期。

成就方面的责任。这样一来，使得整个官僚体制的机械、僵化、低效、责任机制不健全等种种弊端暴露无遗。由此可见，要改变传统的官僚制运作模式和管理方式，必须从根本上对其责任机制进行完善和再造，对公共责任机制的建构和再造的成效是直接关乎政府运作模式和管理方式能否良性运转的前提。因此，20 世纪 70 年代，新公共管理改革在传统公共行政的模式表现出僵化、低效的背景下应运而生，并形成了以再造政府为主题、企业化政府管理形态、注重政府绩效管理方式的新型公共行政模式。新公共管理改革着眼于当代社会多元化、民主化、现代化的特征，并汲取私营部门管理经验的精华，为政府打造了一套全新的公共管理模式。在此过程中，改革的一项重要主题便是关注结果并对结果负责。部门管理责任在政府责任机制中的地位上升并成为主导责任，这意味着其将关注点聚焦于管理的结果、目标的完成和管理者个人的责任。此外，对公民的直接责任也将在行政系统内部得以体现。与此相反，官僚系统内部的政治责任受到忽视或者体现得不明显，政治家与行政官僚之间的关系变得更紧密而巧妙。绩效管理和顾客至上等多种灵活有效的管理方式与技术也正是在这种新型责任机制框架下形成。

1. 传统公共行政到新公共管理的责任机制转变

传统公共行政模式形成于工业高速发展时期，其显著特征就是政治—行政相分离及森严的等级制度，这同样也是该模式下的责任机制的真实写照。由于传统公共行政理论在政党分赃之弊的解决对策中形成了政治—行政二分原则，据此，传统官僚制要求行政独立于特定的政治范围之外。这样一来，在传统公共行政模式下的官僚体系只能通过政治领导人这一中心枢纽间接地对公民负责。于是就形成了这样一种逻辑关系：由于官僚本身在政治上是中立的，并不具有任何价值倾向性，而只对其政治领导负责，官僚的行政意志和行为实际上就是政治领导人的意志在官僚系统中的体现，因此，选民评估政治方面和官僚方面的能力只需要通过投票选举政治领导人即可。由此可知，传统公共行政模式下的政治责任机制的实质就是通过某种政治制度建立起官僚系统和公民之间的最终联系。这种对公民责任的间接性导致难以界定官僚的政治责任。与此同时，这一政治责任机制所覆盖之责任范围较窄。"在该机制中，虽然能够明确其最终负责人，但这种责任仅适用于错误，而不适用于成就。”[①]在传统公共行政模式背景下，其坚持以行政“非政治化”为原则，唯规则是举是对公务员的唯一要求及衡量标准。这就导致“不犯错、无作为”的作风曾在官僚系统中盛极一时，一大批官僚以此为其人生信条与工作准则。此外，严格的等级制和命令—服从模式则为官僚创造了以各种托词和方法规避责任、推诿责任的机会，尤其是个人责任的规避和推诿。

休斯曾把公共部门的责任归结为两种主要的责任机制：政治责任与官僚或管理责任。第一种指的是选举所产生政府对选民的责任；第二种则是官僚系统对选举所产生政府的责任[②]。以此对传统公共行政模式进行了反思：一方面，这一模式未能在现在有效发挥其作用的根源在于：面向结果的管理责任和政治责任模糊不清，因此，传统官僚体系的僵化、低效等多种弊端必然遭人诟病。另一方面，要克服其弊端就必须究其根源，严格区分政治责任和管理责任。“尽管在新公共管理模式下，政治责任会由于受到一定程度的忽视而有所减弱，但其可以通过管理责任的改进而得以抵消。”这也是促使新公共管理运动风靡一时和管理主义模式勃兴的主要原因。

自从20世纪70年代以来，新公共管理作为一种针对官僚模式弊病的改革运动在这样的背景下应运而生，并逐渐代替了传统公共行政模式。新公共管理理论诞生于管理主义、经济学及公共选择理论等多种学科理论的基础之上，并力图用契合当今时代发展的一整套全新理念来构建一种新的责任机制，来代替只注重内部管理责任、却又往往难以界定政治责任的传统行政模式。那么，新公共管理模式下的公共责任机制与传统公共行政责任机制的区别究竟何在？笔者认为，主要表现在以下几个方面：（1）传统公共行政强调政府向立法机构、民选官员负责；而在新公共管理中，官僚制组织、顾客、立法机关、媒体及个人之间的关系是直接实现的，而不必总是通过政治官员。（2）传统公共行政关注政府的民

---

① 李东云：《从政府责任机制的转变看新公共管理模式》，《云南行政学院学报》2003年第6期。

② ［澳］欧文·E. 休斯：《公共管理导论》（第二版），彭和平、周明德、金竹青译，中国人民大学出版社2001年版，第269页。

主政治责任，强调政府执行立法机构与政策制订机构出台的各种政策与法规；新公共管理运动则不仅关注民主政治责任，同时还强调对结果负责和对“顾客”负责，主张政府要对结果负责、对公众负责。（3）传统公共行政强调行政效率，强调准确执行政策，按规章办事；新公共管理则主张绩效管理和全面质量管理，除了强调提高行政效率以外，也重视提高行政效益、效果和公共服务质量。

2. 公务员与政治家和公众间的责任关系的转变

传统公共责任机制所产生的低效、僵化和政治与行政的分离等缺陷，使其越发显得不合乎实际，这让政治家与行政人员之间的关系变得单一且是技术性的，犹如主仆间的唯命是从关系。然而随着传统公共行政模式向新公共管理模式转变，公共责任机制相应产生变化，管理者与政治家、公众之间的责任关系也与之发生转变。

首先，管理者与政治家之间的关系相比以往显得更灵活而紧密，且更具合理性与多样性。然而由于无法摆脱政治权威的影响，公共管理仍然受到政治权威的支配与控制。这就导致公共管理与未受政治权威影响的其他管理形式之间有着清晰的界限。① 如今的官僚并非如传统公共行政时期所描述的那样不具有政治色彩，而是与政治事务存在着千丝万缕的联系，并且在公共政策制定的舞台上，他们开始表现得日渐活跃。正如雷尼所言，“在保证技术合理性的基础之上，公共管理者的自主权有所扩大，同时又呈现出一定的复杂性。在某些情况或层次上，即便是政治干预也不能侵犯其所享有的较大自主权，在某些情况下，公共管理者则必须遵守政治和行政两种标准”。除此以外，政治干预则占据支配地位。② 由此产生的结果是，一大批兼有政治责任与管理责任的“官僚政治家”从行政管理的高层人员之中产生。他们既有可能带有政治倾向性地投身于公共管理事业中，也有可能作为一名有效管理者的同时，也能成为一名出色的政治家。可以说，管理者与政治家之间的这种新型关系是符合

---

① Goodsell Charles. The Case for Bureaucracy. A Public Ad – ministration Polernic. Chatham, NJ: Chatham, House Publishers, 1983, p. 138.

② ［澳］欧文·E. 休斯：《公共管理导论》（第二版），彭和平、周明德、金竹青等译，中国人民大学出版社 2001 年版，第 276 页。

且适应当代社会政治与行政发展趋势的。

其次，在“顾客导向”的理念下，政府与公众之间形成了直接责任关系。新的公共责任机制使得政府管理活动必须以“顾客”为中心、以“顾客”的需求为导向，增强对公众需求的回应力，以优质、高效的服务来满足公众的需要。这样一来，公众要求可以直接转化为政府部门提供公共服务的动力和压力，从根本上改变了公众不打折扣的服从地位，政府及其公务员与公众间也与之变成了倾听与合作关系。

第三节 责任政府的理论基础

尽管随着人类文明的进步，政治哲学理论日趋发达，政治实践经验日趋丰富，但作为“责任政府”的理论基础，人们迄今仍然搬出启蒙思想家们的“人民主权”和“法治”理论来进行论证，而事实上，作为宪政的根本原则，被千百部不同“型号”宪法作为基本原则加以确定的也仍然是“人民主权”“分权学说”和“法治”思想。这似乎使这种论证更加坚实。任何一种新的说法其声音仍然十分微弱，至少在现行宪法中找不到回音。我们尽管十分小心地论证一些新的提法，但论证过程中总会遇上一些麻烦，即使克服了这些麻烦，恐怕也难以让人确信是一些新思想。这正如昂格尔所言：“伟大的人物让后继者背上包袱是常有的事。每当政治、艺术或思想取得显著的成就时，随之而来并从中受益的一代人，可能会有一种没有什么真正重要的事情值得再去做的无所作为的感觉。他们可能觉得最宝贵的机会已经为前人所把握并转化成了成功的契机。因此，后来者总像是处于困境之中！或者仅仅是伟人们留下的遗产的看管人，或者虽希望独立，但由于对成功缺乏信心，只能将抱负大大压缩，并开始以技术上的熟练性在狭小的领域内进行耕耘。”[①] 无论如何，笔者试图作一些“技术上”的“古典文献的注释者”的工作，并以求有些“注释”方面的新意。

---

① ［美］昂格尔：《现代社会中的法律》，吴玉章、周汉华译，中国政法大学出版社 1994 年版，第 1 页。

一 人民主权

主权（Sovereignty）的概念从政治哲学诞生之日起，人类的思想家就投入了十分的关注，无论从哪个角度上来讨论主权，人们对主权的含义的理解都是十分一致的。主权，“一个国家的最高权力的概念，据此，某些个人、机构或团体在政治社会中享有最高地位，并可以作为最终手段把他的或它的愿望强加给这一社会内的其他机关或个人。很明显，在每一政治社会里，必然有一些人、机关或机构作为立权者，否则就无法解决纠纷”[①]。尽管在理论上，可以争论，主权者可以分为法律上和政治上或事实上的主权者，特别是日趋发达的政治制度、各种政治机制把事实上的主权者弄得难以确认，但“人民主权”的政治信念在现代民主国家是难以动摇的。在法律上“人民主权”也许被人认为只是名义上的，但毕竟被近现代宪法奉为基本原则。第二次世界大战后西方各国所制定的宪法，绝大部分明文规定了这一原则。例如1946年制定的法国第四共和国宪法第3条第1款：“国家主权属于法国国民全体。”前联邦德国基本法第20条第2款：“主权属于人民。”日本1946年制定的宪法第1条：“天皇为日本国的象征及日本国民总体的象征，其地位基于主权所在的日本国民的总意。”尽管学术界、理论界对“人民主权”理论提出众多怀疑和挑战，[②] 但又能多少改变这一法律事实呢？

人民主权（Popular Sovereignty）学说，正式完整地提出当属卢梭（Jean Jacques Rousseau），尽管在卢梭以前一般反抗专制君主的学说中已

---

① ［英］戴维·M. 沃克：《牛津法律大辞典》，北京社会与科技发展研究所译，光明日报出版社1989年版，第842页。

② 比如，有一种观点认为，在一个民主国家，主权属于人民，或者更确切说属于全体选民，虽然也设立了一种衡量其真实性的标准，但全体选民仅间接性地表达了他们的意志。而且，在一般情况下，大部分选民总是支持这个党而不是那个党。此外，选民也无权采取任何行动。再如，在美国，主权到底属于谁呢？是人民，还是议会、法院或总统？因为如果主权属于国会，但宪法将制约国会，如果因此断言主权属于宪法，而宪法可以被修改。但是如果说主权属于能够集体通过宪法修正案的机构则相当荒谬，因为那种机构绝大多数以单一机构而存在，而且，在两个世纪内，只起过为数很少的几次作用。在任何联邦制国家，说清楚主权属于哪里是很困难的。从本质上说，主权有可能属于能够判决宪法是否受到政府或联邦活动遵守的法院；主权也可能最终属于能够同意修改宪法的全体选民。

肇其端倪，但那只是片言只语，无法详细论证。卢梭以其社会契约学说作为理论前提，进而提出由社会契约建立起来的政治（国家），就是全体人民构成的共同体，人民把自己的一切权利交给这个共同体，然后又从这个共同体收回他们所交出的全部权利。所以，主权始终是属于全体人民，是由人民直接行使，不能够让渡的，不能被代表的。全体人民行使主权，表现为一种共同意志（general will），也即是这个政治实体（即国家）意志。按卢梭的主张，这种共同意志是全体人民中多数的意志，而不是全民意志（will of all），即不是全体人民个别意志的总和。国家法律应由人民直接规定，是共同意志的体现。至于政府的权力，则不是来源于社会契约，而是来源于表现全体人民共同意志的法律，人民制定法律决定政体并赋予政府的权力，政府是人民的仆从机关，需绝对听命于人民。为防止政府篡夺主权，掌握主权的人民应定期集会（其召集与行政完全不依靠政府），在此种定期集会中，应解决两项重大问题，一是主权者是否愿意维持现行政体，二是主权者是否愿意将政府权力继续由目前执政者掌握。根据卢梭的论证，代议政治不允许存在是其必然的逻辑结论。因为国家主权应由人民直接行使；分权制政府同样也是不可思议的，因为国家主权是统一的不可分割的，并且只有在主权由人民直接行使的国家内，才能充分保证人民的民主和自由，国家是人民自己掌握的，法律是人民自己制定的，人民服从法律就是服从共同意志，也等于服从国家权力，但不再是专制制度下的奴隶，人民虽然失去自然的自由，但获得了政治自由。显然，卢梭所提倡的“直接民主”是不切合实际而无法操作的，但其思想精髓“人民主权”却永久地保留下来。经过历代思想家和政治实践家的技术性修补，在现实政治中得以贯彻。

政府对人民负责或对议会负责，也正是“人民主权”的思想或宪法原则的产物。离开了“人民主权”这一理论基石，责任政府也就无从谈起。

在中国历史上，尽管“民主”这两个字可以追溯到很远的年代①。但真正第一个把民主写入政纲的代表人物还是近代的康有为，并且他把

① 《尚书·多方》记载，周公曾经说过“天惟时求民主”。

“民主”同“开国会、立宪法”联系起来。通观一部中国历史，政府是不负任何政治责任的。如果说专制暴政的政治也能引起一定的政治后果，并且被所谓“贤君明主”所认识，如唐太宗李世民曾言“水能载舟，亦能覆舟”，应“体察民情”“让人讲话”，也不过是从自身的政权能否巩固这个根本点出发的，这种政治后果即引发革命，将导致王朝的覆灭，当然这就不是政治责任问题了。孙中山是我国第一个实施资产阶级共和国和资产阶级民主的革命者，他的“三民主义”中的“民权主义”，按其原来的解释，“非少数人所得私也”，含有“人民主权”的意思，但他无法从根本上解决问题。

1919 年的五四运动举起了新民主主义革命的大旗。紧接着共产党经过 28 年的艰苦奋斗，成立了新中国，终于使民主从理论变成现实。中国在政治上承认“国家权力属于人民”，并以此作为重要的宪法原则。中国宪法规定：国家的一切权力属于人民，人民行使权力的机关是全国人民代表大会和地方各级人民代表代会。中国的人民代表大会是真正代表人民的，受人民监督向人民负责，人民代表大会制度是实现权力属于人民这一宪法原则的保证。当然，我国宪法所确立的这一原则与西方的“人民主权”原则无论在理论基础上或者在实践方面都是根本不同的。中国无论是政治学还是宪法学理论不承认“社会契约论”，不认为主权导源于全体国民的公意。按照马克思的国家学说，国家乃是阶级矛盾不可调和的产物，国家是阶级压迫的工具，所以人民主权具有阶级性。社会主义的权力观与西方超阶级的权力观有所区别。

二　三权分立与制衡学说

有学者认为：“一个学说的力量往往不在于它的逻辑性，而在于它的针对性和战斗性。”政治学说也许更符合此言。从逻辑上来讲，“人民主权”思想产生不了“三权分立”的结论，甚至是相抵触的，这在上文有所论及。如凯尔逊认为，分权原则，无论从字面上所了解的或被解释为一种权力分配的原则，实质上都是不民主的。相反地符合民主观念的，却是全部权力应集中于人民，以及在不可能是直接民主而只可能是间接民主的地方，则全部权力均由一个由人民所选出并在法律上对人民负责的合议机关所行使这种观念。如果一个民主国家的宪法规定了立法职能和法律适用职能的分立，或者是适用法律机关对立法机关的控制，以及尤其是法院对立法和行政职能的控制，这种情况只能用历史的理由来加以解释，而不能用民主因素来加以辩护。[①] 然而，分权学说作为一种思想，作为一种反对集权相专制的尖锐武器，在历史上曾起过一定的进步作用，并且被近现代宪法所肯定，虽然不能说近现代所有民主的政体都是该学说的产物，但至少美国等国家的政体是这种学说的实验。同样，责任政府之所以承担责任也在于国家权力分立之后，三种权力的对抗制衡关系使然。

三权分立学说，首创于洛克，孟德斯鸠集其大成。孟德斯鸠以他的自由论为前提，阐述了这一学说。[②] 他把自由分为两种，即所谓政治自由和个人自由，并特别重视政治自由。他认为，为了使政治自由得到保障，必须制止权力的滥用；而要制止权力的滥用，则必须使权力牵制权力，也就是说要使各种权力分立并互相制衡，他认为这是保障政治自由的必要条件。于是，他把国家权力分为三种，把原来洛克提出的立法、执行、外交三权改为立法、行政、司法三权。他认为，假如有任何两种以上的权力集中于一个机关，就会妨害政治自由，所以这三种权力必须属于三种不同的国家机关。立法权表现国家的共同意志，应属于全体人民，但是全体人民从事立法工作，是不可能的，于是他赞成代议制，由人民选出的代表来进行立法。他认为立法机关应像英国一样分为贵族和平民两部分，分别开会讨论。行政权应由君主一人掌握，以求速效，因为行动迅速是行政权的重要特征，司法权赋予由人民选出的法官，他们不能附属于行政机关。孟氏还主张．这样建立起来的三个部门还必须彼此之间相互制约、互相平衡，国家权力才不会被滥用，人民的政治自由才能确保。但如何使立法权、行政权、司法权“彼此钳制”和“协调地前进”，他并没有作进一步阐述与解释。这个工作，后来由美国宪法起草人汉密

① ［奥］凯尔森：《法与国家的一般理论》，沈宗灵译，中国大百科全书出版社 1996 年版，第 313 页。

② ［法］孟德斯鸠：《论法的精神》，张雁深译，商务印书馆 1965 年版，第 65 页。

尔顿等人完成，并在美国宪法中得到了体现。

英国学者哈维和巴瑟所著《英国宪法》一书指出了孟德斯鸠这一学说的创造性，而不是如孟氏自己所言，分权学说是他研究英国政治制度的发现。该书中言：“很明显，在今天的英国宪法中、不存在严格的权力分立，就是在孟德斯鸦著书立说的时候，也不存在这样的权力分立。实际上，孟德斯鸠在某种程度上误解了英国的制度。在不是由于设计制定而是由国王对实行全部立法权、行政权和司法权最后负责的立场发展而来的宪法中，是很难指望有权力分立的。”① 通观世界各国政制及其发展史，分权原则在不同国家和不同时期有不同的体现。就目前的趋势看，总统或内阁的行政权力日益增大，委任立法在行政机关中日益增多，加上科学技术的迅速发展，经济立法也逐渐增加。国会权力呈日益缩小的趋势，因此，强调行政机关的责任，防止滥用职权威胁公民的自由和权利即成为新的迫切需要解决的问题。

中国无论在理论上还是在宪法实践上都是不承认“三权分立”的，但这并不意味着中国各国家机构之间不存在权力分工和制约机制。中国确认的是权力的统一和民主集中制原则。具体来说，(1) 中国不搞三权分立，而是在各国家机关之间适当划分国家职能，并相应地划分权力和责任；(2) 人民代表机关是国家权力机关，其他国家机关都由它产生和受它监督；(3) 国家机关之间相互协作、相互配合，自行政诉讼机制引入后，中国确立了司法权对行政权的制约，权力结构发生了一定的改变。

国家机关之间的权力分工和制约，可以明确责任，防止权力腐败，真正保障权力属于人民之原则的实现，虽然监督制约行政机关的最深刻的力量存在于人民手中，但如不将这种监督力量纳入程序化和规范化的轨道，则其或者无法发挥作用，或者将陷入无序状态。

三 法治学说

法治（the Rule of law）概念正如《牛津法律大辞典》所言：“一个

---

① ［英］哈维、巴瑟：《英国宪法》（英文版），转引自王成栋《政府责任论》，中国政法大学出版社 1999 年版，第 86 页。

无比重要的，但未被定义，也不是随便就能定义的概念。”在浩如烟海的众多论述中，法治始终同政治体制，特别是同民主政治紧密联系起来。英人的法治观似乎颇有代表性，《牛津法律大辞典》对法治的内容的概括是总结各种学说的典范，该书认为：“在任何法律制度中，法治的内容是：对立法权的限制；反对滥用行政权力的保护措施；获得法律忠告、帮助和保护大量的和平等的机会；对个人和团体各种权利和自由的正当保护；以及在法律面前人人平等。在超国家的国际社会中，法治指对不同社会的不同传统、愿望和要求的承认，以及发展协调权利要求、解决争端和冲突、消除暴力的方法。它不是强调政府要维护和执行法律及秩序；而是说政府本身要服从法律制度，而不能不顾法律或重新制定适应本身利益的法律。”法治强调的中心是依法办事，也就是把法律视为统治社会的工具，在这种意义上，政府同样要求守法，否则，也应该承担责任。“责任政府”就是对法律负责，而法律是人类的共同生活秩序，是政治实体的共同意志。

如果从政治学层面来考察“法治”，“法治”是与“人治”相对应的一种统治手段。人类曾经历“人治”即专制的痛苦而漫长的历史，300 多年前的英国君主查理一世在受审时说过的一句话道明了专制的真谛。他说：“只要有权，没有法律可以造出一条法律来。我不知道在英国有什么人能使他的生命以及任何可称为他自己的东西安然无恙而不受侵犯。”“人治”作为统治手段，明显的外部特征是法随人出，权力无边，不受制约，任何政治行为无论出现什么后果，为政者是不承担责任的。英国“国王不能为非”这句名言和信条就是最好证明。

1959 年在印度德里召开的“国际法学家会议”，通过了《德里宣言》，该宣言所阐述的“法治”原则，总结了当代世界各地法学家的意见和看法，对我们从法学层面理解“法治”观念很有裨益，尽管这些原则同样具有较大的局限性。《德里宣言》所称“法治”的三大原则是：（1）立法机关的职能就在于创设和维护使得每个人保持“人类尊严”的各种条件；（2）法治原则不仅要对制止行政权的滥用提供法律保障，而且要使政府有效地维护法律秩序，借以保证人们具有充分的社会和经济生活条件；（3）司法独立和律师自由是实施法治原则不可缺少的条件。[①]

由于意识形态的差别，中国的“法治”学说是以社会主义民主为基础的，社会主义法治反过来对其加以保障。中国“法治”理论的核心内容是法律面前人人平等，一切国家机关和政党都必须在宪法和法律的范围内活动。法治原则不仅是“责任政府”的重要依据，而且决定着政府责任形式的确立，并且也是区别于西方国家责任政府的根本所在。

四　积极政府

以上关于传统的责任政府的理论基础的阐述表明：政府承担的是一种消极的责任，并且在民主国家里，权力与责任相统一制度的建立使政府责任无可逃避。政府所要履行的是一种消极义务——不作为义务，即不得以积极所为侵犯公民个人权利；遵守法律，也就是遵守人民共同的意志。这些观念集中表现为一个焦点——控权即控制行政权，以防止行政权力压法、毁法，侵犯公民个人权利。一切政治制度包括政府责任制度的设计以此为目的和价值定位，权力制衡更是以防止行政权走向专制的首要制度。在民主国家中，对行政权的三大制约方式：道德制约、一种权力对另一种权力的制约、权利对权力的制约，都最终表现为法律对权力的制约，这是传统责任政府理论基础的特征。但现代社会中的政府已不同于传统社会中的政府的一个特点是行政权力不再完全处于消极被动状态，在行政权力具有了广泛的经济职能之后，权力责任的内容相应地增加了，现代的权力责任，除了过去的由滥用职权所产生的责任及怠权所产生的责任外、还负有满足公民权利请求的责任和由管理而带来的保证责任。因此，传统的责任政府所赖以存在的理论基础在不同程度上要予以修正和发展，随之而来的是责任政府由单纯的消极责任发展到既要承担消极责任又要承担积极责任。

行政权的膨胀有其深刻的经济、文化、政治等社会背景。行政权的膨胀同时也会引起两种相应的效应：（1）以传统的责任政府理论基础来分析，对行政权的控制仍然是必要的；（2）现代行政权的膨胀尽管使政

---

① 王人博、程燎原：《法治论》，山东人民出版社 1989 年版，第 131 页。

府的责任加重，但仍然是社会的必需之物，也就可能对社会的进步起着一定的作用。为弄清现代责任政府的理论基础（对传统责任政府的理论基础的修正），有必要对现代行政权的现状加以分析。在行政权从国家权力体系中分离出来以后的相当长的一段时期内，除了以相对独立的职权形式存在外，行政权还只是在较小的范围内发挥作用，尤其是资本主义发展初期，主要集中在诸如外交、军事、税收、警察、司法等方面，这主要是因为：资本主义制度初期的市场经济，尚处于自由竞争时期。由于资本主义生产力的解放和经济发展的需要，也由于社会整体对封建专制的仇恨，加上以亚当·斯密为代表的古典政治经济学主张政府不得干预经济的理论的宣扬，整个社会基本上只靠价值规律自发地调节着商品生产和交换，法律上对具体经济生活的调整则主要依靠民商法。当时，授权立法，并非易事。但是面对危机，学者们开始修正传统的政治或法学理论，论证授权立法的必要性和合法性，比如法国著名的法学家狄骥在其名著《公法的变迁》中明确提出法规只能由议会制定是错误的，法规为“国会以外的机关制定，而且有普遍性的一切规定”。狄骥的观点在当时影响很大，起到了变革传统的三权分立观点的作用。随后西方国家开始有限度地授予行政机关立法权，即便最为传统、保守的英国也是如此，并且一发不可收拾。如美国罗斯福“新政”时期，总统要求议会授予其“紧急时期大权”，获得批准后，总统颁布了大量对经济生活进行管制的法规。由于行政立法涉及社会经济生活的几乎各个领域，这也意味着授予行政机关在该领域的管辖权以及赋予行政执法机关各种有效的手段，其中包括检查、调查、行政、处理、许可、处罚、强制执行等以保证行政权力的实现。行政权力广泛干预社会经济生活，还表现在行政机关获得了部分准司法权，即有权以裁判者的身份调处和裁决平等主体之间的纠纷。

人们论述行政机关行使准立法权和准司法权的时候，对这些权力为何从传统的立法机关与司法机关手中分离出来的原因分析，往往忽视了与经济体制的关系，[①] 行政立法与司法权的出现是国家干预市场经济的必

① 王名扬：《英国行政法》，中国政法大学出版社 1987 年版，第 131—136 页。

然结果和要求。例如美国经济理论方面检讨过去的行为，特别是1929—1933年的经济危机，在资本主义经济发展历史上具有划时代的意义。这次危机对斯密、马歇尔等人的自由主义经济理论提出了严重挑战，它说明仅仅靠看不见的手和自由竞争并不能保证社会生产资源的合理配置和社会经济的有序运行。正是在这种情况下，凯恩斯主义应运而生，取代了自由放任的市场经济理论。凯恩斯主义是国家干预的市场经济理论。凯恩斯的经济政策落脚点是，自由放任的资本主义市场经济是不可能自动实现均衡的，为此，必须借助于国家政权的力量，加强国家对社会经济生活的干预。凯恩斯主义一旦被奉为解决社会矛盾的良方，便使资本主义市场经济现状发生了极大变化，人们的观念以及对政府职能的看法不得不随着现实而改变。这反映在政治理论或法律理论上的表现是：人们逐渐感到在社会连带关系和矛盾日益增加的情况下，社会应对其成员负起责任．政府对公共利益应由无为而治转为积极干预。人们的观念开始转向“最好的政府应是最大管理的政府”，与“福利国家时期”相适应的应是“万能政府”。扩大行政权对经济的干预的有效办法是授予行政机关行政立法权。然而，按照传统的三权分立和议会主权原则，立法权只能由议会垄断，最少统治的政府是最好的政府，政府的职能一度限于“警察局”和“邮政局”的范围。无论是法律还是其他理论均严格限制政府干预生活的权力。正如罗斯科·庞德所揭示的那样：“法律使行政陷于瘫痪的境地，在当时是屡见不鲜的。将行政限于无以复加的最小限度在当时被认为是我们这个政体的基本原则。换言之、当一些人走向极端时，我们却走向另一个极端并接受了法律的支配。”① 另外，又强调行政权的统治功能和巩固政权的作用。由于资本主义商品经济在中世纪之后的持续发展，新兴的资产阶级要求在政治上有所作为。他们高举启蒙思想家提出的“主权在民”和“自由”“平等”“博爱”的旗帜，发动的资产阶级革命击溃了封建统治，建立了适应当时生产力发展的资产阶级政权。对新建立的政权的维护，行政权无疑能起到无可替代的作用。但人们不能忘记自己已经历过的历史——封建专制，因而在一段时间内奉行严格

① ［美］罗斯科·庞德：《依法审判》，《哥伦比亚法律评论》1914年第14期。

的政府责任。

随着资本主义市场经济的充分发展，到了19世纪和20世纪初，出现所谓的“市场之谜”：自由放任的市场经济，带来广一系列社会问题，诸如经济危机的频繁爆发，少数垄断寡头财富的剧增及贫富差别的扩大等等。人们首先从经济体制改革入手解决这些问题。相应地，司法体制也在变革，如英国设立行政裁判机构对各类经济、民求和行政纠纷进行处理。

“国家干预无论从量上还是质上都与以前的阶段不同、变成了资本主义再生产中居支配地位的重要特征。”① 纵观20世纪行政权的发展，可以发现行政权的两大变化特征：首先，行政权是权力与职责的结合与统一。一定行政权力的采取是以一定行政职责的完成为前提的，权力行使不合法要承担法律责任。不行使权力而失职也要承担法律责任。其次，行政权不再是消极地“依法行政”和受“法律之外无行政”规则的约束，不再主要表现为采用制裁、强制等手段去维持社会某一领域，而更多的是为了社会事业的发展行使积极性权力，主要采用组织、引导、奖励、赋予或许可等手段。

行政权力的变迁反映了现代社会基础性条件对责任政府理论基础中的法治和分权学说的修正情况，在“人民主权”方面同样也产生了某方面的修正问题。20世纪以前的民主权利观念大体来说是以个人自由主义为核心的消极权利观念。个人被看作生活在一个优裕环境里的自主而且自足的主体，政府则被看成一个爱管闲事的潜在的暴君，政府负有不干涉个人自由的消极义务。同时，由于平等主义的观念，个人被看作形成公共政策过程中的竞争性参与者，政府则被认为有能力通过使用立法机制消释社会不平等的法律后果，公民的政治自由权利观念因此甚为激烈。到了20世纪，一些新的社会、经济需求不仅仅依靠社会经济系统来满足，而且使用法律术语来表达。人们普遍认为，政府应该承担保护公民免受工业社会生活所带来的诸多不幸的任务，并通过积极的政策来满足

① ［美］E. 博登海默：《法理学——法哲学及其方法》，邓正来、姬敬武译，华夏出版社1987年版，433页。

经济、社会的需求。相应地，公民应享有要求政府作出此种积极行为的权利。对西方现代宪法产生巨大影响的1919年德国《魏玛宪法》第一次载有公民的经济生活的权利，而在这以前的18—19世纪的宪法只规定政治权利，未注意到经济、社会、文化等方面的权利。该宪法之所以是宪法史上划时代的文件，主要在于它提出了以下新内容：（1）提出生存权，表示经济生活的秩序应以保护生存权为第一目的。该宪法第160条规定：“为维护健康及劳动能力，保护产妇及防护因年龄、病弱与生活变化以致经济上结果恶劣起见，联邦应设置社会保险制度，并使被保险人参与其事。”第153条第1款规定：“经济之秩序，以使各人获得人类应得之生活为目的，必须适合正义的原则。个人的经济自由在此限度内，予以保障。”由于它的这些规定，使战后各国宪法，由昔日的注重个人自由权利，转而注重经济社会权利。（2）它表明经济生活的秩序、各人的经济自由应受保护生存权和适合正义两大原则的限制。（3）对私有财产制进行适当的限制。宪法第153条规定的所有权包含义务，其应行使的所有权包含义务，其行使应有利于社会公共福利；为了公共福利，在给所有权人相当补偿后，可以对私有财产进行公用征收。上述注重生存权、经济生活合乎正义原则，以及所有权包含义务的规定，为以后“福利国”“积极行政”的出现提供宪法依据。《魏玛宪法》是18—19世纪宪法的新发展，以至成为其后各国宪法竞相仿效的样板。

社会经济生活方面的权利与政治自由方面权利的并行，使责任政府义务更重。好的政府不仅要保障公民的政治权利的实现，而且还要保障公民的社会经济生活方面的权利也能得以实现。只有这样才能避免政府信任危机，免遭下台之政治责任。1988年，英国政坛的“劳森门”事件，就是很好的例证。“劳森门”事件大概情况如下：1988年11月初的一个星期五，撒切尔夫人内阁的财政大臣劳森找来几家星期日大报的记者，举行半年一次的吹风会。会议的中心是年度财政报告，在答记者问中，劳森透露政府将改革养老金制度，削减社会福利，以减轻政府负担。记者将此消息见诸报端，结果政府的这项计划招致天下人的大怒。在野党利用此事，频频向执政党发起攻击，声称要对劳森进行不信任辩论。最后，迫于诸方压力，政府不仅未能设法削减福利开支，反而被迫增加75

岁以上和残废老人的养老金，才平息事态，但劳森最后还是退出内阁。[①]

现代行政之所谓“积极行政”方面的特征使责任政府发生了许多新的变化，其中最主要的变化是现代政府不仅要求承担传统责任。“积极行政”的诸多手段如行政指导、行政合同[②]、行政给付等，特别是广泛使用的行政指导，并不一定使行政机关与行政相对人产生特定的行政法律关系，因而并不产生一定的法律效果。[③] 但基于人民对政府的依赖，以及社会现实生活的需要，人民总希望政府去积极干预社会，给社会发布诸多信息，利用政府决策优势提供更多指导；如果政府辜负了人民的这种希望，也就违反了政府被创设的目的，那么，政府就会失去人民的信任而倒台，这就是政府所承担的政治责任。

---

① 杨江华：《八十年代西方政坛丑闻录》，中共党史资料出版社 1991 年版，第 71—75 页。

② ［日］室井力：《日本现代行政法》，吴微译，中国政法大学出版社 1995 年版，第 18 页。

③ 罗豪才：《行政法学》（新编本），北京大学出版社 1996 年版，第 276—277 页。

第四章

新时代“弱有所扶”与政府履行责任的逻辑关系

在构建和谐社会的今天，弱势群体问题已成为我国社会生活中日益凸显的社会问题。如何解决社会弱势群体问题，促进弱势群体的就业、生活与福利保障，事实上已经成了我国进一步深化改革，加快经济社会发展不容回避的问题。同时，对于弱势群体社会保障和社会支持对策的研究现已成为当下学界研究的热点问题，“弱有所扶”是新时代进一步保障和改善民生的重要举措，政府责任机制的建立是落实该举措的重要保障，二者之间存在着严密的逻辑关系。

第一节 “弱有所扶”是政府保障与实现人权的根本使命

弱势群体的形成有着深刻的社会因素。弱势群体人权的保障问题是现代政府不得不面临的一个重大问题。

一 保障弱势群体的人权是国家尊重和保障人权的必然要求

早在17—18世纪时期，资产阶级启蒙思想家们就提出了天赋人权的思想。霍布斯曾表示，自然状况下，每个人都是一样的平等的，享受同样的权利，没有任何特殊性。洛克也曾说过，“人拥有的权利和管理别人的权利都是相互的，没有哪个人能拥有比别人更多更好的权利”。卢梭也认为，保护人拥有的最本质的东西，可以看作保护做人的资格，保护人类拥有的最天然的权利。因为人权论不断发展，世界很多国家开始通过法律条文加以确认，如美国 1776 年颁布的《独立宣言》、英国 1689 年公布的《权利法案》等，通过法律手段给予人权合法保护。生存权是人权范围内的基本前提和主要内容，没有生存权，其他一切人权无从谈起。奥地利法学家安东门格尔著作的《全部劳动权史论》是最早将生存权的概念提出的作品，著作中详细描述了生存权、劳动权、劳动收益权是经济的基础。之后在 1948 年联合国通过的《世界人权宣言》中明确规定：“作为社会成员的所有公民都享有社会保障权。”在《2001 年人类发展报告》中联合国开发计划署明确指出：“人类发展与人权志同道合……人类发展和人权相互促进，帮助确保所有人的尊严、树立自尊和对他人的选择。”所以，从人权的思想和观念来看，生存权也早已成为人权的一项重要内容，保障公民的人权最重要的是生存权，是人类社会所追求的终极理想和奋斗目标。

就什么是人权而言，许多学者都对其进行过深入的探讨，对其界定也是众说纷纭，莫衷一是。正如学者克劳斯·勒福所言：“当我们开始问我们自己人权究竟是什么的时候，我们就会发现我们自己被拖进了问题的迷宫之中。”[①] 虽然如此，学者们却都承认人权是人仅仅因为他或她是人而享有的权利。这个概念虽然并未在本质上揭示人权的内涵，却明确地认定人权的主体是普遍的、无差别的人，人权“是由于人性或人的本质而应当平等地并且在同等程度上适用于一切人类社会的一切人的”权利。[②] 人权的享有是不分种族、性别、年龄和身份地位的。

弱势群体理应享有其作为人的一切权利。然而弱势群体由于其自身的特殊因素，面对权利实现的障碍时往往束手无策，权利保障对他们而言就显得更加必要和迫切。所以有学者认为：“人权首先指涉的是社会弱势群体的人权，”[③] 保障人权也首先应当保障弱势群体的人权。而就人权

---

① ［英］克劳斯·勒福：《民主和政治理论》，剑桥出版社 1988 年版，第 21 页。转引自陈驰《人权概念的法哲学思考》，载《四川师范大学学报》（社会科学版）1999 年第 2 期。

② 董云虎、刘武萍：《世界人权约法总览》，四川人民出版社 1990 年版，第 75 页。

③ 齐延平：《社会弱势群体的权利保护》，山东人民出版社 2006 年版，第 1 页。

而言，它“被认为是人作为有理性、意志自由的动物固有的权利，而非某个实在法授予的，也不是实在法所能剥夺或削减的”①。政府存在的目的就在于其能更好地保障人民的权利，实现人民的福利。正如美国宪法序言所言：“我们认为下面真理是不言而喻的：造物主创造了平等的个人，并赋予他们若干不可剥夺的权利，其中包括生命权、自由权和追求幸福的权利。为了保障这些权利，人们才在他们之间建立政府，而政府之正当权力，则来自被统治者的同意。”政府存在的基础是人民，它应当尽全力去保障其每一个成员的平等和自由，保障人民的权利是政府的一项义务。当社会中部分公民的生存、发展权利受到侵害的时候，政府则应当去保护他们，使他们和其他人一样享受到平等的对待。

“人权”也是一个开放性的概念，其外延会随着时间的推移、社会的变更而愈加丰富。对人权发展历史的阐述较为有名的是联合国前教科文组织法律顾问卡雷尔·瓦萨克的“三代人权”理论。他认为人权理论的发展经历了三个阶段：第一代人权是以公民的自由权为核心，强调公民的自由应免受政府的侵害；第二代人权更多地涉及公民的经济、社会和文化权利，强调的是政府的积极作为；第三代人权是在全球一体化背景下提出的，主要涉及人在世界和平、环境保护和人类的发展方面的权利。第一代人权产生于美国独立战争和法国大革命时期，以自然法为其理论基础，强调人的不可剥夺的权利，包括自由、平等和财产权利。以自由权为核心的第一代人权通过主张“法律面前人人平等”，反对身份歧视，打破了传统的等级身份对公民享有权利的限制。然而它更多的是通过强调人的同质性而赋予公民平等的权利，弱势群体在其中也仅仅获得了形式上的平等。由于弱势群体弱势的特质被湮没在抽象的人的概念中，所以这种权利保障模式暴露出了其内在的弊端：抽象的制度层面的平等由于忽视了个体的差异性在现实面前造成了更大的不平等。以自由权为核心的第一代人权由于其仅是为人们提供了机会上的平等，而不顾及最终

① ［英］戴维·M. 沃克：《牛津法律大辞典》，李双元译，法律出版社2003年版，第2538页。转引自朱孔武《人权的内核——兼论“以人为本”的宪法涵义》，载《西南政法大学学报》2005年第3期。

结果的公平，其后果就是造成了社会的不平等，经济差距的拉大，社会两极分化的出现。在此背景下第二代人权理论产生了。不同于自由权的消极性，社会权强调的是政府在协调贫富悬殊、促进社会公平方面的积极作为。“自由权从其思想渊源而言，是以自然法为依据发展而成。社会权的起源实与近代古典人权息息相关，其思想依据亦可植基于自然法，但主要仍是以社会福利思想为依据，以弥补因自由权的高度发展而产生的种种弊端。”① “社会权是作为自由权的补充物而存在的，是为从一定程度上修正了自由国家理念而确立起来的福利国家而存在的。”② 以社会权为核心的第二代人权，在权利保障理念上从形式平等上升到了实质平等，通过强调政府的义务，更加重视对社会弱势群体的权利的特殊保护。第三代人权以发展权为核心，“是全体个人及其集合体有资格自由地向国内和国际社会主张参与、促进和享受经济、政治、文化和社会各方面发展所获利益的一项基本人权。即是关于发展机会均等和发展利益共享的权利。”③ 发展权强调发展机会的平等，它在第二代人权的基础上把对弱势群体权利的救济型保障发展到了预防型保障，要求国家采取一切措施来发展人民的福利，促进每个个体公平地享有社会发展过程中经济、政治、文化和社会发展各方面的利益，并且确保弱势群体和其他人在资源分配、机会享有等方面的平等。因此第三代人权将弱势群体人权的内容向纵深方向加以充实。

人权是由一个全方位、多角度的权利体系构成。政府对于弱势群体人权的保障也应从多方面入手，而不仅仅是在形式上赋予他们和其他人相同的权利。政府首先要确保他们在社会、经济、文化等方面享有和他人相同的权利，不受歧视；另外还需从弱势群体自身的弱势特质出发赋予其特殊的权利，保障他们在实质层面上能和他人享受平等对待；最后要从根源上解决其弱势地位，政府还有义务通过教育、就业培训等方式建立起一套发展型保障体制。这些都是政府在尊重和保障人权层面应尽

---

① 温辉：《受教育权入宪研究》，北京大学出版社 2003 年版，第 102 页。

② ［日］大须贺明：《生存权论》，林浩译，法律出版社 2001 年版，第 36 页。

③ 汪习根：《法治社会的基本人权——发展权法律制度研究》，中国人民公安大学出版社 2002 年版，第 60 页。

的义务，而绝非一种施舍。

二　保障弱势群体的人权也是社会正义的应有之意

正义是人类社会自诞生以来便孜孜追求的目标。“正义是政府的目的。正义是人类文明社会的目的。无论过去或将来始终都追求正义，直到获得它为止，或者直到在追求中丧失自由为止。”① 同时正义也是国家政治制度所追求的目标。“正义提出了这样的要求，即赋予人的自由、平等和安全应当在最大程度上与共同福利相一致。”② “共同利益既不是单个个人所欲求的利益的总和，也不是人类整体的利益，而是一个社会通过人的合作而生产出来的事物价值的总和，而这种合作极为必要，其目的就在于使人们通过努力和劳动而能够构建他们自己的生活，进而使之与人之个性的尊严相一致。”③ 也即正义所追求的目标在于使社会上的每一个人的尊严都受同等的尊重，哪怕是社会中的弱势人群也能感受到自己是在有尊严地生活，自己的平等权、社会经济权和发展权得到了充分的保障。而就正义理论的发展历程看来，经过了从形式正义到实质正义的变更。

形式正义主张对所有人一律同等对待，即不考虑人的性别、年龄、出身等因素而赋予每个人平等的权利。形式正义更加关注的是人的相同性，通过强调人的相同性来否定特权，提倡经济自由，因此它在资本主义初期大大促进了经济的发展，促使社会“从身份到契约”的过渡。然而随着经济的发展，这种形式上的正义恰是因为它忽视人的特性而使得在竞争中强者更强、弱者更弱，造成了严重的社会两极分化。学者们不得不开始考虑形式正义本身的适当性的问题，实质正义正是在修正形式

---

① ［美］汉密尔顿、杰伊、麦迪逊：《联邦党人文集》，程逢如、在汉、舒逊译，商务印书馆1980年版，第51页。

② ［美］E. 博登海默：《法理学：法律哲学与法律方法》，邓正来译，中国政法大学出版社2004年版，第325页。

③ Alfred Verdross：Abendlandiische Rechtsphilosophie，2d ed.（Vienna），第272页，转引自［美］E. 博登海默《法理学：法律哲学与法律方法》，邓正来译，中国政法大学出版社2004年版，第329页。

正义的基础之上提出的。“实质上的平等原理，主要指的是为了在一定程度上纠正由于保障形式上的平等所招致的事实上的不平等，依据各个人的不同属性采取分别不同的方式，对作为各个人的人格发展所必需的前提条件进行实质意义上的平等保障。”[①] 对正义论述，最有名的是哲学家、伦理学家约翰·罗尔斯关于正义的理论。罗尔斯从“无知之幕”出发借助社会契约的理论提出了正义的两个原则：“第一个原则：每个人对与其他人所拥有的最广泛的基本自由体系相容的类似自由体系都应有一种平等的权利。第二个原则：社会的和经济的不平等应这样安排，使它们被合理地期望适合于每一个人的利益；并且依系于地位和职务向所有人开放。”[②] 前一原则被称为平等原则，后一原则被称为差别原则。在罗尔斯对差别原则的讨论中，他认为作为讨论的结果，第二原则意味着：“社会的和经济的不平等应这样安排：使它们适合于最少受惠者的最大利益；依系于在机会公平平等的条件下职务和地位向所有人开放。”[③] 在这两个原则中，第一原则普遍被认为适用于自由权领域，而第二原则被认为是正义对效率和福利的优先，适用于社会权、经济权利领域。并且第二原则中的这种优先是在公平机会前提下的优先，它的实质“在于要求社会体制应以这样一种方式安排，即在获得基本物品的指望方面的任何不平等必须促进处于最不利条件的人最大可能的利益。公平的机会均等原则要求超出形式的机会均等，以保证具有相似技能、力量和动机的人享有平等的机会。为此，要求社会提供制度上的财政资助安排，以保证出生于低收入家庭的个人同出生于富裕家庭的个人有平等获得这一项工作的机会”[④]。第二原则中的优先更多的是用于扩展那些机会较少者的机会，即本书所讨论的弱势群体的机会，使他们能在实质层面上享有和强势群

① 林来梵：《从宪法规范到规范宪法：规范宪法学的一种前言》，法律出版社 2001 年版，第 107 页。

② ［美］约翰·罗尔斯：《正义论》，何怀宏、何包钢、廖申白译，中国社会科学出版社 1988 年版，第 60—61 页。

③ ［美］约翰·罗尔斯：《正义论》，何怀宏、何包钢、廖申白译，中国社会科学出版社 1988 年版，第 83—84 页。

④ 张文显：《二十世纪西方法哲学思潮研究》，法律出版社 1996 年版，第 593 页。

体相同的权利。罗尔斯的这种正义论思想被认为是“一种殚思极虑如何捍卫平等自由、关怀弱者和多元宽容的自由主义政治哲学”[①]，有着强烈的道德色彩和人文关怀。在当代，另一名对正义理论颇有见解的学者德沃金的正义理论同样也带有实质正义的倾向，但他的正义构建模式与前者不同。德沃金的正义观并非建立在福利正义的基础之上，而更强调的是资源的平等。德沃金同样提出了两类平等：一类是受到平等对待的权利（treating people equality），另一类是作为一个平等的人而受到平等对待的权利（treating people as equals）。第一类平等指的是人们享有的资源或机会的平等和义务的平等分配权利；第二类平等“是与其他人受到同样的尊重和关心的权利，而不是接受某些义务或利益分配的权利。”[②] 他的第一类平等观念被认为是资源的平等，而第二类平等是一种普遍的平等。普遍的平等是基础的、前提性的，资源的平等则是派生性的，是在普遍平等基础上的一种弥补和矫正。由于社会弱势群体所占有的制度性资源和社会机会要少于其他人群，普遍的平等已经不足以保障他们的权利，所以应从社会制度、机会以及义务分配方面给予其特殊的优待，来保证他们和其他人群享有相同的资源。就社会资源的分配而言，社会资源的第一次分配是通过制度的创设来完成的。它的制定更多是以最大多数人的最大幸福为其判断标准，关注的是社会的整体效益。一个社会制度如果它在整体上有利于促进生产力的发展、有利于提高人民的物质生活水平便被认为是适当的。社会制度的选择遵循的是“帕雷托最优”原则，社会中少数人的利益便成为了整个社会利益最大化的牺牲品。然而社会正义不仅仅关注社会的整体利益还更加关注在社会中的每一个个体的利益。它要求社会中的每个同等的个体都能受到相同的对待。“因此，正义否认为了一些人分享更大利益而剥夺另一些人的自由是正当的，不承认许多人享受的较大利益能绰绰有余地补偿强加于少数人的牺牲。所以，在一个正义的社会里，平等的公民自由是确定不移的，由正义所保障的

① 何怀宏：《公平的正义——解读罗尔斯〈正义论〉》，山东人民出版社2002年版，第4页。

② ［美］罗纳德·德沃金：《认真对待权利》，信春鹰、吴玉章译，中国大百科全书出版社1998年版，第300页。

权利决不受制于政治的交易或社会利益的权衡。”[①] 正义要求关注社会中每个个体的权利。而制度制定的功利性便与社会正义的要求之间产生了冲突，这种冲突突出体现在对社会弱势群体人权的保障方面。要解决这样的矛盾就必须重新认真对待弱势群体的人权，重新构建社会制度资源的分配模式，使社会弱势群体在社会资源的享有上与强势群体相同。在这里我们认为，实质正义并不是体现在结果上的平等，而是一种社会资源享有上的平等，要求通过赋予社会弱势群体特定的资源来弥补其在生存与发展权利方面的不足，这是对既存不正义资源分配模式的一种矫正，目的是使社会弱势群体和强势群体在“起点”上真正平等。

在我国，经过对中国特有的国情进行正确分析后，将马克思主义的人权观同中国实际相结合，提出了中国特色的人权观。在我国，政府不但尊重具有极大普遍性的人权，而且着重指出了人民的生存权及发展权的重要意义，认为公民的人权与政治权利不能受任何其他人或机构等肆意践踏，要充分保护每个人拥有的人权。1954 年，我国颁布了第一部《宪法》，其中确认了社会保障权是公民的一项基本权利。江泽民在 1997 年指出：“中国是一个有十二亿人口的发展中国家，这个国情决定了在中国生存权、发展权是最基本最重要的人权。不首先解决温饱问题，其他一切权利都难以实现。”[②] 2004 年宪法修正案在十届全国人大二次会议审议并获得通过，这是我国法律第一次将“人权”的概念写进宪法，其中明确指出“国家尊重和保障人权”。这同时也是根据“三个代表”中“代表最广大群众根本利益”而得出的重要观点。“最广大人民群众”显然包括了各种各样的职业、阶层等，所以也必然包括了社会中广大的弱势群体，他们应该和其他各阶层的人一样，权利得到维护。这也再次要求党和政府以及社会各界进一步转变认识和观念，对于弱势群体更应该充分尊重和保障他们的基本权利，确保生存权的基础上，落实发展权。

---

① ［美］约翰·罗尔斯：《正义论》，何怀宏、何包钢、廖申白译，中国社会科学出版社 1988 年版，第 3—4 页。

② 江泽民：《在英国剑桥大学的演讲》，《人民日报》1999 年 10 月 23 日第 1 版。

2014 年，习近平总书记在《关于〈中共中央关于全面推进依法治国若干重大问题的决定〉的说明》中曾 4 次提到人权，多次提到的人民的权益、公民的权利、政治权利、经济权利、社会权利、文化权利等都是指的人权。这里的人权不是抽象的，而是具体的。人权是衣、食、住、行的权利，是生活在安全与尊严中的权利，是参与社会公共事务的权利。人权集中体现了人民的根本利益，保证了人民对美好生活的向往和追求的实现。目前，我国政府和人民的一项艰巨而长期的历史使命就是要通过不断促进人权的发展，从而实现充分人权这一崇高目标，在这一目标指引下，社会弱势群体能否共享发展成果，已经成为社会公正的关键。

第二节 “弱有所扶”是构建和谐社会服务型政府的基本要求

我国古代思想家孔子曾提出“和为贵”的观点，并将“仁”作为其哲学思想的核心，主张建立“天下为公”的大同社会。古希腊思想家柏拉图在其名著《理想国》一书中构建了一个正义之邦，主张公正即和谐。马克思、恩格斯在批判性地接受了西方关于和谐社会的理论后，设计出了共产主义的和谐社会模式，并在《共产党宣言》中指出：“在那里，每个人的自由发展是一切人的自由发展的条件。”我国自党的十六届四中全会首次正式提出“和谐社会”理论以来，建设社会主义和谐社会便明确的成为新时期社会建设发展的一个重要目标。胡锦涛总书记指出，实现社会和谐，建设美好社会，是包括中国共产党在内的马克思主义政党不懈追求的一个社会理想，也是人类孜孜以求的一个社会理想。① 习近平总书记指出，构建社会主义和谐社会，是我们党从中国特色社会主义事业总体布局和全面建设小康社会全局出发提出的重大战略任务。②

① 晓航：《实现和谐社会建设美好社会》，《羊城晚报》2020 年 2 月 2 日，网址参见 http：//new. sohu. com/20050220/n224353825. shtml。

② 习近平：《推动社会主义和谐社会在浙江的实践》，《浙江日报》2006 年 10 月 17 日，网址参见 http：//www. china. com. cn/policy/zhuanti/hxsh/txt/2006 - 10/17/content_7337090. htm。

一　弱有所扶是维持社会安定、团结、有序的迫切需要，是构建和谐社会的基本要求

按照社会学专业术语解释，和谐社会就是在运行机制良好的状态下协调发展的社会。和谐社会，“简言之就是指社会系统中的各个部分、各种要素处于一种相互协调、相互适应的状态”[①]。

和谐社会应该是以人为本的社会，一个让社会中的每个个体的权利都得到尊重和保障的社会，它要求社会每一个成员的基本需要得到满足，素质得到提高，潜力得到发挥。和谐社会还应该是一个可持续发展的社会，是一个大多数人能够分享改革和发展成果的社会。中国共产党在吸收了上述思想的精华的基础上，结合我国实际，总结了和谐社会的六大特征：民主法治、公平正义、诚信友爱、充满活力、安定有序、人与自然和谐相处。和谐社会中体现安定有序，要求人们和睦相处，众所周知，一个社会安定有序的前提是弱势群体的基本利益得到保障，弱势群体能够共享经济发展的成果。稳定是构建和谐社会的前提，只有社会稳定了，和谐社会的构建才会成为可能。而庞大的弱势群体，则是目前中国社会稳定的巨大隐患。弱势群体是一个经济承受能力和心理承受能力都较弱的群体，因为没有足够的经济能力支撑，心理压力过重，当生存压力和精神压力达到一定程度，社会中存在的差异性矛盾被激化时，社会风险将首先从这一脆弱的群体身上爆发，成为影响社会和谐安定的因素。

和谐社会中体现的公平正义，要求政府妥善处理好社会不同利益群体之间的关系，公平是构建和谐社会的追求。由于弱势群体对于不公平的社会现象很敏感，一方面弱势群体长期贫穷不能得到改变，各方面不能有所进展，当他们受到社会上不公平现象刺激的时候，弱势人群经常会作出过激的行为，造成社会的不稳定。比如弱势人群经常会对自己的经济状况和社会地位产生不满的情绪，也很容易让他们对政府和社会心存怨恨，往往通过比较激烈的对抗性行为，来直接或间接地表达他们的

---

① 周长明：《论弱势群体与和谐社会构建》，《西南民族大学学报》（人文社科版）2006 年第 9 期。

不满或平等诉求。近年来我国群体性事件的发生，多数就是因为没有恰当地解决弱势群体的权利保障问题；另一方面，他们是利益缺失的群体，不管是从权利维护、财富分配、享有机会等方面，弱势群体都是处于不利地位的。因此，要维持社会安定、团结、有序，弱势群体的生存权和发展权问题不容忽视。依据木桶理论，水量的多少往往不取决于最高的一块木板而是最低的那一块，一个社会的发展程度也是如此。由于弱势群体所占的资源较少，其权利也最容易受到侵害。如果弱势群体问题不能得到有效解决，市场竞争中的马太效应便会更加凸显，社会中的富者更富、穷者更穷，强势群体和弱势群体在社会资源的占有上的差距便会越来越大，从而形成一个恶性循环，引起社会的不和谐。

和谐社会的构建是一项复杂艰巨、任重道远的庞大工程，涵盖了我国政治建设、经济建设和文化建设的各个方面，需要国家统筹规划，调适平衡。构建和谐社会的目标之一就是实现社会公正，保护弱势群体的利益，而保护弱势群体利益，解决他们在生产生活等方面存在的各种问题是建设社会主义和谐社会和构建服务型政府的基本要求。

二　弱有所扶是建设服务型政府，实现政府职能的基本体现

党的十九大报告指出：“转变政府职能，深化简政放权，创新监管方式，增强政府公信力和执行力，建设人民满意的服务型政府。”① 2019年，中国共产党第十九届中央委员会第四次全体会议提出：“国家行政管理承担着按照党和国家决策部署推动经济社会发展、管理社会事务、服务人民群众的重大职责。必须坚持一切行政机关为人民服务、对人民负责、受人民监督，创新行政方式，提高行政效能，建设人民满意的服务型政府。”②

服务型政府的概念最早由刘熙瑞、张康之等学者提出后，我国众多

① 闫妍、赵晶：《习近平在中国共产党第十九次全国代表大会上的报告》，《人民网—人民日报》，2017 年 10 月 28 日，网址参见 http：//cpc. people. com. cn/n1/2017/1028/c64094 - 29613660. html。

② 光明日报评论员：《建设人民满意的服务型政府》，《光明日报》，2019 年 11 月 5 日，网址参见 http：//epaper. gmw. cn/gmrb/html/2019 - 11/05/nw. d110000gmrb_20191105_4 - 01. htm。

学者都阐述了对服务型政府概念的理解，基于研究角度和认识上的不同，各自有不同的切入点和侧重点。刘熙瑞认为：服务型政府是一种公民服务型政府，是指一种在公民本位、社会本位和权利本位理念指导下，在整个社会民主秩序的框架下，通过法定程序，按照公民意志组建起来，以全心全意为人民服务为宗旨，实现着服务职能并承担着服务责任的政府[①]；施雪华认为：服务型政府是指在公民本位、社会本位理念指导下，在民主制度框架内，把服务作为社会治理价值体系核心和政府职能结构重心的一种政府模式或政府形态；[②] 本书认为：所谓服务型政府，就是“在公民本位、社会本位理念指导下，在整个社会民主秩序的框架下，通过法定程序、按照公民意志组建起来的以公正执法为标志、以为公民服务为宗旨并承担服务责任的政府。”简言之，服务型政府就是为人民服务的政府，它以为整个社会的全体公民提供公共服务作为其自身存在、运行和发展的根本出发点和落脚点。

公共政策是关于政府有所作为和不作为的所有内容。它是公共产品和公共服务的提供者，也是公共利益的代表者。支持弱势群体，满足弱势群体的基本生活需求，保障弱势群体的基本权益，基于政府的地位，在此过程中它也应起主导性作用。马克思在《法兰西内战》中曾提到关于政府职能的论述，政府的职能应合乎社会发展规律，其产生的对社会成员的压迫性，最终将会被摧毁。政府不再是高高在上的社会统治者，而是社会的服务者。尤其是在现代国家中的政府职能已不再是纯粹的“统治”，而是转变方向，积极回应社会成员，为社会提供管理服务职能。所以，政府只有明确自身应该承担的责任，并且切实履行自己的职责，以人民利益为重，才能逐步解决弱势群体问题，进而体现社会的公平，维护社会的长期稳定，促进社会的持续发展。尔布雷斯曾这么说过，在一个好的社会里，全体公民都必须享有基本的个人人权，拥有人身自由，保持着合理的生活水平及与其他社会成员平等的地位，享受着

① 刘熙瑞：《服务型政府——经济全球化背景下中国政府改革的目标选择》，《中国行政管理》2002 年第 7 期。

② 施雪华：《“服务型政府”的基本涵义、理论基础和建构条件》，《社会科学》2010 年第 2 期。

对自己来说有价值的生活。当社会成员极度贫困，食不果腹、衣不蔽体的时候，作为人的人权、尊严等等都显得那么苍白，这是对个人自由的最大限制。人类发展观要建造一个每个人不用为吃饱饭而担忧，每个孩子不用为上学而困扰，每个人不用为了生病而忧心忡忡，每人都能展现自己的才华的和谐世界。但是，想要建成这样的世界，政府作为社会的服务者，更应该关注这部分社会弱势群体，要解决弱势人群的生存及发展问题。我国弱势群体产生的问题日益凸显，不完全是其个人意愿所致，所以也不应该完全由个人来承担这个后果。政府是公共利益的代表，有着提供公共产品及公共服务的基本职能，所以政府必须在弱势人群的问题上承担更多的责任。在支持弱势人群生存发展的网络中，政府应当从始至终地起到支持性的主导作用，从而使他们能够分享社会进步所带来的那部分福利，过上一个正常人应该享受到的生活。弥补市场竞争的固有缺陷，帮助弱势群体树立对生活的希望和信心，努力强化政府在他们心中的威信，这是政府的合法性地位所决定的，也是政府的一项长期历史任务。

随着我国政治改革、经济改革、文化改革的不断深入，弱势群体问题最终会得到妥善解决，与此同时，也定能促进我国经济社会迈向更加稳定健康和持续协调的大发展。

第三节 “弱有所扶”是习近平新时代中国特色社会主义思想的本质体现

中国特色社会主义，亦称“具有中国特色社会主义”。包括中国特色社会主义道路、理论、制度、文化。中国特色社会主义发展道路，即指由中国共产党领导中国人民实行经济建设改革开放伟大革命实践开辟的一条中国式的现代化道路；中国特色社会主义理论体系，即指中国共产党把马克思主义与中国实际相结合实现马克思主义中国化的最新理论成果。科学社会主义的基本原则与中国实际相结合的产物，具有鲜明的时代特征和中国特色。

一　中国特色社会主义理论综述

中国共产党依据毛泽东倡导的马克思主义普遍真理同中国具体实际相结合的原则，总结长期探索所积累的经验，特别是党的十一届三中全会以来的实践，深刻地认识到建设中国社会主义的规律，在党的十二大提出“走自己的路，建设有中国特色的社会主义”的科学论断。党的十三大、十四大和十五大对这一论断形成了一系列科学观点，制定了一系列具体政策、措施。主要内容有：解放思想，实事求是，以实践作为检验真理的唯一标准；中国所要解决的主要矛盾是人民日益增长的美好生活需要和不平衡不充分的发展之间的矛盾，党和国家的工作重点必须转移到以经济建设为中心的社会主义现代化轨道上来；建设社会主义有一个很长的初级阶段，社会主义社会的根本任务是发展生产力，集中力量实现现代化；实行社会主义市场经济；改革是社会主义社会发展的重要动力，对外开放是实现社会主义现代化的必要条件；使社会主义民主制度化、法律化，依法治国，改革和完善国家的政治体制和领导体制；加强社会主义精神文明的建设，坚持四项基本原则与坚持改革开放两个基本点要互相结合，缺一不可；坚持和完善人民代表大会制度和共产党领导的多党合作和政治协商制度；改善和发展社会主义民族关系，加强民族团结；用“一国两制”来解决国家统一问题；执政党的党风问题关系到党的生死存亡；反对帝国主义、霸权主义、殖民主义、种族主义，维护世界和平。

20 世纪 80 年代用的是“有中国特色的社会主义”：1982 年 9 月 1 日，邓小平在《中国共产党第十二次全国代表大会开幕词》中提出“把马克思主义的普遍真理同中国的具体实际结合起来，走自己的道路，建设有中国特色的社会主义，这就是我们总结长期历史经验得出的基本结论”。1982 年 9 月 8 日胡耀邦在党的十二大上做的政治报告的题目是《全面开创社会主义现代化建设的新局面》。1987 年 10 月 25 日赵紫阳在党的十三大上做的政治报告的题目是《沿着有中国特色的社会主义道路前进》。

随着我国的经济发展不断深入，各项改革的有序进行，1992 年邓小平同志明确指出，解放生产力，发展生产力，消灭剥削，消除两极分化，最终达到共同富裕的社会主义本质。作为社会主义“共同富裕”这一目标，也是社会主义本质理论的关键核心，邓小平曾表示，“在社会主义的状态下，物质财富都是属于人民群众的，所以社会主义富强意味着人民群众一起致富”①，这也应该是社会主义初级阶段我们必须坚持的原则。因此，改善弱势群体的生活水平，缩小贫富差距，是逐步实现共同富裕的目标。社会主义目标既然是共同富裕，而弱势群体作为社会中的一部分成员，他们也想改变现状、实现他们致富的愿望。但是，仅仅依靠他们自身的力量，很难去达到。所以，政府作为人民利益的代表者，在政策的制定与执行上都应向弱势群体倾斜，关心他们，支持他们，使得弱势群体对生活充满信心、对未来充满希望，相信在自身努力以及外界帮助的情况下，生活会越来越好，最终实现社会主义目标。

90 年代用的是“有中国特色社会主义”：1992 年 10 月 12 日江泽民在党的十四大上做的政治报告的题目是《加快改革开放和现代化建设步伐 夺取有中国特色社会主义事业的更大胜利》。1997 年 9 月 12 日江泽民在党的十五大上做的政治报告的题目是《高举邓小平理论伟大旗帜 把建设有中国特色社会主义事业全面推向二十一世纪》。

21 世纪用的是“中国特色社会主义”：2002 年 11 月 8 日江泽民在党的十六大上做的政治报告的题目是《全面建设小康社会开创中国特色社会主义事业新局面》。2007 年 10 月 15 日胡锦涛在党的十七大上做的政治报告的题目是《高举中国特色社会主义伟大旗帜，为夺取全面建设小康社会新胜利而奋斗》。2017 年 10 月 18 日习近平在党的十九大上做的政治报告题目是《决胜全面建成小康社会 夺取新时代中国特色社会主义伟大胜利》。

二　弱有所扶体现了习近平新时代中国特色社会主义思想中“以民为本”和“公平正义”基本特征

“以民为本”是以人民为本位，既不同于“以官为本”，又不同于

---

① 《邓小平文选》第 3 卷，人民出版社 1993 年版，第 172 页。

“以人为本”。中国宪法规定：“中华人民共和国的一切权力属于人民。”①习近平总书记强调：“实现人民群众的主体地位，拉近领导与群众的距离，就要求领导干部不做‘以官压人’的事情，真正克制‘官本位’思想，不搞‘以官为本’‘官贵民贱’，树立正确的民生权力观，切实解决好人民群众最现实、最关心、最直接的民生问题。”② 所以，以人民为本位，一切权力属于人民，是中国特色社会主义的出发点和落脚点。党的十八大报告指出：“公平正义是中国特色社会主义的内在要求。要在全体人民共同奋斗、经济社会发展的基础上，加紧建设对保障社会公平正义具有重大作用的制度，逐步建立以权利公平、机会公平、规则公平为主要内容的社会公平保障体系，努力营造公平的社会环境，保证人民平等参与、平等发展权利。”③

党的十九大报告指出：“中国特色社会主义进入了新时代”，习近平总书记在报告中完整阐述了“新时代中国特色社会主义思想”的丰富内涵，科学地判断了我国在新的历史时代下新的历史方位。新时代的内涵和使命是紧密结合中国梦当中囊括的国家富强、民族振兴、人民幸福等实际目标来说的，从国家层面上理解是决胜全面小康、全面建设社会主义现代化国家；从人民层面上理解是努力创造美好生活、实现全国人民迈向共同富裕；从中华民族层面上理解是奋力实现中华民族的伟大复兴；从中国和世界的关系层面上理解是中华民族逐渐屹立于世界民族之林、为人类的发展与进步作出不可磨灭的贡献。由此可见，新时代是通过政府与人民不断地努力奋斗更真实地贴近实现中国梦的时代，我国政府必须在弱有所扶上切实取得新突破、新发展，才能保证弱势群体在国家共建、国家共享发展中有更多参与感、获得感、幸福感和安全感，只有通

---

① 全国人民代表大会：《中华人民共和国宪法》（2018 修正），2018 年 3 月 11 日，网址参见 https：//duxiaofa. baidu. com/detail？ searchType = statute&from = aladdin_28231&origінguery = 宪法&count = 100&cid = febc490foc5df76f774ce8620f489505_law。

② 安宇：《“人民群众是我们的力量源泉”——学习习近平的人民主体地位思想》，人民网—中国共产党新闻网，2015 年 6 月 24 日，网址参见 http：//dangjian. people. com. cn/n/2015/0624/c117092 – 27200927. html。

③ 时正：《胡锦涛十八大报告（全文）》，新闻中心—中国网，2012 年 11 月 20 日，网址参见 http：//news. china. com. cn/politics/2012 – 11/20/content_27165856. htm。

过完善社会公平和正义，实现人的全面发展，全国各族人民才能真正最终走向共同富裕。习近平新时代中国特色社会主义思想始终坚持以人民为主体，把人民对美好生活的向往作为奋斗目标，弱有所扶的提法充分体现了我国政府立党为公、执政为民的执政理念，体现了为中华民族谋复兴、为人民谋幸福的使命担当，是习近平新时代中国特色社会主义思想的本质体现。

第五章

我国政府对弱势群体的保障责任履行现状、存在问题及原因探析

随着我国社会的快速发展，弱势群体的社会保障问题已经成为政府关注、社会关心、群众聚焦的热点话题，积极开展弱势群体的社会保障问题是一项综合的社会工作，通过弱势群体的社会保障问题能够帮助更多的弱势人群提升生活幸福水平，提高生活福祉，对于促进社会的和谐稳定等都具有十分重要的作用和意义。从双因素理论角度来理解，弱势群体有生存权和发展权双重权利，生存权指该群体有获得社会服务与救助、居住保障的权利，发展权指弱势群体有权获得教育保障和就业保障。政府应该从弱势群体的生存权保障与发展权保障两个方面进行责任边界的认定和履行。本章中将从双因素理论角度对政府在“弱有所扶”专项责任进行分析，分别从生存权保障和发展权保障两个维度来进行实证研究。通过查阅现有的研究资料，重点对政府在弱势群体保护中已承担的、应承担的和应承担而未承担的责任进行认真梳理，并在此基础上对政府内部和外部责任边界问题进行尝试性的探讨。

第一节　我国政府对弱势群体的基本生存权利保障

生存权本质上是弱势群体的权利，在内容日渐丰富和庞大的人权体系中，生存权位居榜首。因此，人们通常把它称为第一人权或首要人权。

生存权一般指的是“生命安全得到保障和基本生活需要得到满足的权利”。[①] 1991 年，我国发表《中国的人权状况》白皮书，其中就认为“生存权是中国人民长期争取的首要人权，而且，至今仍然是一个首要问题”。没有生存权，人类就不可能进行任何活动，没有生存权，人权也就无从谈起[②]。争取生存，这是人类的神圣也是最起码的要求，是一条颠扑不破的真理。生存是基础，发展是保障。人民若要能享受各项具体的政治权利和自由，如选举权与被选举权，言论、结社、游行和信仰等项自由，必须以人的生存作为基础，首先必须吃饱、穿暖和有房子住，这是最起码的生存权[③]。在本书中，对弱势群体的生存权研究主要紧紧围绕社会服务与救助和居住保障两个内容来阐述。

一　社会服务与救助中政府责任履行现状

社会服务与救助是社会保障体系的重要组成部分，它是国家按照相应的法律，通过资金、物品或是服务的方式对亟须帮助的人员进行一定的支援，让他们享有与正常人一样生活的权利。对于社会救助制度来说，重要的是对居民的最基本生活提供保障，这主要有以城乡居民的最低生活保障制度，以及农村五保制度为主要内容的社会救助。社会救助对象主要是社会上各类困难和低收入人群，为他们提供最低生活保障，社会救助目标是通过救助社会脆弱群体以达到扶危济贫，是我国社会保障的最后一道防护线和安全网。社会服务与救助的具体内容包括：老龄服务、儿童福利、收养和救助保护服务、残疾人服务、最低生活保障、基本医疗救助、受灾人员救助、临时救助等。随着 2020 年全面建成小康社会目标的临近，中国的扶弱工作进入了新阶段。在新时代背景，从当前我国政府的各种扶弱举措看，社会服务和救助政策作为当前我国扶弱治理中基础性的政策类型，通常被视为政府的当然责任和应尽义务。

（一）老龄服务现状

根据联合国人口司公布的研究报告显示，21 世纪伊始，世界人口中

① 王家福、刘海年：《中国人权百科全书》，中国大百科全书出版社 1998 年版，第 531 页。
② 李龙：《论生存权》，《法学评论》1992 年第 2 期。
③ 董云虎、富学哲：《从国际法看人权》，新华出版社 1998 年版，第 100 页。

有接近6亿的老年人（60岁以上人口），为50年前的3倍。到21世纪中叶，全球老年人口总数将增至20亿，占全世界总人口的20%以上，这一年龄组在50年间翻了两番。老年人口比例的不断增长虽然是生产力发展、科学水平提高、社会进步的表现，但是也给经济发展和社会稳定带来许多问题。在经济领域，人口老龄化将对经济增长及税收产生冲击。在社会层面，老年人口增多，人口抚养比例增高，老年人的经济供养、生活照料、精神慰藉等需求的迅猛增加，使社会的赡养负担显著加重。在政治领域，人口老龄化会影响选举模式与选举代表性，大多数国家将需要在经济和社会方面作出广泛深入的调整。

我国老龄人口人数众多，按联合国传统标准划分，一个地区60岁以上老人达到总人口的10%，新标准是65岁老人占总人口的7%，即视为该地区已经进入老龄化社会。若参照传统标准，我国2010年60周岁及以上老年人口为1.7765亿人，占总人口比重为13.3%，开始已经进入老龄化社会，而到2017年，我国60周岁及以上老年人口上升至2.4090亿人，比重达17.3%，从图5—1的数据表明2010—2017年7年间，我国老年人一直呈增加趋势，老龄化现象加剧形势严峻，如按照新标准算则更严重。据预测：21世纪中叶老年人口数量将达到峰值，超过4亿①。全国老龄办政策研究部副主任李志宏在2016年（首届）京津冀养老论坛上指出，目前，我国的老龄化进程日趋严峻。伴随着这一进程，失能、高龄、空巢和独居等养老服务重点对象大幅增加，因此，政府在弱有所扶中对老龄人担负的责任重大。据他测算，失能老年人将持续增长到2020年的4200万人，2030年的6168万人，2050年的9750万人；80岁以上高龄老年人持续增加到2020年的2900万人，2030年的4300万人，2050年的1.08亿人；空巢和独居老年人则持续递增到2020年的1.18亿人，2030年的1.8亿人，2050年的2.62亿人。将全国第六次残疾人抽样调查与第一次调查相比，60岁以上的老年残疾人新增加2365万人，占到新增残疾人口数量的75.5%。中国残联副理事长程凯解释说，在本次残疾人调查中，

① 民政部：《2014年社会服务发展统计公报》，http：//www.mca.gov.cn/article/sj/tjgb/201506/201506008324399.shtml。

我国60岁以上残疾老年人共有4416万人，占全部残疾人数的53.24%，其中65岁以上残疾老人为3755万人，占40.26%。残疾老年人的行动能力和自理能力都大大低于常人，随着残疾老年人增加，生活照料需求也将增加。在全球老年人口激增的大背景下，自1999年我国步入老龄化社会以来，我国老年人口数量大、增长快，老龄化问题与经济社会转型期的矛盾相交织，与高龄化、失能化、空巢化、少子化相伴随，对强化我国社会养老服务体系的功能提出了更高的要求。

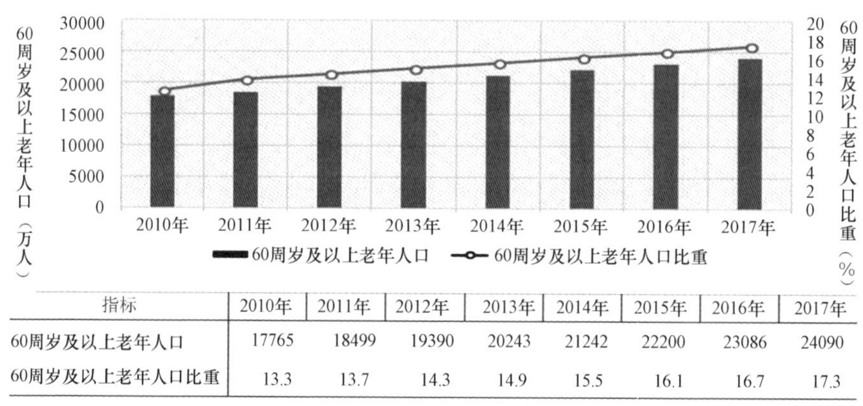

指标	2010年	2011年	2012年	2013年	2014年	2015年	2016年	2017年
60周岁及以上老年人口	17765	18499	19390	20243	21242	22200	23086	24090
60周岁及以上老年人口比重	13.3	13.7	14.3	14.9	15.5	16.1	16.7	17.3

图5—1　2010—2017年60周岁及以上老年人口占全国总人口

资料来源：国家统计局。

党的十七大将“老有所养”确立为建设和谐社会的战略目标以来，国家先后出台一系列政策推动老龄事业及产业发展。根据《社会养老服务体系建设规划（2011—2015）》的部署，我国目前初步形成了以“居家养老为基础、社区养老为依托、机构养老为补充”的社会养老服务体系框架，使我国养老服务体系不断向层次化、社会化、多元化方向迈进。2012年，党的十八大报告更是第一次以党的纲领性文件的形式对“积极应对人口老龄化，大力发展老龄服务事业和产业”提出明确要求。2013年，国务院印发《关于加快发展养老服务业的若干意见》提出，到2020年，完善社会养老服务体系的医疗康复、文化教育等各项功能，大力发展社会养老服务新业态推动经济发展的整体思路。2015年10月，党的十八届五中全会在京举行，会议指出，实现好、维护好、发展好最广大人民根本利益是发展的根本目的，必须把增进人民福祉、促进人的全面发展作为发展的出发点和落脚点。增加公共服务供给，提高公共服务共建能力和共享水平，建立健全老人关爱服务体系。党的十八大、十九大以来，我国老龄事业的发展过程中集中体现出宪法至上、追求公平、尊重人权的发展理念，为市场经济条件下社会养老服务体系的良性发展起到了保障作用。当前，我国的居家养老服务体系以保障三无、五保、高龄、失能等特殊困难老年群体为重点，通过专业化养老服务网络，向老年人及家庭提供生活照料、家政服务、康复护理、医疗保健等服务。

1. 提供住宿的养老服务。以 2017 年和 2018 年数据来看，截至 2017 年年底，全国有各类养老服务机构和设施 15.5 万个，比上年增长 10.6%，其中：注册登记的养老服务机构 2.9 万个，社区养老机构和设施 4.3 万个，社区互助型养老设施 8.3 万个；各类养老床位合计 744.8 万张，比上年增长 2%（每千名老年人拥有养老床位 30.9 张），其中社区留宿和日间照料床位 338.5 万张。[①] 截至 2018 年年底，全国有各类养老机构和设施 16.8 万个，养老床位合计达到 727.1 万张，比上年增长 3.3%，每千名老年人拥有养老床位 29.1 张。其中：全国共有注册登记的养老机构 2.9 万个，比上年增长 10.0%，床位 379.4 万张，比上年增长 3.9%；社区养老照料机构和设施 4.5 万个，社区互助型养老设施 9.1 万个，社区留宿和日间照料床位达到 347.8 万张。[②]

2. 不提供住宿老年人福利。以 2017 年和 2018 年数据来看，截至 2017 年年底，全国 60 周岁及以上老年人口 24090 万人，占总人口的 17.3%，其中 65 周岁及以上老年人口 15831 万人，占总人口的 11.4%。全国共有老龄事业单位 1600 个，老年法律援助中心 2.0 万个，老年维权协调组织 6.4 万个，老年学校 4.9 万个、在校学习人员 704.0 万人，各类老年活动室 35.0 万个；享受高龄补贴的老年人 2682.2 万人，比上年增长

① 民政部：《2017 年社会服务发展统计公报》http：//www.mca.gov.cn/article/sj/tjgb/201808/20180800010446.shtml。

② 民政部：《2018 年民政事业发展统计公报》http：//www.mca.gov.cn/article/sj/tjgb/201908/20190800018807.shtml。

13.9%；享受护理补贴的老年人61.3万人，比上年增长51.5%；享受养老服务补贴的老年人354.4万人，比上年增长25.3%。[①] 截至2018年年底，全国60周岁及以上老年人口24949万人，占总人口的17.9%，其中65周岁及以上老年人口16658万人，占总人口的11.9%；享受高龄补贴的老年人2972.3万人，比上年增长10.8%；享受护理补贴的老年人74.8万人，比上年增长22.0%；享受养老服务补贴的老年人521.7万人，比上年增长47.2%；享受其他老龄补贴的老年人3.0万人。[②]

从近两年呈现的数据看，我国机构养老已经取得了长足的进步。但从以上数据可以看出，我国老年人占有的养老机构床位比例仅为30‰左右，和发达国家普遍达到50‰—70‰的比例还存在较大差距。同时，服务项目偏少，养老服务设施功能不完善、利用率不高。这种养老服务资源紧张集中反映在公立养老机构“一床难求”的现象上。公立养老机构由政府开办，享受政府一系列补贴，因此相对价格低廉，为解决城乡广大老年人养老服务发挥了主要的作用。然而，由于公立养老机构较少，床位数不足，床位流动性小，存在大量老年人排队待入的情况。为了增加供给，一些地方在郊区或较偏远的地方兴建大型养老机构，但根据调查，多数老年人仍然希望与子女相距不远，能够经常得到子女的探望。针对老年人日常生活、护理和医疗方面的需求，政府应当对社会弱势群体提供适当的社会救助。经过10多年的发展，我国老年人生活救助方面已经有了较多的制度保障，例如，最低生活保障制度、五保制度、高龄津贴制度等，这些制度也为老年人提供了最低的生活保障，发挥了保障老年人日常生活需要的功能。然而，这些日常生活救助制度普遍存在两个问题：一是保障标准低，仅能满足日常的最低生活需要；二是除高龄津贴制度外，其他救助措施针对的人群是一般居民，而没有专门考虑老年人养老服务的特殊需求。最低生活保障为城乡老年人提供了一个满足其最低生活开支需要的保障。比较而言，在医疗救助方面，保障不足、

① 民政部：《2017年社会服务发展统计公报》http：//www.mca.gov.cn/article/sj/tjgb/201808/20180800010446.shtml。

② 民政部：《2018年民政事业发展统计公报》http：//www.mca.gov.cn/article/sj/tjgb/201908/20190800018807.shtml。

分担能力有限、护理救助的问题比较突出。这意味着当老年人遭遇到疾病和护理风险时，老年人的整个家庭都面临着极为沉重的负担。

（二）儿童福利、收养和救助保护服务现状

中华人民共和国成立以来，颁布了多部与流浪儿童救助有关的政策法规。比如，1954 年颁布的《中华人民共和国宪法》、1986 年颁布的《中华人民共和国义务教育法》等法律中都提及了对儿童的保护。与以前相比，20 世纪 90 年代以来中国关于儿童救助的政策法规逐渐增多。比如，1990 年，中国成为国际上第 105 个签署《联合国儿童权利公约》的国家，并于同年颁布了《九十年代中国儿童发展规划纲要》、1998 年修订并颁布了《中华人民共和国收养法》、2001 年颁布了《中国儿童发展纲要（2001—2010 年）》，2003 年，国务院公布并实施《城市生活无着的流浪乞讨人员救助管理办法》，2006 年新修订并颁布了《中华人民共和国未成年人保护法》、2008 年颁布了《流浪未成年人救助保护中心建设标准》、2011 年发布了《关于加强和改进流浪未成年人救助保护工作的意见》，明确提出实施更加积极主动的救助保护措施，帮助流浪儿童及时早日回归家庭、强化流浪儿童源头预防和治理。2012 年，中央综治办、民政部、教育部、公安部等 8 部门在全国联合开展了以“保护儿童，告别流浪”为主题的“接送流浪孩子回家”专项行动，未成年人流浪现象显著减少。2013 年起，民政部在全国开展未成年人社会保护试点工作，将试点对象拓展到困境未成年人，其中就包括有流浪行为被救助的未成年人，有短暂流浪行为或严重流浪倾向的未成年人。同年 5 月，民政部、中央综治办、教育部、公安部等 10 部门又联合下发通知，开展以“合力保学、快乐成长”为主题的“流浪孩子回校园”专项行动。由此，流浪儿童救助保护长效机制逐步形成，许多流浪儿童也顺利回归校园、健康成长。这些政策文本在保护中国流浪儿童的社会救助权益方面曾经发挥了积极的作用。国家对流浪儿童的社会政策正式从强制遣返转变为社会救助保护。新政策实施 13 年来，全国有近 200 万人次流浪儿童得到了及时的救助。流浪儿童救助保护的“入口”问题基本得到解决。据统计，全国流浪未成年人救助量 2013 年为 18.4 万人次，2014 年降至 15.8 万人次，2016 年上半年约 4 万人次。从图 5—2 可知，自 2010 年，我国收养登记日趋规范，收养登记数一直呈下降趋势，从一个侧面反映出习近平新时代社会经济的发展使得民众家庭收入提高、家庭承担抚养子女的责任感越来越强烈，遗弃现象明显减少。

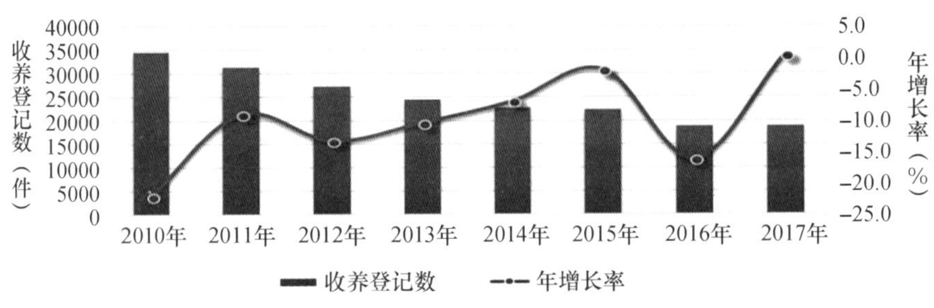

图 5—2 我国流浪儿童收养登记

资料来源：国家统计局。

目前，我国对流浪儿童提供的救助、福利和收养主要分为不提供住宿和提供住宿两种：

1. 不提供住宿的儿童福利和收养服务统计相关数据。截至 2017 年，我国共有孤儿 41.0 万人。其中，政府集中供养的孤儿有 8.6 万人，社会散居孤儿 32.4 万人。2017 年全国办理收养登记 1.9 万件，其中：内地居民收养登记 1.7 万件，港澳台华侨收养登记 103 件，外国人收养登记 2228 件。[①] 截至 2018 年年底，全国共有孤儿 30.5 万人，其中集中养育孤儿 7.0 万人，基本生活保障平均标准 1344.0 元/人·月；社会散居孤儿 23.5 万人，基本生活保障平均标准 924.0 元/人·月。2018 年，全国各级支出儿童福利经费 49.6 亿元，其中孤儿基本生活保障经费 39.5 亿元，其他儿童福利经费 10.1 亿元。当年，全国办理收养登记 1.6 万件，其中：内地居民收养登记 1.5 万件，港澳台及华侨收养登记 116 件，外国人收养登记 1685 件。

2. 提供住宿的儿童福利和救助保护服务统计相关数据。截至 2017 年

① 民政部：《2017 年社会服务发展统计公报》http://www.mca.gov.cn/article/sj/tjgb/201808/20180800010446.shtml。

年底，全国共有儿童收养救助服务机构 663 个，床位 10.3 万张，收留抚养各类人员 5.9 万人。其中全国共有儿童福利机构 469 个，床位 9.5 万张；未成年人救助保护中心 194 个，床位 0.8 万张，全年共救助流浪乞讨未成年人 3.5 万人次。截至 2018 年年底，全国共有儿童福利和救助保护服务机构 651 个，床位 9.7 万张，年末收留抚养各类人员 4.9 万人。其中注册登记的独立儿童福利机构 475 个，床位 8.9 万张；注册登记的独立未成年人救助保护中心 176 个，床位 0.8 万张，全年共救助流浪乞讨未成年人 2.2 万人次。①

从上述数据得到，这远不能满足流浪儿童的实际救助需求。我国流浪儿童数量庞大，2003 年，国务院妇女儿童工作委员会办公室委托石家庄市保护流浪儿童研究中心课题组对流浪儿童现状的调查报告指出："根据我们对全国几个样本城市的抽样调查分析和测算，每年全国民政部门救助的流浪儿童总数在 51 万人次以上。假设实际存在的流浪儿童人数为被救助流浪儿童人数的 2 倍至 3 倍，那么，全国每年存在的流浪儿童人数应该在 100 万人至 150 万人之间。"2006 年尚晓援等撰文指出：根据民政部提供的资料，全国约有 20 万左右流浪儿童。如果按照国际惯例，将随父母一起外出务工，白天主要生活在街头，晚上可以回到父母身边，但失去正规教育机会的孩子一并考虑进去的话，中国至少有 30 万以上的街头儿童。15 万左右流浪儿童的数字是在流浪儿童救助中心或收容遣送站接受救助儿童的数字。由此可见，每年我国需要救助的流浪儿童与之差距过大，根本无法满足全国的流浪儿童安置现状问题，社会集中供养孤儿只占总数的少数，大多数的孤儿处于社会散居状态，这些孤儿救助情况实施起来较为困难。例如：城市中的流浪儿童得到了广大关注之后，对流浪儿童的户籍所在地统计时发现，有很大一部分的流浪儿童来自于共同的地域，在我国偏远地区或是山区有很多的儿童外出流浪，而流入地多为北上广这样的一线大城市。根据统计，2015 年，杭州市救助保护管理中心总计救助 9133 人，其中残疾人、痴呆傻、精神病等特殊受助人

① 民政部：《2018 年民政事业发展统计公报》http：//www.mca.gov.cn/article/sj/tjgb/201908/20190800018807.shtml。

群总计1800人次，其中未成年人有378人次，达到了救助人群的21%。

（三）残疾人服务现状

目前中国约有8600多万残疾人，其中仍有1500万以上残疾人生活在国家级贫困线以下，占贫困人口总数的12%以上，占世界残疾人口总量的近9%左右。中国的残疾人不仅数量巨大，而且情况复杂。从2018年残疾人统计公报中可知，截至2017年，政府在残疾人事业发展方面作出了一系列重要部署，主要体现在康复、教育、就业、社会保障、扶贫开发等各个方面。

康复方面：截至2017年年底，全国已有残疾人康复机构8334个，其中，提供视力残疾康复服务的机构1194个，提供听力言语残疾康复服务的机构1417个，提供肢体残疾康复服务的机构3088个，提供智力残疾康复服务的机构2659个，提供精神残疾康复服务的机构1695个，提供孤独症儿童康复服务的机构1611个，提供辅助器具服务的机构1866个。康复机构在岗人员达24.6万人，其中，管理人员3.1万人，专业技术人员16.5万人，其他人员5.0万人；

教育方面：中国残联、教育部等部门制定实施《第二期特殊教育提升计划（2017—2020年)》，与教育部正式印发《残疾人参加普通高等学校招生全国统一考试管理规定》，开展残疾人高等融合教育试点工作，将《国家通用手语常用词表》《国家通用盲文方案》纳入国家语委语言文字标准体系，残疾人受教育权得到了更好保障，进一步提高了特殊教育发展水平。残疾人事业专项彩票公益金助学项目的实施，为全国1.9万人次家庭经济困难的残疾儿童享受普惠性学前教育提供资助。各地多渠道争取资金支持，对2971名残疾儿童给予学前教育资助。

2017年，全国共有特殊教育普通高中班（部）112个，在校生8466人，其中聋生7010人，盲生1456人。残疾人中等职业学校（班）132个，在校生12968人，毕业生3501人，其中1802人获得职业资格证书。全国有10818名残疾人被普通高等院校录取，1845名残疾人进入高等特殊教育学院学习。继续实施《"十三五"残疾青壮年文盲扫盲行动方案》。4.3万名残疾青壮年文盲接受了扫盲教育。

就业方面：2017年城乡持证残疾人新增就业35.5万人，其中，城镇新增就业 13.1 万人，农村新增就业 22.4 万人；培训城乡残疾人 62.5 万人。全国城乡持证残疾人就业人数为 942.1 万人，其中按比例就业 72.7 万人，集中就业 30.2 万人，个体就业 70.6 万人，公益性岗位就业 9.0 万人，辅助性就业 14.4 万人，社区就业 8.0 万人，居家就业 118.9 万人，灵活就业 145.8 万人，从事农业种养殖 472.5 万人。盲人按摩事业稳步发展，按摩机构持续增长。2017 年，全国共培训盲人保健按摩人员 20796 名、盲人医疗按摩人员 7217 名；保健按摩机构 19257 个，医疗按摩机构 1255 个；有 54 人和 870 人分别获得盲人医疗按摩人员中级和初级职务任职资格。

社会保障方面：截至 2017 年年底，城乡残疾居民参加城乡社会养老保险人数 2614.7 万人；547.2 万 60 岁以下参保的重度残疾人中，有 529.5 万人得到政府的参保扶助，代缴养老保险费比例 96.8%。有 282.9 万非重度残疾人享受了全额或部分代缴养老保险费的优惠政策。1042.3 万人领取养老金。残疾人托养服务工作稳步推进，残疾人托养服务机构 7923 个，其中寄宿制托养服务机构 2560 个，日间照料机构 3076 个，综合性托养服务机构 2287 个，为 23.1 万名残疾人提供了托养服务。接受居家服务的残疾人 78 万人。全年 1.9 万名托养服务管理和服务人员接受了各级各类专业培训。

扶贫开发方面：贫困残疾人脱贫攻坚取得阶段性成效，残疾人生产生活状况得到进一步改善。贫困残疾人得到有效扶持，其中 92.5 万残疾人退出建档立卡；残疾人接受实用技术培训 70.6 万人次。康复扶贫贴息贷款扶持 2.1 万农村残疾人。6692 个残疾人扶贫基地安置 10.5 万残疾人就业，扶持带动 21.8 万户残疾人家庭。全国共完成 8.2 万户农村贫困残疾人危房改造，各地投入危房资金 10 亿元。

我国是社会主义国家，保护社会弱者是社会主义制度的题中之意。残疾人是社会弱势群体，应按照“普惠 + 特惠”的政策方向，对其进行倾斜保护。中国 40 多年的改革开放政策，使 14 亿人的物质生活和精神面貌发生了极大变化。在这一历史进程中，残疾人与全体人民同奔小康，残疾人社会救助事业与社会发展同步进行，进一步改善残疾人平等参与社会生活的物质条件和精神环境，缩小残疾人事业与国民经济和社会发展水平的差距，使残疾人参与机会增多，参与范围扩大，自身素质提高，生活状况改善，是我国经济发展和社会进步的要求，是坚持以人为本、落实科学发展观的重要方面，是促进社会公平、提高社会文明程度的具体体现，对于构建社会主义和谐社会具有重要意义。残疾人社会救助工作一直以来都是党和国家密切关注的问题，残疾人社会救助是我国残疾人社会保障事业的重要组成部分。1990 年全国人大通过的《中华人民共和国残疾人保障法》奠定了我国残疾人事业发展的法律基础。2014 年 5 月我国第一部统筹各项社会救助制度的行政法规《社会救助暂行办法》开始施行。2014 年 10 月国务院决定全面建立临时救助制度。残疾人社会救助政策主要包括最低生活保障、五保供养、临时救济和医疗救助等项目。第一，最低保障制度。最低生活保障制度具有长期性、固定性的特点，而特殊救助制度则具有即时性与相对不确定性。我国对残疾人的生活救助，主要体现为最低生活保障制度。该制度是对残疾人人均家庭收入低于当地的最低生活保障标准的贫困人口，实施差额补助的一种新型社会救助机制。以家庭为保障单位，以保障基本生活水平而改善和提高生活水平为目标，这是最低生活保障制度区别于其他救助机制的重要特色。现行最低生活保障制度缺乏对残疾人的特殊考虑，使大部分没有任何生活来源的重度残疾人不能享受最低生活保障。因为享受最低生活保障的条件是按家庭人均收入计算的，而绝大部分重度残疾人由于没有收入，不可能单独立户，只能与年迈的父母，甚至没有法定扶养义务的兄弟姐妹等亲属生活在一起，靠年迈父母的退休金和亲属的接济生活。现行最低生活保障线制度的单一结构把贫困家庭的复杂情况简单化，没有考虑每个家庭成员的具体情况，统一按一个标准执行，操作起来比较容易，但针对残疾人、老年人、儿童等不同贫困群体缺乏最低生活救助。第二，残疾人的基本医疗救助。2005 年 4 月，国务院转发了民政部、卫生部、劳动保障部和财政部《关于建立城市医疗救助制度试点工作的意见》，计划用两年到三年的时间在各省、自治区、直辖市的部分县（市、区）进行医疗救助试点，之后再用 2—3 年建立起管理制度化、操作规范化的城市医疗救助制度，切实帮助贫困群众解决就医方面的困难和问题。目前，各地城镇贫困人口基本上有包括医疗救助在内的各种优惠政策，北京、广州、上海、无锡等许多城市都开设了有医疗救助性质的医院。经济发达地区建立了城乡医疗救助制度，中西部地区则主要采取对救助对象实施部分医疗费用减免政策。第三，残疾人的专项救助和临时救助。临时救助是一项传统的民政业务，主要是指对在日常生活中由于各种特殊原因造成基本生活出现暂时困难的家庭，给予非定期、非定量生活救助的制度。长期以来，临时救助制度在保障城乡困难群众的基本生活，缓解他们的特殊困难方面发挥了重要作用。以大连市为例，根据《大连市人民政府办公厅关于建立城市低收入家庭专项救助制度的通知》第6条“重大节日生活救助”，在实施重大节日临时救济时，对城市低收入家庭按低保家庭救济标准的70%给予救助。在残疾人的专项救助方面，例如根据《大连市人民政府办公厅关于建立城市低收入家庭专项救助制度的通知》第3条“医疗救助”，未参加城镇职工基本医疗保险的城市低收入家庭成员，在参加城镇居民基本医疗保险时，对未成年人按个人缴费额的50%给予补助，对老年居民、持《残疾人证》人员按城镇居民基本医疗保险筹集标准的60%给予补助，其他人员按筹集标准的40%给予补助。

总体来看，我国残疾人的数量呈逐年增长的趋势，残疾人的生活状况关系到其自身、家庭以及社会的稳定发展。不可否认，目前我国长期处于社会主义初级阶段，残疾人社会救助制度并不成熟。残疾人社会救助制度是社会保障体系的重要组成部分，社会保障制度是社会稳定的助推器，通过再分配实现社会公平，是实现残疾人的正常生存，促进其全面发展的重要举措。所以，完善残疾人社会救助制度，对于健全社会保障制度，推进残疾人事业的可持续发展极其重要。

（四）最低生活保障现状

最低生活保障是社会救助体系的核心和基础，对处于最底层、最弱势的社会成员有最基本安全网的作用。

1993年上海在全国率先实施，1999年我国先后出台了《城市居民最低生活保障条例》《关于在全国建立农村最低生活保障制度的通知》等规范性文件。2012年中国政府网《国务院关于进一步加强和改进最低生活保障工作的意见》文件出台，2014年5月，国务院颁布了《社会救助暂行办法》。《暂行办法》的出台，对更好地保障公民基本生活，促进社会公平正义，维护社会和谐稳定，发挥最低生活保障托底线、救急难的作用具有重大意义，为我国社会救助事业发展提供了基本的法律依据。我国的城镇和农村居民最低生活保障制度实施工作逐渐迈向规范化、法制化的管理阶段，作为我国社会救助体系的“最后一道防护线、安全网”，最低生活保障制度构建内容是否科学、是否完善极为重要，关系到社会稳定和公平正义。结合精准扶贫政策提出和实施时间，本书据国家民政局相关数据对社会救助 2013—2017 年相关数据进行了整理。

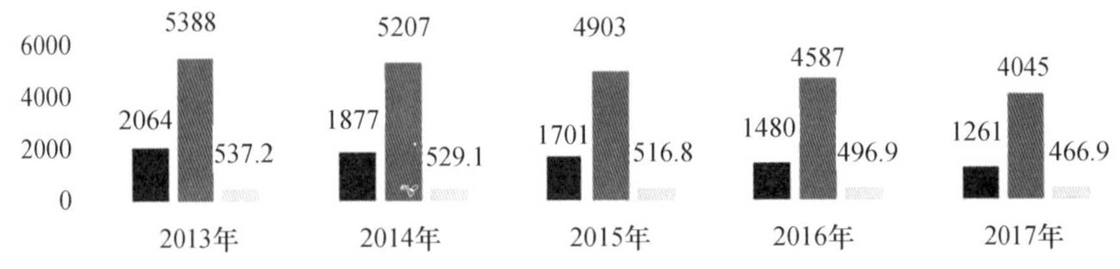

图 5—3　2013—2017 年全国城乡最低生活保障及农村五保供养人数统计

资料来源：国家民政局 2013—2017 年《社会服务发展统计公报》。

由图 5—3 可看出，我国农村最低生活保障人数从 2013 年的 5388 万人，逐年递减到 2017 年为 4045 万人；农村五保户供养人数从 2013 年的 537. 2 万人逐年递减，至 2017 年为 466. 9 万人；城市最低生活保障人数也从 2013 年的 2064 万人逐年递减，到 2017 年为 1261 万人。三个统计维度的人数逐年递减的原因，笔者分析认为这个时间段与我国政府实施精准扶贫、精准脱贫政策的时间吻合（2014 年 1 月，中办详细规制了精准扶贫工作模式的顶层设计，推动了“精准扶贫”思想落地。2014 年 12 月 11 日闭幕的中共中央经济工作会议透出了 2015 年经济工作的一系列新动向。在扶贫方面，要求实现精准脱贫，防止平均数掩盖大多数，要求更加注重保障基本民生，更加关注低收入群众生活。2017 年 10 月 18 日，习近平总书记在党的十九大报告中指出，要坚持精准脱贫），说明这些政策产生了积极效果。

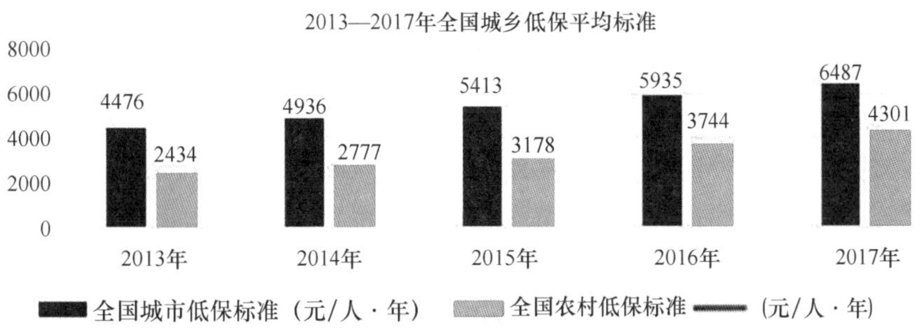

图 5—4　2013—2017 年全国城市与农村低保平均标准统计

资料来源：国家民政局 2013—2017 年《社会服务发展统计公报》。

图 5—5　2013—2017 年全国各级财政低保资金支出统计

资料来源：国家民政局 2013—2017 年《社会服务发展统计公报》。

通过图 5—4 和图 5—5 统计数据显示：2017 年，全年各级财政共支出城市低保资金 640. 5 亿元，同比降低 7. 4%。在城市低保资金支出较少的同时，全国城市低保年平均标准 6487 元，同比增长 9. 3%。结合图 5—5 分析可知，虽然全年财政支出城市低保资金有所降低，但是随着低保人数的减少，全国城市低保的年平均标准反而得到了上升，体现了精准扶贫政策的实施效果明显。2017 年，全年各级财政共支出农村低保资金 1051. 8 亿元，同比增长 3. 5%。全国农村低保年平均标准 4300. 7 元，同比增长 12.9%。结合图 5—5 分析可知，随着农村低保人数的逐年递减，同时，投入农村的低保资金增加，二者形成一个正比的增长率。另外，结合图 5—4、图 5—5 分析，2013—2017 年以来，虽然我国各级财政低保资金支出农村多于城市（农村：866.9 亿元，870.3 亿元，931.5 亿元，1014.5 亿元，1051.8 亿元；城市：756.7 亿元，721.7 亿元，719.3 亿元，687.9 亿元，640.5 亿元），我国农村与城市低保年平均标准每年均有所递增（农村：2434 元，2777 元，3178 元，3744 元，4301 元；城市：4476 元，4936 元，5413 元，5935 元，6487 元），但是城乡标准还是不一，农村明显低于城市，农村低保年标准只是城市低保年标准的 55%—66%。

（五）基本医疗救助现状

《世界人权宣言》第 25 条第 1 项规定："人人有权享受为维持他本人和家属的健康和福利所需的生活水准，包括食物、衣着、住房、医疗和必要的社会服务；在遭受失业、疾病、残废、守寡、衰老或在其他不能控制的情况下丧失谋生能力时，有权享受保障。"我国《宪法》第 45 条第 1 款规定："中华人民共和国公民在年老、疾病或者丧失劳动能力的情况下，有从国家和社会获得物质帮助的权利。国家发展为公民享受这些权利所需要的社会保险、社会救济和医疗卫生事业。"获得基本保障作为一个社会人的生存条件，既是国家、社会的责任，也是公民的基本权利。为此，我国除了在《社会保险法》等法律中规定社会保障制度外，还在《社会救助暂行办法》规定了社会救助的基本制度，并在其中以第五章专门规定了"医疗救助"。这也是医疗救助作为公民的社会权利和政府责任在行政法规上的体现。医疗救助主要针对的是困难居民的基本医疗服务，在我国，无论是农村医疗救助制度的建立，还是城市医疗救助制度的建立，都遵循先试点、后推广的原则。

我国医疗救助制度的真正建立是在 21 世纪初。2003 年 11 月民政部、卫生部、财政部《关于实施农村医疗救助的意见》和 2005 年 3 月国务院办公厅转发民政部等部门《关于建立城市医疗救助制度试点工作意见》，标志着我国农村医疗救助制度和城市医疗救助制度的开始。2009 年 6 月 15 日，由卫生部等多个部门联合下发的《关于进一步完善城乡医疗救助制度的意见》出台，要求进一步完善城乡医疗救助制度，并对医疗救助范围、救助方式、救助内容等内容进行了完善，对今后如何完善救助管理规范、明确救助资金来源、如何提升救助服务便捷性与救助效果提出了制度上的要求，标志着我国医疗救助步入规范化发展的轨道。

2012 年国务院《关于印发“十二五”期间深化医药卫生体制改革规划暨实施方案的通知》要求加大城乡医疗救助力度，并对完善城乡医疗救助制度提出了相关规定。2015 年国务院办公厅转发民政部等部门《关于进一步完善医疗救助制度　全面开展重特大疾病医疗救助工作意见的通知》，为全面落实《社会救助暂行办法》有关规定，要求完善医疗救助制度，并对医疗救助对象、救助方式、救助内容进行了细化规定。有关医疗救助制度的规定，地方各级政府主要是依靠地方政府规章和规范性文件，发布形式包括以政府令的形式发布，如《甘肃省城乡医疗救助试行办法》；以政府批转民政等部门规章的形式发布，如福建省人民政府批转省民政厅等部门《关于〈福建省城市医疗救助办法〉的通知》；由政府办公厅发布的形式，如海南省人民政府办公厅《关于印发〈海南省城乡医疗救助实施暂行办法〉的通知》；由民政等部门发布的形式，如广东省民政厅等部门印发《关于〈广东省城乡特困居民医疗救助办法〉的通知》等。这些地方层面的法律规范都对医疗救助制度的救助对象、救助标准、救助范围等内容作出了具体的规定。

据统计资料显示，2017 年全年政府共出资 74.0 亿元，资助参加基本医疗保险 5621.0 万人，人均补助水平 131.6 元。2017 年支出 266.1 亿元，实施门诊医疗救助和住院 3517.1 万人次，门诊和住院每人次平均救助水平分别为 153.2 元和 1498.4 元。2017 年全年支出优抚医疗补助资金 36.1 亿元，累计资助优抚对象 367.1 万人次，人均补助水平 982.3 元①。2013 年开始近五年全国直接医疗救助人次呈上升趋势，2017 年相比 2013 年增长了 65.4%，增幅较大。人均补助水平也在不断提高，2017 年相比 2013 年增长了 37.2%。各级财政支出直接医疗救助资金也是逐年递增，表明

① 民政部：《2017 年社会服务发展统计公报》，http：mca. gov. cn/article/sj/tjgb/201808/201808000/0446. shtml。

政府在医疗救助领域投入的人力、物力和财力都有增加。[①]

（六）受灾人员救助方面

在《社会救助暂行办法》第20条至第26条中，明确规定了国家建立健全自然灾害救助制度，对基本生活受到自然灾害严重影响的人员，提供生活救助。自然灾害救助实行属地管理，分级负责。受灾地区人民政府应当在确保安全的前提下，对住房损毁严重的受灾人员进行过渡性安置。自然灾害危险消除后，受灾地区人民政府民政等部门应当及时核实本行政区域内居民住房恢复重建补助对象，并给予资金、物资等救助。自然灾害发生后，受灾地区人民政府应当为因当年冬寒或者次年春荒遇到生活困难的受灾人员提供基本生活救助。

2013年全国共计3.9亿人次不同程度地在各类自然灾害中受灾，累计救助受灾群众8000万人次。[②] 2014年全国共计2.4亿人次不同程度地在各类自然灾害中受灾，累计救助受灾群众7500万人次。[③] 2015年全国共计1.9亿人次不同程度地在各类自然灾害中受灾，国家民政部和财政部累计下拨94.72亿元生活补助资金用于救助自然灾害，占当年国家财政收入152200万亿的万分之六，累计救助受灾群众6000余万人次。[④] 2016年全国共计1.9亿人次不同程度地在各类自然灾害中受灾，国家民政部和减灾委累计下拨中央自然灾害生活补助资金79.1亿元到各受灾省份（含中央冬春救灾资金57.1亿元），占当年国家财政收入159552亿元的万分之五[⑤]。2017年全国共计1.4亿人次不同程度地在各类自然灾害中受灾，国家民政部和减灾委向各受灾省份累计下拨中央财政自然灾害生活补助资金80.7亿元（含中央冬春救灾资金57.3亿元），占当年国家财政收入

① 注：此部分数据为笔者根据民政部2013—2017年全国医疗救助统计数据整理而得。

② 民政部：《2013年社会服务发展统计公报》，http://www.mca.gov.cn/article/sj/tjgb/201406/201406156561679.shtml。

③ 民政部：《2014年社会服务发展统计公报》，http://www.mca.gov.cn/article/sj/tjgb/201506/201506158324399.shtml。

④ 民政部：《2015年社会服务发展统计公报》，http://www.mca.gov.cn/article/sj/tjgb/201607/20160715001136.shtml。

⑤ 民政部：《2016年社会服务发展统计公报》，http://www.mca.gov.cn/article/sj/tjgb/201708/20170815005382.shtml。

291987亿元的万分之二。[①] 自然灾害没有恒定性，救灾人数也各年不一，但是从2013—2017年数据看到，政府每年都会从财政收入中拨付相当多资金进行救灾补助。

（七）临时救助方面

临时救助是国家对遭遇突发事件、意外伤害、重大疾病或其他特殊原因导致基本生活陷入困境，其他社会救助制度暂时无法覆盖或救助之后基本生活暂时仍有严重困难的家庭或个人给予的应急性、过渡性的救助。2007年以来，我国民政部积极尝试各地方政府因地制宜地构建弱势群体临时生活救助制度，当弱势群体出现临时性、灾难性或突发性的生活困难时，这项制度能将该群体纳入救助范畴，同时临时生活救助制度也能成为经常性救助的补充。2013年我国政府实施临时救助698.1万户次，其中，城市家庭323.0万户次，农村家庭375.1万户次。2014年我国政府实施临时救助650.7万户次，城市家庭333.5万户次，农村家庭317.2万户次；全年支出临时救助资金57.6亿元。2014年10月，随着《国务院关于全面建立临时救助制度的通知》的下发，确定了我国"8+1"的社会救助体系，全面建立临时救助制度在全国铺开。2015年我国政府实施临时救助655.4万户次，本地户籍家庭633.5万户次，非本地户籍家庭21.9万户次。2016年政府支出救助资金87.7亿元实施临时救助，累计救助850.7万人次，平均救助水平1031.3元/人·次，其中：救助非本地户籍对象24.4万人次。2017年全国各级财政共支出临时救助资金107.7亿元，政府实施临时救助累计救助970.3万人，平均救助水平1109.9元/人·次。2018年民政部、财政部联合印发了《关于进一步加强和改进临时救助工作的意见》（以下简称《意见》），从救助对象的范围与类别、审核审批程序的优化、救助标准的制定、救助方式的完善，以及组织保障的强化等方面提出了一系列加强临时救助工作的指导性意见，对于增强临时救助制度兜底保障能力，强化社会救助托底保障作用，增强社会公平正义和维护社会稳定，具有重大意义。近五年来，我国政

① 民政部：《2017年社会服务发展统计公报》，http：//www.mac.gov.cn/article/sj/tjgb/201808/201808000/0446.shtml。

府逐年加大临时救助资金的投入，救助人数范围扩大，政府在临时性救助方面工作获得了快速进展，尤其是在灾后的救援与生活补助方面，政府通过有效的救助机制、及时的资金援助和物质援助、积极的心理援助，顺利帮助众多受困受难户成功脱离困境。

二 政府在社会救助过程中存在的问题

我国社会救助作为社会保障制度的重要组成部分，政府严格按照制度要求进行责任履行，贫困的弱势群体的最低生活得到了保障，自我救助的能力得到了增强。但我国社会救助领域若与发达国家现今的社会救助相比，仍然还存在一些不足。从前面的诸多数据可知，截止到2017年，我国政府整体救助水平无论是城市还是乡村的弱势群体都有明显的提高，在救助对象的类别、覆盖率和救助金额上较之5年前均获得了较大进步。但是针对受助人受益情况现实分析，不免会发现目前很多地方的救助现实情况依然存在着制度设计结构与救助实施效果的缺陷。

（一）救助理念落后，未实现从消除收入贫困到消除能力贫困的转变

当前，我国的社会救助理念不够科学，长期以来，救助保护中心在实际救助过程中形成了救助临时性、物质性、遣返性的理念。要对社会的贫困问题进行深入分析才能使社会救助达到应有的效果，在产生贫困现象的原因方面，主要有因自然资源分配不平衡、因为收入太少和缺乏工作能力的三种观点。人们往往认为贫困是因为收入太低，物质收入的多寡，是人们判断是否贫困的重要标准，这种观点也较为主流。“能力贫困说”是由诺贝尔经济学奖获得者阿玛蒂亚首先提出来的，他的观点进一步丰富了贫困说，他认为，之所以贫困，收入低下只是其中一个因素，而教育的缺失是“能力剥夺的贫困”，是第二个因素。海默将社会、情感也归于到贫困的判断标准中，他认为，贫困不仅仅是指物质的贫乏，但一个贫困者花费在食物、保暖上的费用，比起社会上的大多数来说的确都要低。贫困会带来一系列的问题，比如说，它让人们的生存机会面临着威胁，而且让人们失去应该有的教育机会等。

认为能力是造成贫困的主要原因比认为收入是造成贫困的主要原因有很大的进步。首先，对贫困人员收入的判断是静态的，而对能力的判

断却是动态的，而无论是人还是社会都在不断变化的，显然，能力说更能反映现状。其次，能力导致贫困的说法，对贫困的分析更加深入和具体。它对贫困的分析，不只是面上的收入，还包括导致收入差异的更深层的原因，这有助于贫困问题的真正解决。我国现行的社会救助制度，还是以收入来判断受助者资格的。国务院在 2012 年出台了受助者资格的确定意见，明确规定受助者必须在户籍、家庭收入、财产上都达到救助的标准。最低生活保障审批办法于同年发布，也规定了受助者在户籍、家庭收入和财产状况上都要符合低保条件，只有这样才有资格申请。这种以收入来判断是否有资格获取社会救助的方法，不太关注于受助群体的精神方面，而只是关注物质，而且它只看到了眼前的贫困现象，而没有看到是什么原因才导致了贫困现象，更不注重从根子上改善贫困。再者，它判断产生贫困的原因过于简单，没有考虑到社会原因以及除了家庭之外的其他原因。

（二）救助方式和救助对象单一，救助主体力量较弱

我国现行的社会救助制度虽然在现阶段比较完善，但是，在实际的实施过程中，仍然会出现不少问题，比如说贫困问题没有得到真正彻底的解决，有贫困复发现象，社会救助方式“机械化”、救助对象单一。首先，政策更多关注受助者的物质需求，让他们满足基本的生活需要，而没有对他们进行足够的就业培训和提供工作机会，这使得他们一直依赖社会的救助，而自己没有谋生的能力、意愿，政府财政在这样的情况下负担非常重。我国现在实行的对家庭收入贴补制度，如果低保家庭的收入在低保标准之下，那么政府就对其差额进行贴补，这就造成了这些受助人员不愿意去工作。因为求职的路上也会有各种花销，这些花销是由低保人员自己来承担的，找工作对他们来说不划算，缺乏找工作的动力和热情。长此以往，这种负担将不断的转嫁给政府。再者，我国针对低保户的各种救助项目很多，往往会造成同一低保户享受不止一种救助服务，如果低保人员工作则失去了低保资格，那他的损失就非常大了。所以，低保户只有在找到的工作收入高出低保金很多时，他们才愿意去工作，才会主动地去工作，而现行的社会救助制度让他们懒于就业，不仅不会对这些被救助的人员起到鼓励就业的作用，而且，让他们失去了就

业的热情，甘愿一直领低保金，这与社会救助最初的目的背道而驰。

以医疗救助体系为例，我国当前医疗救助体系不够完善，目前仍处于贫穷与疾病相互循环的恶性状态中。设置医疗救助项目是出于保障公民健康情况的考虑，特别是对贫困人群的保障。通常情况下，贫穷和疾病互为因果，形成一个恶性的循环过程。我们国家只是简单地划定了医疗救助设计对象，但是这种划定方法不够科学、不够合理。在 2003 年，国家民政部颁发了《有关农村医疗救助实施意见》的相关意见，其中将低保和五保户确定为医疗在农村的主要救助对象。除了该意见中划定的救助对象外，农村的很多处于低保边缘的人群，虽然也急需医疗方面的救助，但是因为不属于救助对象而难以享受到该政策，从而很容易走向贫困。而且，通过实践考证，城乡医疗救助体系通常有救助水平差、筹资体制不完善、医疗救助服务相对较为落后、制度建设不合理等方面的不足，这些都对医疗救助的实际效果有很大的影响，此种情况无法顺应国际水平上的发展势态。自 21 世纪起，先前的由市场所引领的经济形势开始转变成社会政策占主导地位。为了应对新的全球化潮流，我党提出并贯彻执行创建和谐社会、构建具有自主创新能力的国家的新型政策观念。目前我们国家的医疗救助体系不能保证贫困人群从因病致贫，因病返贫，因贫易病的恶性循环状态下解脱出来，始终处因病致贫、因贫穷没有得到好医疗条件而更易生病的这种恶性状态下，最终无法摆脱贫困的生活水平，难以有所发展。

以临时救助为例，在国务院颁发的《关于全面建立临时救助制度的通知》中规定，我国临时救助的方式主要包括三种，即发放临时救助金、发放实物和提供转介服务。现金救助是指相关部门对困难对象支付救助金或直接对其发放现金予以救助；发放实物是对救助对象提供衣物、食物、饮用水等，来直接满足被救助者的物质需要；提供转介服务是对救助对象提供各项慈善、保障等服务项目来帮助其度过困难并满足其的多样化需求。然而政策实施过程中，我国大多救助项目为现金救助，而实物救助和服务救助都比较少。

从国外实践经验看，国家和社会需共同致力于社会救助这一项利于全民的伟大事业，融合社会力量的支持，社会救助才能得到发展，形成一个成熟的体系。国外运行的社会救助方针通常能够得到很多发达的社区以及非政府组织的参与，我们国家虽然明确了这些组织参与到社会救助的重要意义，然而由于我们的政府组织难以发挥其作用，目前的体系发展较弱，我国尚未形成一个利于贫困人群发展的协同大环境。

第一，非政府组织的发展水平不够。总体而言，我国非政府组织虽然粗具规模，但很大程度上受到行政的影响，资金支持不够、不能够完全独立存在。然而，当今时代的发展需要有高度的危机意识，单一的政府管理已经无法顺应时代的发展趋势。在这种情况下，政府也应该转变观念，争取能够分享给不同的参与者相应的权力，加强合作，共同管理。如果不采取这种方式的话，在对危机情况的控制以及管理时，会因为其他利害相关的组织群体等的牵绊而无法施行相应的政策条例。若这种情况发生在社会救助中，就体现为非政府组织缺乏足够水平的救助力度，难以深入地与政府组织进行合作，无法形成动态的发展体系。而且因为制度的不完善，政府对一些非政府组织缺乏有效地引导与规范。此外，内部混乱的管理水平、财务以及组织机构的建设不成熟、制度不健全，经费欠缺不到位等问题也在非政府组织中普遍存在，在这种情况下，发生的情况往往出乎意料，使得组织的公信力大打折扣。严重影响了社会救助中这些非政府组织的参与以及管理，从而对整个的社会救助产生不良影响。

第二，我们国家没有明确的有关非政府组织参与社会救助的制度设计，这些组织与政府之间的具体合作机制也没有明确的规定，相互的职能没有确切的划分标准。在很多发达的西方国家，通常采用政府买断，非政府组织来提供相应服务的办法，有效地提高了服务的专业度，服务水平得到极大的保障。从贫困人群的视角进行考虑，非政府组织的独到之处体现为发现迅速、操作简便、亲民等。此时，政府只需要提供支撑资金并且进行监督以及效果评价，这种方式将极大地促进救助的效率，而且还有效地节约政府成本。然而在我国，有关社会救助方面的服务具有很大的欠缺，这在很大程度上与没有充分地挖掘非政府组织以及社区等服务能力有关，这些组织的服务得不到开发利用。

（三）社会救助立法层次低，理想化的政策文本缺乏

虽然当前我国的社会救助政策一定程度上在社会领域发挥着很大作用，但离法制化、科学化还存在一定距离，制度“碎片化”的问题突出，反映出了我国立法的滞后和欠缺。目前我国涉及社会救助的很多规定的条款内容过于宽泛，几乎都是行政部门制定的，制定主体不是全国人大及其常委会，缺乏针对性、原则性的规定，并且很多是办法、条例或者是决定形式的规章制度与行政法规，一般只是起到政策指引的作用，严格来说都不能称为立法，层次比较低，体现不了社会救助在法律层面的严肃性与权威性，社会救助要想获得稳定的持续发展就缺乏一定的保证。在我国的社会救助体系中很多项目如社会福利、临时救助、农村低保、医疗救助、慈善事业等项目，均缺乏专门的救助法律进行指导，以致在实践操作中无法可依，政府对这部分工作重视程度与认同态度成了决定性因素，因此在实际救助中会掺杂地方利益、部门利益、救助随意性很大，导致法律的可操作性和执行力大打折扣，阻碍了社会救助的制度化和法治化进程的科学发展。据笔者统计，从八届全国人大常委会到十三届全国人大常委会公布立法规划项目共 116 件，《中华人民共和国社会救助法》位于第一类项目，是一部条件比较成熟、任期内拟提请审议的法律草案。2019 年 7 月 3 日，草案送审稿列入民政部 2019 年立法工作计划，拟报送国务院，责任单位是社会救助司和政策法规司。至此，《中华人民共和国社会救助法》从立法规划到已提请审议法律状态，但真正成为法律还需时日。

以有关儿童救助方面的法律为例，这些政策文本在保护中国流浪儿童的社会救助权益方面曾经发挥了积极的作用。但是，大部分政策法规的可操作性不强，这主要表现在：第一，部分政策法规之间的协调性不足。流浪儿童救助是一个系统工程，需要多个制度协同运作才能够达到善治。但是现有关于流浪儿童救助的政策并没有实现有效的协调与合作。比如，《中国儿童发展纲要（2001—2010 年）》要求从儿童身心发展特点和利益出发来处理与儿童相关的具体事务以保障儿童利益最大化，但《流浪未成年人救助保护中心建设标准》第二十三条规定：“流浪未成年人救助保护中心应单独设置未成年人生活区，实行相对封闭管理，”这与

从儿童身心发展特点和利益出发来处理与儿童相关的具体事务的要求相悖。还比如，《关于加强和改进流浪未成年人救助保护工作的意见》中规定：家庭是预防和制止未成年人流浪的第一责任主体，但该《意见》以及《中华人民共和国未成年人保护法》都没有明确地说明家庭法定监护人不履行监护义务时应该受到何种惩罚。第二，部分政策法规的执行主体不明确。比如，《城市生活无着的流浪乞讨人员救助管理办法》要求民政部门负责救助工作规划，公安部门负责在街头发现流浪人员送往救助站，其他交通、卫生、城管部门应当在各自的职责范围内做好相关工作，缺乏核心的牵头部门以及对牵头部门的问责机制，导致多头管理以及政策真正执行时各部门互相推诿责任。法律对执行主体规定不明确使流浪儿童救助政策在执行过程中出现了责任稀释。第三，部分政策法规权威性不足。在我国，专门规范流浪儿童群体社会救助的法律比较少，其中大多数是行政法规或是部门规章，立法的位阶较低，权威性不足。比如，《中国儿童发展纲要（2001—2010年）》《关于加强和改进流浪未成年人救助保护工作的意见》等都是行政法规，其法律层级较低。尽管目前有法律位阶较高的由全国人大颁布的《中华人民共和国收养法》《中华人民共和国未成年人保护法》，却不是专门针对流浪儿童社会救助的法律。政策法规权威性不足增加了政策执行的难度。

（四）救助甄别标准和程序不够科学，救助对象覆盖范围较窄，救灾救济和临时救助资金不足，保障存在局限

我国目前各省几乎都是采取单向度核算方法对低保对象进行确定，单方面对低保申请者的家庭收入情况进行计算，没有考虑这些低保申请者的家庭支出，这种计算就会存在将因病返贫、因残致贫的弱势困难群体排斥于低保范围之外，成为徘徊在救助政策的边缘人群。即使有临时救助做辅助，但毕竟只能解燃眉之急并不能长期保障。对于有些收入虽然略高于最低生活保障线，但是缺乏经济能力投入到普通医疗保险的残疾人群与重病贫困者来说，若想获得医疗救助，核查时政策又要求必须是已经纳入到低保救助对象及其边缘的人群，就可能因为救助甄别标准的不科学得不到相应的医疗救助。对特殊人群整体制度性安排的不妥善，则会导致很多社会问题的出现。譬如，很多地方出现弃婴事件频发，原

因的背后就有医疗费的不足。北京在全国首度推行脑瘫儿童的免费医疗，如果各省市地区都能如此，就不会有这么多的病症儿童被遗弃。

此外，我国目前对弱势群体的社会救助，主要是实行低保政策。在实行低保政策过程中，需要政府主导并履行相关责任。在实践运行中，低保对象的审查通常由拟申报家庭按政府要求提供相应的证明资料，但是由于甄别程序中存在缺陷，就存在有的人靠弄虚作假的证明来套取最低生活保障金。某些地区存在对低保户评选的标准各一，评选的重任主要下沉到居委会和村委会，在评选过程中，可能会主观地掺杂一些人情世故，进而影响公平公正的决策。随着我国经济社会的发展，社会融合度不断提升，各地区都出现了较多的外来人口，人口的社会流动性强、人户分离现象显著。而临时救助的对象不应该仅局限在本地低收入人群当中。由表5—1可知近年来我国临时救治实施过程中，救助非本地户口的人数占总救助对象数的比例一直较低，临时救助对象范围存在一定的救助盲区。

表5—1　2012—2017年临时救助对象总数、非本地救助对象数和其所占比例

项目＼年份	2012	2013	2014	2015	2016	2017
累计救助（万人次/万户次）	639.8	689.1	650.7	655.4	850.7	970.3
非本地户籍对象/家庭（万人次/万户次）	22.1	17.2	19.2	21.9	24.4	11.9
救助非本地户口占总救助对象比例（%）	3.45	2.50	3.00	3.34	2.87	1.23

注：数据来源于国家民政部《社会服务发展统计公报》整理所得（2012—2017）。

目前我国临时救助资金主要由地方政府进行筹集，由于我国经济正处于发展阶段，各地区经济发展水平有很大的差异，造成了各地救助资金水平的不同，进而影响了救助水平的进一步提高。国家近年来在临时救助方面投入的资金不断增加，但总体支出的比重依旧较低。

表 5—2　　各级政府 2016 年和 2017 年在社会救助项目上的支出

社会救助项目 各年财政支出（亿元）	最低生活保障	特困人员救助供养	临时救助	医疗救助
2016 年	1702. 4	228. 9	87. 7	332. 3
2017 年	1692. 3	290. 6	107. 7	376. 2

注：数据来源于《社会服务发展统计公报》整理所得（2016—2017）。

由表 5—2 可知，2016 年和 2017 年各级政府在临时救助方面的财政支出虽有所增加，但相比其他社会救助项目仍有很大差距，可见近年来我国临时救助资金水平还有待提升。

（五）缺乏部门间的联动机制，社会救助工作缺乏有效的统筹和协调，效率低下

当前，我国还没有设立统一管理社会救助工作的部门。一般来说，基本社会救助的工作主要由地方民政部门来开展，然而在民政部门内部，具体的救助工作划分到了诸多更小的子部门，责任十分分散。如最低生活保障制度往往由各地方人民政府负责，具体由民政部负责管理，资金由财政部落实，其他工作如审计、物价、统计则由人力资源和社会保障部门负责，各相邻部门行动不协调，造成了管理资源的浪费。再者，不同性质的社会救助工作没有统一的协调联动机制，如司法救助、住房救助、教育救助等，被安排给不同性质的部门，导致相关权利和经费的分散，难以形成合力。各个具体部门之间及部门内部的子部门之间缺乏协调和沟通，各行其是，工作效率大打折扣。由于社会救助工作与各部门和单位的自身利益密切相关，在实际工作中，许多救助工作的开展不像理想中的那么到位，一些部门对于救助工作能拖则拖、能躲则躲，严重制约了救助工作的顺利有效开展。

三　主要国家社会救助实践与启示

（一）英国“福利式”社会救助制度的实践

1. 英国“福利式”社会救助制度的建立

1948 年，社会救助制度开始于英国《国民救助法》的颁布，该制度

规定，任何不能满足自己基本生活需求的个人和只靠自己的收入不能满足自己需求的人，都可向议会提出救助金的申请，而且它还规定国民救助局是负责社会救济的部门，属于国民保险部的分部门。国民救助制度、社会保险制度都有提供很多津贴，很多家庭中夫妻两人每个星期都能获得40先令的社会救济，再加上房租、亲属补贴，这些家庭的生活水平相较利用社会保险制度所获得的生活来说要高一些。所以，社会救助制度在英国的实施，让很多人受益。英国国民救助金额在这之后也年年升高，1950年、1951年分别为2.175英镑、2.5英镑（每对夫妇每周）。受到国民救助资金救助的社会成员的实际收入在1948年至1961年有所增加，20世代60年代后，很多人觉得领取政府的救助金是件丢人的事情而不去申请，这种现象变得越来越明显。政府对英国公民的生存津贴，在工党大会的选举中被确定为公民的权利。英国政府在1966年为了改变社会成员对领取救助金的丢人印象，英国用“补充津贴委员会”来代替原先的国民救助局，《社会保障法》也是该年颁布。实施补充津贴，一方面让国民不会因为领取救助金而感到耻辱，另一方面也可以将收入和领取救助金的权利挂钩。

2. 英国“福利式”社会救助制度的困境

英国经济在20世纪70年代后逐渐下滑，经济增长速度越来越慢，人均生产总值是西方国家的垫底。英国财政赤字在1971年到1979年有10.3%，是同期国民生产总值的5%左右，通货膨胀曾一度升至25%，国家的债务越来越多，这使得国家的贫困人口和失业人口也越来越多。英国在1970年至1985年的失业人员多255.9万人。越来越严重的通货膨胀，失业人员也越来越多，这使得社会救助的压力格外大。英国在20世纪60年代到80年代，用于社会救助的金额年年攀升。社会用于对失业人员的救助金额在失业人员不断增加的情况下越来越多，其在国民总产值中所占的比例也逐年增长。社会救助制度给英国社会的大多数成员带来了福利，但是，这并不能让社会中的问题得到妥善的解决，很多人靠领取救助金过活而不愿意参加工作，这一数字在20世纪70年代初，达到了10万人。怎样解决英国社会救助带来的社会现状问题，让社会救助真正能够发挥该有的作用，是英国政府在20世纪70年代后必须面对且亟须解决的问题。

3. 英国“福利式”社会救助制度的积极改革

20世纪末，英国的保守党在战胜了工党之后，实行了社会救助制度的改革，自此以后，在撒切尔夫人的领导下，改革持续了18年，该制度是新自由主义的改革内容之一，《社会保障法》在此期间颁布，该法律对社会救助制度作出了明确的规定，要求在进行社会救助的过程中，必须对被救助的对象进行资产调查和审核。第一，以年龄、收入为参照标准对家庭给予收入的支持，来代替先前的补贴、津贴。第二，用家庭补贴代替原先的家庭收入补充制度，家庭给付、减额给付的提供对象标准是前者的每周期收入不超过51.45英镑而且还有子女需要抚养，后者每期的收入超过了51.45英镑；第三，对住房津贴的给付，将补充给付与住房津贴的标准统一起来，代替先前的资格者、适用者的不同划分标准，并且他们只需要上缴八成的地方税。由此可以看出，英国在改革了社会救助制度后，能够享受救助的对象资格更加严格了，而且他们能够享受到的救助金也更少了，被救助者的权利也因此更少了，政府的责任，在这种改革中比原来要小很多，在整个社会救助制度中，它更强调个人所起的作用。中间道路社会保障制度是在布莱尔上台的1997年提出的。英国工党在对单亲家庭实行救济之后进行了社会救助制度的改革，1997年工党在社会保障制度的改革有两方面，不但削减了先前保守党用于救助的总金额，而且使单亲母亲失去了领取额外津贴的权利。在这之后，英国的社会制度在进行改革时，必将社会救助制度包括在内。英国在20世纪末将福利改革绿皮书向英国社会公布，其中与社会救助制度相关的主要内容有：第一，在残疾人中有工作能力的，通过对他们的帮助来让他们实现就业，而且，减少低收入的社会成员上税的额度。第二，重视增加对残疾人士的救助金额投入，通过对残疾人的就业进行辅导，来增加他们的就业率，从而使用于残疾人的救助资金最终减少。第三，对于有子女的家庭以及非常贫困的家庭，为了让他们摆脱困境须对其进行收入补贴或减少对其的征税。第四，为了杜绝骗取救济金的行为，要使救济金制度更加严谨。

对残疾人进行救助，是英国工党实行社会救助的内容之一，但是这个问题使英国政府在20世纪90年代面临着非常大的压力。没有劳动能力需要救助的人在1998年是1970年的3倍。针对不能工作的残疾人，英国政府社会救助制度的改革集中在三个方面：第一，为了让残疾人的收入有保障，政府提出了收入保障计划，在对经济情况进行翔实的调查之后，进行收入补助。第二，对那些残疾、疾病已然失去劳动能力的人可以实行社会救助，快到退休年龄的人，不能进行长期的经济救助。第三，对于已有养老金的人，无论获取的是职业还是私人的养老金，都不得再发放救助金。① 新工党在改革社会救助制度上面总的原则是将救助与劳动市场相联系，对于有工作能力的人，主要是帮助他们走上工作岗位。政府还将养老金待遇与收入相联系，救助者获得的救助收入越低，则养老金越高。而且对救助对象进行严格的资格审查，其中最重要的一条参照标准就是劳动者的收入水平。2003年，英国政府将养老信贷保障代替最低收入保障，还增加了养老信贷储蓄保障，从英国对社会救助制度的系列改革中，可以发现，积极救助的理念越来越深入。

（二）加拿大“保障式”社会救助制度的实践

加拿大开始实施社会救助的时间要晚得多，对救助人员的救助最初是从省政府开始的。《英属北美法》于1867年颁布，该法律认为，让社会中的贫困人员摆脱困境，只是政府、个人的责任。工业化、城市化在20世纪前期的进程加快，使加拿大省政府没有财力去承担对社会人员的救助，所以，尽管在后来仍然是以省政府的名义对社会成员展开救助的，但是，这个责任者，既包括省政府，还包括联邦政府。加拿大社会救助的真正转变开始于20世纪30年代混乱的社会秩序，失业等各种社会问题变得越来越突出，联邦政府有必要对社会成员实行救助。维护社会的稳定以及帮助失业人员和极端贫困的人摆脱困境和走上工作岗位，这是国防部成立救助营的目的。社会救助制度在第二次世界大战后稳定下来。20世纪50年代，《老年救济法》等相关社会救助的法律颁布实施，家庭救济计划也得到了开展。在社会救助上的开支，联邦政府也有责任分担，这在《加拿大救济法》中有明确规定，该法律在1966年颁布，这说明社

① 周弘：《国外社会福利制度》，中国社会出版社2002年版，第48—54页。

会救助制度在加拿大真正形成，它的目的就是确保人们都能达到基本生活标准。

加拿大在20世纪70年代后期经济发展越来越不理想，在此情况下，保障式社会救助的实施也遇到了重重困难，加拿大经济形势最不好的一年是1981年。加拿大1997年、1983年、1988年的失业率分别为5.7%、11.9%、7.8%，尽管失业率在后来有所下降，但仍然偏高，社会救助在此情况下需要投入更多的资金。同时，对老年的救济也在不断地增加，1970年、1980年的老年赡养系数分别为12.7%、13.1%。而且，加拿大政府的负债情况比（除了美国）一些资本主义发达国家更严重。1983年到1984年，政府负债金额为323.5亿加元，而多数资本主义国家的平均负债只有3.7%。之所以如此，就是因为有太多的社会救助支出，而政府的财政不足又使对社会的救助受到很大限制，因此，非常需要对加拿大社会救助制度作出改革，以延续社会救助行为。

20世纪80年代，加拿大社会保障制度改革开始进行，社会救助制度与此同时也开始进行改革。社会责任是改革的核心和原则，这是马尔罗尼政府的主要观点，该政府在保守党1984年胜出后开始执政。将有限的资源用到刀刃上，这就是该政府对救助政治的改革观点，在20世纪90年代后，开始削减用于社会救助的开支。家庭津贴不再实施，转而对儿童实施免税，并且为了让家庭的基本生活能够维持，对家庭进行一定的补贴，当然是在调查了家庭收入情况之后进行的。在省政府层面，艾伯塔省有5.4万人不能得到社会救助，因为该省的政府在1993年用对救助者的支持项目代替了原来的社会救济，安大略省在该年减少了21.6个百分点的救济津贴总额，并且开始实施新的残疾人支持计划以及工作福利计划，将有资格获得救助金的救助者的标准调高了，使得一些人不能得到救助金，而不得不实行自救。与此同时，也将对被救助者工作能力的培训和为其提供就业机构包括在救助内容中。救助内容包括让救助者参与工作的一切内容，比如说教育、职业培训等，而且，帮助残疾人参加工作，也是对残疾人的救助内容。加拿大各省为了确保社会救助的效果，加强社会救助项目的管理。而且，也在不断寻求与地方政府共同分担社会救助的责任的合理方式。加拿大社会制度从总体而言，是从消极到积极的改革过程。

（三）德国“济贫式”社会救助制度的实践

德国的社会制救助制度，是为了保障收入非常低的家庭以及生活特别艰难的家庭达到最低生活标准，它本质就是对贫困人口的救济。该模式的稳步发展期是20世纪的前期，但是1923年到1932年，经济危机爆发，社会有资格被救助的成员得到的救济金为6马克，原先在10马克左右。德国社会保障制度在第二次世界大战后做了大幅度调整，现代社会救助制度就是在这个时期建立的。《德意志联邦共和国基本法》在1949年受到德国西占区的一致认可，该法律规定，联邦对承担失业保险、失业救济的社会保险机构进行补贴。社会救助制度在20世纪的五六十年代逐步趋于完善。《社会救助法》于60年代初颁布，该法律规定，德国境内的居民、外国人只要在法律规定的救助范围内，都可以向国家申请救助金。同时，该法律认为，这些被救助者应该积极自救，努力走向工作岗位。对于救助金申请者的资格审查在20世纪60年代后，因为限定申请人资格的条件和经济发展速度的提高而没有那么严格，受助者通过救助金得到的权利是当时的主要关注点。

德国在20世纪的70年代后，加强了对社会救助制度的改革力度。失业率的不断攀升给德国政府在70年代的财政带来了很大的不利影响，1973年后，失业的人越来越多。失业的人数在1973年、1993年分别为225.8万人、227万人，失业人口占社会总人口的比例分别8.8%、8.1%。1994年至1996年的财政赤字分别为900亿马克、226亿马克、1379亿马克。德国政府对失业救助制度的彻底改革始于20世纪的60年代。在制度的改革中，个人的责任被放在首位，失业救济的标准下滑了3个百分点。这样的改革结果，对于民众来说并不是一件好事，威胁到了科尔政府的政权稳定，因此，1998年社会民主党一举获胜。该政府通过救助项目津贴的调整来改革社会救助制度，主要措施有：在该制度中，将就业机会和申请社会救助的人的资格审核联系起来，规定有资格领取失业救济金的人必须是先前领过失业保险津贴的。各个接受救助的社会成员必须接受社会救济部门的调查，调查内容为该受助者是否有劳动能力，各个部门为该救助者参加工作提供机会。施罗德政府在2002年提出了一种新的保障方式，它是“哈茨 IV 方案”的内容。向有劳动能力的社会成员实行求职人员基本保障，判断是否有劳动能力的标准是该人能不能够每天进行 3 个小时的劳动，这些成员将不再领取社会、失业的救助，申请求职人员基本保障的人员必须接受相关部门的资格审查。社会救助对象在改革后只包括那些完全没有劳动能力的人，有劳动能力的人必须在社会相关部门的帮助下参加工作。哈茨 IV 的内容在 2004 年被修改为：第一，每个月的月初向求职人员发放求职基本保障金；第二，对申请基本保障金的求职人员资格要求不再那么严格。政府认为，这些申请救助的人虽然值得同情，但是他们也要承担一些社会责任，有必要时也可以牺牲某些权利，他们必须为社会经济的发展付出自己的努力，所以，求职基本保障实施的目的，是为了让这些人能够参与工作而不是依靠领取救助金过活。联盟党在 2006 年的选举中击败了民主党，大联合政府由此建立。之后，以扶贫为主要内容的社会救助制度仍然得到了发展，不过它的压力丝毫没有减少。总的来说，德国救助制度，经历了消极到积极的过程。

（四）基于西方社会救助制度的评价

1. 西方很多国家的社会救助制度，最大的改革就是救助金额的缩减和减少。它受到凯恩斯主义的影响非常大：政府为了保障各个家庭的基本生活，制定了最低收入保障，参照标准是该家庭的收入水平。对于因为社会环境的恶化而给家庭带来的经济危机，政府有义务帮助这些家庭走出困境，政府有责任让所有的国民都能享受到相对最好的服务。社会经济状况的恶化，使得先前由政府来向社会普遍提供的救助服务，变成了社会、个人、政府都有救助责任。而这种转变，是通过不断限制救助金申请人的资格条件、减少救助金额方法来实现的。英国保守党在改革家庭救助时，将受助者的身份和收入水平紧密地联系起来，通过减少受助人的住房津贴，来实现住房救助。加拿大保守党执政期间取消了家庭津贴计划；德国政府通过津贴水平的调整来实施社会救助制度的改革，这都说明西方各国在社会救助制度的改革中，减少救助开支是其主要内容。

2. 西方对社会救助制度的改革最明显的一点就是要求这些受助者必

须为国家经济的发展作出自己的贡献。英国等国在20世纪初期，为失业人员发放求职救助金，目的就在于鼓励这些人走上工作岗位，并且为他们参加工作提供各种职能培训，使他们完成自救行为，并且也给政府大大减少的救助压力。英国工党认为，要摆脱困难只能参加工作，并且，它将就业能力的培训也放到了残疾人的救助内容中。加拿大也认为，为受助人提供技能培训和工作机会，也是对其的救助。德国认为，有劳动能力的失业人员，必须在相关部门的帮助下参加工作。整体而言，西方国家社会救助制度已经发生根本性变革，逐渐实现了从消极救助到积极救助的转变对救助者的救助方式越来越积极，也越来越注重对受助者的劳动能力的培养。

四 居住保障中政府责任履行现状

住房作为人类生存的基本条件和生活必需品，同时具有双重属性，既有商品属性，也有社会保障属性。一方面，住房具有商品属性。住房是可以用来交换的劳动产品。与公共产品不同，住房具有排他性、竞争性和可分割性，不存在“搭便车”问题，它可以进行交换，并在交换中实现交换价值或价格。住房的商品属性要求住房资源的配置市场化，由市场机制来调节住房的生产、分配、流通和消费。只有这样才能有效地增加供给，满足多样性需求，提高住房资源的配置效率。由于土地资源的不可再生性，使建立在土地之上的住房的供给缺乏弹性，而住房需求随着国民经济的发展不断扩大，这就使住房价格一般呈现上涨趋势。另一方面，住房是一种价值巨大、价格昂贵的耐用消费品，是一般家庭中价值比重最大的财产。在市场机制配置住房资源的条件下，低收入家庭支付能力不足，往往很难按市场价格购买住房。当住房价格上涨过快时，甚至中等收入家庭也难以实现住房需求。而居住是人类生活的基本需要，是人们安居乐业的基本前提。这就决定了当一部分人的收入无法获得住房时，社会有责任帮助他们解决，以保障其基本生活需要。因此，住房同时又具有了社会保障属性。在我国住房发展历程中，计划经济时期我国单纯强调住房的社会保障属性，而否定其商品属性。此后，随着社会主义市场经济体制改革目标的确立而过度强调住房的商品属性，又忽视了其社会保障属性，在住房领域都出现了一定的矛盾和问题。实践表明，在住房发展中，必须兼顾商品属性和社会保障属性，单纯地强调其中某一属性都无法真正解决住房问题。

“弱有所扶”是党的十九大报告提出的一个全新的民生建设目标，住房保障是实现新时代“弱有所扶”的助推器。弱势群体由于经济条件差，难以依靠自身能力满足住房需求。这就需要各级政府承担责任，加强公共住房供给，为广大弱势群体提供住房保障。因此，作为社会保障体系的重要组成部分，住房保障扮演着“保基本”的角色。政府作为公共利益的代表，应重点关注住房的社会保障属性。当前世界各国和地区政府都把保障居民的住房需要作为自己的义务和责任，在不同程度上为中低收入家庭解决住房问题提供帮助。如英国的合作住房、美国联邦政府的公共住房、日本的公营住房和公团住房、新加坡住房发展局建造的公共租屋以及我国香港的公屋等。社会主义市场经济的本质要求、以人为本的执政理念和构建和谐社会的发展目标，决定了我国政府更应承担起中低收入家庭住房保障的职责，把“居者有其屋”作为社会发展的重要目标。随着经济的持续稳定增长，我国城镇、农村居民的居住状况得到了显著改善，居住水平不断提高。但仍然存在相当数量的家庭面临着无房、危房、拥挤、共用等居住问题，需要政府给予扶助和保障，保障性住房的建设是居住弱势群体获得政府救助来改善住房条件的主要途径。“住有所居，安居宜居”是万千家庭的共同心愿。住房问题一直是中共中央高度瞩目并且下决心要着力解决的重点问题。作为我国社会保障体系中的重要组成部分，住房保障制度主要经历了六个阶段：一是统一管理，统一分配，以租养房的福利房制度（1949—1978 年）；二是住房保障制度前期探索阶段（1979—1993 年）；三是现代住房保障制度的起步阶段（1994—1997 年）；四是住房保障制度体系发展阶段（1998—2002 年）；五是住房保障制度规范阶段（2003—2007 年）；六是住房保障制度体系全面完善阶段（2007 年至今）[①]。

---

① 钟荣桂、吕萍：《我国住房保障制度的变迁、政策范式与展望》，《现代经济探讨》2017 年第 4 期。

由于我国特有的城乡结构分化所产生的差异，本书在梳理政府对弱势群体居住保障情况时，根据我国弱势群体存在着自身类别的差异，分为城镇弱势群体的住房保障情况和农村弱势群体的居住保障情况两个方面阐述。

（一）城镇弱势群体的居住保障情况

自2005年以来，我国加强城镇住房保障制度不断完善，建构了以廉租房、经济适用房、公共租赁房为主要形式和“中端有支持、低端有保障”的住房保障政策框架体系。当前，我国已建立了廉租房、经济适用房、公租房、限价房和棚改区等形式的住房保障供应体系，并正在进行保障性住房并轨制度的探索，也就是经济适用房、廉租房、公租房的“三房合一”，[①] 从而为城镇中各种困难群体提供不同类型的保障性住房[②]，可以说，住房保障是解决城镇中各种困难群体住房需求的重要途径。到2015年12月底为止，我国城镇保障性安居工程已开工783万套，772万套已经基本建成，超额完成了年度目标计划740万套的任务，投资额达到1.54万亿元，2017年，城镇居民人均住房建筑面积比1978年增加30.2平方米。

1. 我国廉租房建设的发展现状

1998年廉租房制度建设开始起步，当年国务院《关于进一步深化城镇住房制度改革，加快住房建设的通知》中明确提出建立廉租住房的思路，指出对不同收入家庭实行不同的住房供应政策，其中最低收入家庭租赁由政府或单位提供的廉租住房，房屋产权所有者是国家而不是个人，最低收入家庭有资格按照相关要求申请租赁，只租不售。随着1999年《城镇廉租住房管理办法》的颁布，廉租房政策获得不断发展，相关房产政策不断更新，在廉租房申请审核方式和程序、廉租房资金管理方法等方面取得较大完善。2003年新的《城镇最低收入家庭廉租住房管理办法》颁布实施，进一步对廉租住房政策进行了补充和修订。2007年12月，由

---

① 范静波：《我国政府基本住房保障服务研究——基于东部地区居民满意度的实证分析》，《南京师大学报》（社会科学版）2017年第6期。

② 武妍捷、牛渊：《住房保障对象范围界定及机制构建研究》，《经济问题》2018年第3期。

住房和城乡建设部等九部委联合颁布了《廉租住房保障办法》，并指出“要求全国各地积极参照这一办法，探索建设廉租房的保障性住房制度”。从而满足了更多城镇低收入人口住房困难者的住房要求，探索建设廉租房的保障性住房制度。国家住房和城乡建设部与财政部、国家发展改革委共同发文《2009—2011 年廉租住房保障规划》，拟发放货币补贴 191 万户，以实物方式解决 556 万户。截止到 2009 年 4 月底，全国开工建设廉租房已达到 69 万套，建筑面积共计 3369 万平方米，是 2008 年 1—3 月总和的 2.2 倍；其中，中央投资补助项目已开工建设廉租房 65 万套，建筑面积共计 3250 万平方米。实物配租的廉租房房源主要包括五种：政府出资收购的住房、社会捐赠的住房、腾空的公有住房、政府出资建设的廉租住房、其他渠道筹集的住房。目前实物配租的廉租住房房源以收购旧住房为主，并限制集中兴建廉租住房。按照国务院办公厅《关于保障性安居工程建设和管理的指导意见》“逐步实现廉租住房与公共租赁住房统筹建设、并轨运行”的要求，2013 年 12 月 6 日，住建部、财政部、国家发改委发文，要求从 2014 年起，各地公共租赁住房和廉租住房并轨运行。并轨后，一是新增供应全部纳入公共租赁住房管理。二是在建廉租住房项目应按照原计划继续抓紧实施，建成后统一纳入公共租赁住房管理。三是此前已投入使用的廉租住房，可继续按原廉租住房规定进行管理，并逐步并入公共租赁住房统一管理。

2. 我国公共租赁房的发展现状

在我国，公共租赁住房主要保障的是城镇中等偏下收入家庭，这些家庭一定程度上存在住房困难。有的城市也将供应范围扩大到在城市居住一定年限且稳定就业的外来务工人员和新就业大学生。近几年，政府加大保障房的资金补助与信贷支持力度，大大推动了公共租赁房的建设。以 2016 年为例，全国有 1126 万户家庭获得公租房审批资格，极大地完善了住房困难家庭的居住条件，对构建和谐社会起到了促进作用。2017 年，住房城乡建设部要求各个地方政府加强公共租赁房相关配套工作力度，把工作重点放在促进公租房保质保量竣工和按实际需要分配入住上面，年内实现公租房新增分配 200 万套。2018 年 9 月住房城乡建设部和财政部联合印发《关于印发推行政府购买公租房运营管理服务试点方案的通知》，根据《国务院办公厅关于政府向社会力量购买服务的指导意见》《政府购买服务管理办法（暂行）》有关要求，为进一步完善公租房运营管理机制，更好地吸引企业和其他机构参与公租房运营管理，住房城乡建设部、财政部根据地方自愿原则以及公租房发展情况，确定在浙江、安徽、山东、湖北、广西、四川、云南、陕西 8 个省（区）开展政府购买公租房运营管理服务试点工作。

2019 年，国家发展和改革委员会、财政部自然资源部共同发文《住房和城乡建设部、国家发展改革委、财政部、自然资源部关于进一步规范发展公租房的意见》，文件指出：截至 2018 年年底，3700 多万名困难群众住进公租房，累计近 2200 万名困难群众领取公租房租赁补贴。公租房保障为维护社会和谐稳定，推进新型城镇化和农业转移人口市民化，增强困难群众获得感、幸福感、安全感发挥了积极作用。但是，公租房发展不平衡不充分的问题仍很突出，部分大中城市公租房保障需求量大，但保障覆盖面较低，尤其是对住房困难的新就业无房职工、稳定就业外来务工人员的保障门槛较高、力度不够。①

3. 我国经济适用房建设的发展现状

我国经济适用房的具体保障情况与廉租房不同，其保障的低收入住房困难家庭是有一定的支付能力的，这些符合申请条件的家庭可以按照政府的指导价购买经济适用房，但是在没有完全取得产权前，所购买的房屋只能自住，不能用于出售和出租等。经济适用房制度是为各国政府所广泛采用的一项公共政策，从核心意义上讲，其目的在于保障社会成员的包括生存权、居住权在内的基本人权。因此，经济适用房制度作为住房保障制度的一个重要部分，在维护社会稳定和促进社会公平的实现上具有举足轻重的作用。1991 年国家提出"大力发展经济适用的商品房"，并下发《关于继续积极稳妥地进行城镇住房改革的通知》，在政策上对经济适用房的建设进行了初步定位与规划；1998 年，国家在《关于大力发展经济适用住房的若干意见》中，对我国经济适用房建设相关的

---

① 中华人民共和国住房和城乡建设部网站 http://www.mohurd.gov.cn/wjfb/201905/t20190517_240600.html。

土地政策、市场价格等进行了详细的规定。2007 年，国家在《关于解决城市低收入困难家庭住房困难的若干意见》中，将经济适用房定位为“保障性政策住房”，自此，我国经济适用房逐渐成为我国城镇住房保障体系的重要组成部分并得到快速发展。

4. 我国限价房和棚改区的发展现状

在我国，限价房保障对象主要是中等收入家庭，主要是指政府与开发商通过协定房屋销售价格，以中低价位出售中小套型住房，它是属于对房产开发商限地价和对中等收入家庭保障房价的一种普通类型的商品住房。而棚户区虽然从国家规定上来说属于保障房，但对棚户区的改造对保障房建设有重要作用。2006 年，我国向社会公布《关于调整住房供应结构稳定住房价格的意见》，该政策规定应“优先保证廉租住房和中低价位、中小套型普通商品房的土地供应，在限户型、限房价的基础上，通过招标的形式确定开发建设单位”①，由此开始了限价房建设与政策实施。限价房因为对房价与地价进行限制，所以又叫“两限房”。就是政府通过测算房屋成本，对房屋建设标准、购买对象、房屋销售等各个方面进行限制，从而控制开发商的利润在合理的范围。该政策的提出是在市场对房地产调控措施不力、商品房价格高涨的情形下实施的政府行为。2016 年 12 月，《住房和城乡建设部办公厅 国家发展改革委办公厅 财政部办公厅关于印发〈棚户区改造工作激励措施实施办法（试行）〉的通知》明确鼓励各地干事创业、真抓实干，有效推进棚户区改造。2017 年，全国各类棚户区改造开工 609 万套，顺利完成年度目标任务，完成投资 1.84 万亿元。2018 年的政府工作报告显示，截止到 2018 年的 5 年来，棚户区住房改造 2600 多万套，农村危房改造 1700 多万户，财政部当年住房保障拨款支出 433.92 万元。2019 年全国棚改计划新开工 289 万套。1—10 月，已开工 300 万套，占年度目标任务的 103.8%，完成投资 1.03 万亿元。②

① 2006 年《关于调整住房供应结构稳定住房价格的意见》国发办〔2006〕37 号。

② 中华人民共和国住房和城乡建设部网站 http://www.mohurd.gov.cn/zxydt/201911/t20191120_242776.html。

（二）农村弱势群体的居住保障情况

农村住房保障在社会保障体系中占据十分突出的地位，主要包括农村危房改造和易地扶贫搬迁等方面的住房保障制度。它是针对农村贫困者（住在危房中的分散供养五保户、低保户和其他农村贫困农户）而提供的一项住房服务。我国农村危房改造工程是在2008年开始并首先选择云南省作为试点，然后逐渐扩大范围，至2012年，全国各省份已实行改造农村危房的工程、补助标准不断提高，从2008年的户均5000元，提高至2012年户均7500元。同时各省份在实践中已形成了公有产权模式、房屋置换模式、与村庄整治相结合模式、与移民搬迁相结合模式危房改造建设模式等①。截至2016年年底中央政府累计下达农村危房改造补助资金2137.9亿元，完成全国农村危房改造达2300多万户②。可见，国家在农村危房改造上的持续性、大力度投入保障了农村贫困者的基本住房需求，彰显了社会公平正义，是实现新时代"弱有所扶"和保障农村弱势群体住房需求的有效手段。2017年农村居民人均住房建筑面积比1978年增加38.6平方米。

1. 从农村危房改造来看，按照国家住房和城乡建设部、发展改革委和财政部的文件规定，2016年及之前年度，农村危房改造主要是面向居住在危房中的农村分散供养五保户、低保户、贫困残疾人家庭和其他贫困户。同时在2016年的政策中，明确要求优先安排建档立卡贫困户、低保户、农村分散供养特困人员和贫困残疾人家庭等"四类重点对象"的危房改造，表明农村危房改造政策和精准扶贫、精准脱贫政策接轨。2017年，中央和省、市财政资金支持的农村危房改造全部明确用于对建档立卡贫困户、低保户、农村分散供养特困人员和贫困残疾人家庭等"四类重点对象"，农村危房改造的对象确定更加精准。目前，我国对农村弱势群体的住房保障主要是农村建房补贴与少数的乡镇廉租房。据了解，由于地理原因，农村乡镇中的廉租房申请对象只能是乡镇里的弱势

① 宁爱凤：《"空间正义"视角下农村住房保障制度的重构》，《甘肃社会科学》2017年第3期。

② 郭江华、杨晶：《精准扶贫视阈下农村危房改造政策创新研究》，《农业经济》2017年第11期。

群体，而有些乡镇弱势群体不愿意离开原来居住的地方。为了弥补这个不足，政府就对这些群体改造住房提供资金支持，但是用这笔资金的前提是改造房屋，不是新建，也就是说弱势群体必须把原来的老房子推掉，在原来的地方重新修建房屋。近年来国家在一些农村地区实施推广了农村住宅项目、改造危房工程等，使部分弱势群体的住房问题得到了较大的改善。2015 年，农村贫困残疾人危房改造受益 6.9 万户，共 9.1 万人，2016 年农村危房改造 380 多万户，2017 年农村危房改造 1700 多万户。

2. 从易地搬迁安置来看，易地扶贫搬迁是指对生存和发展环境恶劣地区的农村贫困人口实施易地搬迁安置，根本改善其生存和发展环境，实现脱贫致富。作为农村住房保障的一个重要组成部分，易地扶贫搬迁也是精准扶贫、精准脱贫的重要方式，承担了近 20% 的扶贫攻坚任务。当前，当务之急是从制度层面解决农村贫困人口的住房问题。因此，通过住房保障为农村贫困人口建造或提供免费住房，保障易地扶贫搬迁人群的基本住房需求。1983 年，中国政府针对“三西”地区严重干旱缺水和当地群众生存困难的情况，探索实施“三西吊庄移民”扶贫，帮助当地群众摆脱贫困，取得了良好的经济、社会和生态效益，开启了搬迁扶贫的先河。之后，易地扶贫搬迁成为中国开发式扶贫的重要措施，受到重视并逐步推广。2001 年，在内蒙古、贵州、云南、宁夏 4 省（自治区）开展易地扶贫搬迁试点，随后又陆续扩大到全国 17 个省（自治区、直辖市）。国家发展改革委设立了中央预算内投资专项支持易地扶贫搬迁，形成了稳定的投入渠道，资金支持总量和户均补助标准逐步增加。多年实践证明，由于生产生活条件极其恶劣、就地扶贫措施成效不显著，易地扶贫搬迁成为“一方水土养不起一方人”的地区摆脱贫困的最有效途径。在易地扶贫搬迁工程的示范带动下，陕西、重庆等省市结合当地实际，统筹各方资源，实现生态移民、避灾搬迁等搬迁工程。2001 年至 2015 年，全国累计安排易地扶贫搬迁中央补助投资 363 亿元，支持地方搬迁贫困群众 680 多万人。2016 年以来，按照中国政府的统一部署，国家发展改革委、国务院扶贫办、财政部、原国土资源部、中国人民银行等部门和有异地扶贫搬迁任务的 22 个省（自治区、直辖市），共同推进新时期易地扶贫搬迁工作，政策和制度体系逐步建立，工程建设顺利推进，工作进展和成效受到广泛关注。

据国家发展改革委地区振兴司童章舜介绍：2016年以来，各地区、各部门按照党中央、国务院决策部署，坚持将易地扶贫搬迁作为脱贫攻坚的“头号工程”和“标志性工程”，牢固树立“搬迁是手段，脱贫是目的”的工作理念，按照“中央统筹、省负总责、市县抓落实”的工作机制，层层压实责任、细化政策措施、狠抓任务落实，全国易地扶贫搬迁工作已取得决定性进展和明显成效。截至目前，“十三五”规划建设的安置住房完工率达96%以上，已入住建档立卡搬迁群众800多万人，各地已为约90%的搬迁群众落实后续扶持措施，已有700多万建档立卡贫困搬迁人口实现脱贫摘帽。

五 政府在居住保障中存在的问题

近年来房价快速攀升和居民收入增长缓慢之间的矛盾日益尖锐，住房困难成为困扰我国和谐发展、全面建设小康社会的一个重大问题。伴随着市场经济的进一步发展，在住房市场化政策的推动下，全国各地房价普遍上涨、贫富差距的进一步扩大，导致中低收入者的实际收入跟不上房价上涨幅度，购买商品房越来越困难，低收入者的住房问题成为严重的社会问题。虽然我国相继对房地产市场实施了一系列宏观调控政策以抑制房价过快增长、维持房地产市场健康发展，党和政府出台了很多保障性住房调控的相关政策，立足解决中低收入居民的住房困难，我国已初步建立起多层次保障性住房体系，高度重视并确保保障性住房制度的顺利实施。然而在保障性住房建设的过程中，一些地方房开商由于存在观念陈旧和管理缺失等现象，加之一些相关的房屋管理部门在思想上认识不到位、行政管理能力不足、监督能力薄弱，没有充分了解保障性住房的作用，导致在保障房的分配过程中制度欠缺，给后期管理带来极大隐患，给我国保障性住房的建设造成严重阻碍。总的来说，保障性住房建设中政府履行责任存在以下问题：

（一）我国保障性住房制度的法律存在立法层级较低、执行低效化、住房权司法救济机制不健全等问题

我国以实现公民住宅权为出发点，近年来大力开展住房保障制度建

设，目前也初步建立起中国特色的保障性住房制度体系，在满足生活弱者住房需要、保障民生、推进和谐社会发展方面发挥了积极的制度功能。但是当前保障性住房制度还存在着一些困境和不足，面临的挑战仍然严峻，有待梳理、总结和解决。

1. 立法层级较低，统一的保障性住房法律体系尚未建立

健全的住房法律体系对于保障和实现住宅权，维护社会和谐，促进经济发展，实现社会分配公平有着重要的意义，但是长期以来我国没有形成一个完善的住房法律体系。首先是没有完整的住房法律体系框架。目前我国在商品住房和住房保障方面制定了一些法律规章，如《土地管理法》《房地产管理法》《物权法》和《建筑法》，以及包括《拆迁补偿条例》和《建设工程质量条例》在内的重要条例。保障性住房制度作为落实民生建设的重大议题，我国目前法律体系反映出立法层级较低，由于法规规章制定目标和实施背景有所不同，导致两者之间缺乏必要衔接，而且法律和规章不够系统、完整，最终导致没有明确的住房政策目标，难以形成统一、有效的规范体系。我国在城镇住房方面已有较多的政策法规，但是关于农村住房的政策法规数量却很少。目前我国还没有将农村居民的住房列入整体的住房保障体系，这严重制约了我国农村住房保障的发展和改革。其次是现有法律位阶低，内容不完善，缺乏权威性。在我国的法律体系中没有一部规范的住宅法，也没有一部完整的住房保障法，关于农村住房的仅有一部《土地管理法》，除此以外多以国务院文件、部门规章以及少量地方性法规的形式为主。现有规定在内容方面也不完善，《土地管理法》第六十二条第一款规定，农村村民一户只能拥有一处宅基地，其宅基地的面积不得超过省、自治区、直辖市规定的标准。但是本款规定中的“户”却没有明确的界定标准，法律法规司法解释中也没有作出明确规定，这就容易导致错误的扩大解释，扰乱宅基地的管理秩序。而且本款中虽然规定了一户一宅，但在实践中很多村民可以通过继承赠予等形式取得住房，从而达到一户多宅。此外现有法律对于农村宅基地的流转进行了严格限制，那些一户多宅以及因外出务工在外定居而形成的房屋闲置只能继续闲置下去，不能与房屋需求者形成有效的对接。最后是缺乏有力的法律监督和执法机制。一方面在农村住房中存

在很多不规范的行为，比如私占乱建虚假申报，法律规范不能对其有效的监督和惩罚，对于私自将农村宅基地进行流转的行为，法律的惩罚与行为人所获利益不相匹配；另一方面，在农村住房宅基地审批分配过程中存在大量的失信行为，比如申请面积和实际使用面积不符等，法律对其没有明确制约。此外在法律体系不完整的情况下，也不能对有限的法律规范作出不折不扣的执行，现实生活中部门规章在各级的执行过程中会不断打折扣，上有政策下有对策，最终有可能背规章而行。

2. 我国保障性住房制度执行低效化

从住房保障政策运行情况来看，当前我国住房保障制度在“弱有所扶”过程中所表现出来的效能和效果并不好。据调查显示，我国东、中、西部地区居民各项住房保障满意度的平均分都不高，最低分为29.38，最高分为62.31[①]。总体上来看，当前我国住房保障制度的低效能主要表现在四个方面：一是对象甄别标准单一。符合住房保障条件的对象首先必须满足收入指标标准，但在实际操作过程中，界定标准主要依据当地经济发展水平作为参照。也就是说，现有准入标准主要以家庭人均收入和居住面积为评价指标，而忽视了家庭消费结构、市场价格变动对保障对象住房可支付能力的影响等因素，保障对象遴选标准过于单一[②]。二是覆盖范围较窄。一方面，由于我国现行住房制度设计的偏差，致使农村地区的住房市场至今尚未真正启动，尽管地处大城市的城乡接合部或城中村地带的住房交易相对繁荣，但多数仍处于灰色地带，其他地区的农村住房市场难以得到有效培育，广大农村居民被排除在外[③]；另一方面，虽然我国已建立了经济适用房、廉租房、“两限”房和公共租赁房等多层次的住房保障体系，但由于各类型保障房之间衔接不当，致使分化出了一

① 范静波：《我国政府基本住房保障服务研究——基于东部地区居民满意度的实证分析》，《南京师大学报》（社会科学版）2017年第6期。

② 邓宏乾、贾傅麟：《住房保障的补贴模式、标准与范围研究》，《华中师范大学学报》2015年第5期。

③ 崔永亮：《农村住房保障制度缺失及其未来改善》，《改革》2013年第12期。

类“租不到、买不起”或“买不到也买不起”的特殊“夹心层群体”[①]。三是退出机制不健全。住房保障制度由于住房资源匮乏而导致住房保障资源配置中的不均衡。因此，就需要建立完善的退出机制，让“不再符合保障性住房条件的人及时退出住房保障，而将有限的保障资源提供给更需要救助的贫困者”。[②] 然而，理论与实践之间往往存在一定的偏差。当前的制度设计由于受到退出标准模糊、资格审核困难和多部门管理协调难等多重因素的影响，导致退出机制无法充分发挥其“能进能出”的筛选和甄别功能，以致让一些符合条件的弱势群体无法获得住房保障，而一些富人却长期占用保障性住房资源，出现富人挤出穷人的不良现象[③]。四是供需错位。保障性住房建设供需错位是指不同地区保障性住房建设规模与实际需求的错位[④]。在我国，住房弱势群体主要分布在大城市和农村地区，但当前我国保障性住房建设以中小城市为主，大城市和农村地区严重滞后，这就导致大城市和农村等需求量大的地区保障性住房供给不足，而中小城市保障性住房供过于求，出现了住房保障区域性供需错位的现象。显然，这种状况一方面造成中小城市住房资源的闲置浪费，另一方面造成了大城市和农村地区住房资源的严重不足，导致住房保障资源结构性失衡，难以完全实现让居者有其屋的目标。

3. 住房权司法救济机制不健全

住房权作为一项重要的新兴基本人权，其本质属性是对民生福祉和生活诉求的法益彰显，具有保障生存和促进发展的权利功能。当住房权得不到保障时，公民可以通过司法途径对自身权利进行救济。但是我国目前对于公民住房权尚未从立法上予以明确，而住房权所涵盖的内容较为广泛，当公民的住房权遭受侵害而提出诉讼请求时，法院审理案件多

---

① 张占录：《我国保障性住房建设存在问题、发展障碍与制度建设》，《理论与改革》2011年第3期。

② 李良：《我国廉租房准入与退出管理中存在的问题及对策》，《河南科技》2010年第4期。

③ 陈标：《住房保障对象的甄别机制研究》，《现代经济探讨》2014年第11期。

④ 毛小平、陆佳婕：《并轨后公共租赁住房退出管理困境与对策探讨》，《湖南科技大学学报》（社会科学版）2017年第1期。

从现行民法规定中寻找审判依据，对公民的住房权并不能做到有效保护。在救济程序方面，诉讼提出本身就需要耗费一定的经济成本和时间成本，而由于满足保障性住房申请条件的公民本身就处于经济能力较低的弱势地位。如果不在司法程序上对其予以针对性的倾斜支持和保护，司法程序反倒将成为受害公民利用法律程序寻求权利救济的障碍。总而言之，在维护原本符合保障性住房申请条件的公民的住房权时，我国实体法和程序法的缺失使得受害公民失去了最后屏障。

（二）缺乏稳定的保障住房资金来源渠道，地方政府财政预算安排资金不足，保障主体单一，多元协同不够

第一，我国人口基数大，而保障性住房属于一种公共产品，本身具有非营利性的特点，保障性住房的需求量大，所需要资金投入很大，其资金来源主要是通过政府的转移支付来实现社会产品的再分配。资金渠道的单一加重了国家财政压力，在已核定好预算经济条件下，用于廉租房建设的投入资金肯定就会挤占政府的财政，而当财政困难时，廉租房的保障资金无法得到有效供给。2015 年，我国修建保障性住房 3600 万套，按照 60 平方米/套来核算，投入资金将超过 5 万亿元。中央财政补助资金预算安排 1030 亿元，空缺的近 4.9 万亿元则需另外途径辅助，所以，我国政府必须大力拓宽保障性住房的资金来源渠道。

第二，主体单一，多元协同不够。《世界人权宣言》第二十五条明确规定：“人人有权享有为维持他本人和家属的健康及福利所需的生活水准，包括食物、衣着、住房、医疗和必要的社会服务。”住房作为最基本的生存保障，即便是最低收入群体也要消费这种昂贵的商品。保障性住房因其保障性功能以及投资大、收益小、利润薄的特点，致使市场机制难以实现资源配置的帕累托最优，从而表现为市场失灵。市场失灵呼唤政府发挥积极作用。但是，政府也非万能，既可能出现政府职能越位现象，如过分干预住房市场的运行；也可能存在政府失灵现象。政府失灵不仅表现在保障性住房制度不完善，更多地表现在财政支持力度不够，资金来源有限。我国的保障性住房资金包括中央投资补助资金、中央专项补助资金、省级补助资金和地方政府财政预算，以及土地出让金的一定比例和住房公积金净收益，还有社会融资，目前中央和地方政府的投

资比例大约为 1 ∶ 4，以致地方政府在保障房建设中面临巨大的资金压力①。

第三，政府在农村住房资金投入不足。住房保障制度的目标和宗旨就是保证广大人民的基本生活，使困难公民获得基本的生活保障。住房保障是政府为缓解分配不公而进行的，所以这其中的主要资金来源就是财政投入。长期以来政府为缓解城镇居民住房困难，无论是在资金投入还是其他保障方面都偏向城镇，一栋栋经济适用房、廉租房在城镇拔地而起，有限的资金用在了面积较大的城镇保障房上。而农村房屋的建设主要是靠农村居民的自我积蓄，房屋的面积大小质量优劣完全是由农民自身经济条件所决定的，政府的资金投入所起的作用微乎其微，这就使得经济发展水平相对落后的农村社会资金愈加贫乏。

（三）保障住房对象评量标准模糊，保障性住房分配有违规现象

在我国，保障性住房对象是城镇低收入家庭，但是“低收入”只是一个相对的概念，其评量标准较为模糊，界定线模糊会导致保证对象界定困难。加之我国财产监督系统不够完备，衡量标准公民是自助申报财产数量，也就是说，申报人要想保障房申请顺利通过，其申报的财产越低越有利，这就会人为地隐瞒个人财产申报比例，造成上报收入与实际收入水平之间有差距。

2015 年国家审计署、财政部向社会公布了保障性住房的审计结果。据结果显示，当年我国共有 5. 89 万户城镇家庭本来不符合申请条件，却违规享受保障性住房 3. 77 万套，套现补贴数额超过 6000 万元；全国各地房开商违规出租或出售保障性住房 6544 套。例如，山东共有 478 户住房保障对象分布在 6 个市 21 个县，因住房和家庭收入发生变化，明显高出保障条件很多，却一直占着保障性住房不愿退出，同时还违规领取补贴；海南涉及 19 个市县、单位共计有 918 户没有达到申请条件，却违规享受农村危房改造待遇和保障性住房；深圳媒体曾曝光过很多开着奔驰和宝马等豪车仍住着保障房的现象。据统计，本次全国性审计共核查了 27. 25

① 车亮亮、马国强：《论我国保障性住房的可持续发展——以天水市为例》，《开发研究》2015 年第 5 期。

万户家庭。结果发现，一些地区基础工作薄弱，存在资格把关审核过于松散、纠错和清退不及时等情况严重。譬如，黑龙江大兴安岭地区相关部门对保障对象审核不严，申请人通过提供虚假的申报材料蒙混过关并获得救助，共计812户审计下来不符合申请条件，却违规享受廉租住房保障待遇。目前该地区已重新实施审核，并取消了违规家庭的保障资格，收回保障性住房542套和租赁补贴20.41万元。

六　国外住房保障和供应制度的对比

住房是与衣、食、行并列的人类生产生活的基本要素。为促进实现“人人享有适当的住房”目标，包括发达国家及部分新兴经济体国家在内，都进行过积极的尝试和有益的探索。不少国家建立的住房保障和供应体系，基本实现了对住房支付能力不同的各类人群的全覆盖，加上经过不断调整和完善而形成的完善的住房土地、金融、财税等制度，极大地提升了住房保障和供应的效率，住房供应总体充裕、房价和租金保持基本稳定、中低收入家庭基本住房需求可以得到有效满足，等等，这些都对我国有很强的借鉴价值。

（一）欧洲发达国家的住房保障和供应体系

发达国家由于人口、自然资源禀赋、执政党政治理念方面的差异，其构建住房保障和供应体系的思路有很大的不同。总的来看，英国、德国、瑞士、西班牙、瑞典等欧洲国家，都非常强调政府对住房支付能力不足群体采取各种措施，促进其能有合适住房，而且住房条件能够随着经济社会发展相应提高；而美国、日本、澳大利亚等国，构建住房保障和供应体系，则更加强调对公平的维护不应以效率损失为代价。欧洲发达国家住房保障和供应体系的突出的特点如下：

第一，以社会租赁住房为主覆盖20%左右的低收入和中等偏低收入家庭。目前，英国有20%的居民从当地政府租赁公共住房；伦敦市政府提出的每年住房建设目标中，公共住房的占比几乎都超过20%。德国政府鼓励发展住房合作社，合作社建造的住房占德国新建住房总数的1/3左右，其社会住房占全部住房的比例，历史上最高的时期约30%，但由于住房供需矛盾这些年大大缓解，房价租金长期保持稳定，大量社会住房期满后转为普通住房，目前社会住房只占存量住房总量的 5%。在 20 世纪 80 年代，西班牙每年新开工住宅中公共住房占比为 60% 左右，之后这一比例降至 20% 左右，2008 年西班牙政府通过了《国家住房建设和翻新计划（2009—2012）》，明确将公共住房占新建商品房的比重大幅提高至 35%。目前，西班牙各类社会住房占存量住房的比例超过了 20%。

第二，注重调动和发挥非政府组织的作用。随着住房供需矛盾的缓解，住房合作社等非政府组织逐渐取代地方政府，成为社会住房建设、运营、维护和管理的主体，绩效公开透明，接受政府监管和审计。比如，20 世纪七八十年代，瑞士的各类公共住房主要由联邦政府直接出资在各州建设，随着住房问题的逐步解决，瑞士 2003 年出台了住宅法，明细了联邦政府、州政府及社会机构在建设运营公共住房中的责权利，目前，社保基金及住房合作社等社会机构已经成为持有运营社会住房的主体。德国社会住房的供应主体主要为非政府组织，包括国有政府房产公司、住房合作社等。

第三，政府对供给方提供建设和运营财政补贴、低成本融资或利息补贴，对租户按收入提供梯级租金补贴。比如，瑞典全国住房合作联盟（HSB）为约 1/10 的瑞典人提供了住宅，HSB 有自己的储蓄银行，为社员提供高于一般银行存款利率 1% 的利率，但其支出仅限于与住房有关。德国汉堡市规定，租金上涨每年按月平均不得超过 0.15 欧元/平方米为控制目标；当市场租金低于成本租金时，市政府采取无息、低息贷款或者税收减免、拨款等方式给予差额补贴。在瑞士洛桑市，月收入低于 3000 瑞士法郎的个人（瑞士人均月收入约 6000 瑞士法郎）及月收入低于 4500 瑞士法郎的家庭，可以申请租住租金比市场价低 20% 的公共住房，政府每月还给租户发放相应的租房补贴。

第四，地方政府或其委托的住房协会按收入线确定保障对象，不同职业和生活习惯家庭混合配置，租户收入提高后改收市场租金或收取附加租金，且被赋予优先购买权。法国出台了“贫富混居”的“城市更新计划”，把廉租房建在普通住宅区，房地产商开发大型楼盘必须向政府承诺配建一定比例的廉租房。瑞士日内瓦市规定，规划新建的住宅项目，开发商必须在不同楼层各预留一定数量住房用作公共住房，目的是将公共住房及低收入群体分散在城市不同的住宅区内，促进不同收入阶层混区、混楼、混层居住，避免出现“富人区”“穷人区”。西班牙马德里市的出租型公共住房，配套有停车位或储藏室，根据申请租住者的收入水平不同，每月收取的租金为310—544欧元，在租赁满7年之后，租房者可选择按合同约定条件购买或继续承租；租住期间，收入水平变化后，需要缴纳的租金也要相应调整。

第五，建立住房协会资产抵押、社会住房建设担保基金担保、中央和地方政府支持的三重财务风险分担架构。比如，英国房屋互助协会作为非营利性互助机构，其运营主要是将储蓄存款投资于以私人自住住宅为担保的长期贷款，协会的资金大部分来自个人储蓄，约80%的资产是为购买新住房或旧住房的抵押放款，偿还期长达20年或20年以上；资产的另一部分投资于中央和地方政府的债券。瑞典由公房公司组成的协会（SABD）负责建设和管理全国的公共住房，公房公司不以赢利为目的，地方政府以无息或低息贷款提供全部建设投资。

（二）美国、日本、澳大利亚等发达国家的住房保障和供应体系

美国、日本、澳大利亚等国家的住房保障和供应体系更加强调政府通过法律、经济辅以必要的行政手段，调动各类资源的作用来提升住房保障和供应的效率，尽量减少采取政府直接投资建设社会住房的方式。这些国家住房保障和供应体系的突出的特点如下：

第一，政府直接保障的覆盖范围较低。一般在6%左右，主要面向低收入家庭。美国政府对占家庭总数40%左右的低收入家庭提供直接住房资助或政策支持，但直接提供实物廉租住房的比例很低，只有3%左右。

第二，鼓励中等偏低收入居民购买自住住房，政府提供首付款补贴、抵押贷款担保和税收抵免。美国对使用抵押贷款购买公共住房的中等收入者，按照每月归还贷款的数额核减一定比例的税款，并免缴财产增值税，以鼓励私人购房；美国由联邦全国抵押协会、政府全国抵押贷款协会和联邦住宅抵押协会为中低收入家庭提供购房贷款，由政府出面对符合条件的中低收入家庭购房进行担保，如果居民无力偿还银行贷款，政府可为其安排廉租房，并将原来的住房出售，归还贷款，以避免银行出现贷款风险。

第三，鼓励私营部门提供低收入家庭可支付住房，政府提供财政补贴、税收抵免、低息融资等支持。美国政府对开发建设社会住房的企业给予贷款担保和贴息优惠支持，并调控社会住房的建设标准和售价。

第四，以“补人头”为主，兼顾“补砖头”。美国政府先后通过了《住房法》《城市重建法》《国民住宅法》等，对住房保障中包括扩大房屋抵押贷款保险、提供较低租金公房、提供低息贷款建房、提供房租补贴和帮助低收入者家庭获得房屋所有权等方面作了明确规定，而这些法律法规的共同特点都是强调“补人头”的政策，通过提供低息贷款、购房贴息、租金补贴等，帮助低收入家庭获得合适住房。美国家庭收入为居住地的中等收入80%以下者均可申请住房租金补贴，享受补贴的家庭拿出总收入的25%支付租金，其余由政府发放的住房券支付。美国2012年约700万低收入者获得联邦租房补贴，超过3400万住房所有者获得联邦按揭利息扣除优惠；联邦政府租房补贴支出470亿美元，购房补贴支出超过2200亿美元。

第五，住房供应主要由私营部门提供，少量由公私合作模式提供。美国住房政策演变的主线是，由政府主导、直接供给向政府与企业、非营利组织共同参与、市场化供给为主的方向转变，公私合作机制发挥越来越重要的作用。进入20世纪80年代中期以后，日本住房政策的重点从支持住房直接投资向住房直接投资和间接投资并重的方向发展，政府既对公库、公团、公社的住房建设投资给予资助，同时又大力支持住房信贷，日本住房政策核心思路是，以低息贷款促进企业从事民间住宅建设，以低税和免税优惠促进私人住宅的兴建与购置，发挥地方群众团体的作用、吸收社会资金发展住宅建设。

（三）新兴经济体国家的住房保障和供应体系

新兴经济体国家的住房保障和供应体系，目前大多处在探索和发展中，尚未完善和成熟。进入21世纪以后，针对日益突出的居民住房支付能力普遍不足、住房困难群体日益增加、缺乏有效的住房信贷政策体系等问题，俄罗斯颁布实施联邦《住房改革法》（2005年1月1日起生效）和《2002—2010年俄联邦住房目标纲要》，明确了俄罗斯住房保障和供应体系基本框架：一方面，构建住房保障体系，依法保障低收入家庭和中低收入家庭享有合适住房。具体做法是政府直接建房，推行"住房国家优先项目"，通过"可支付的舒适住房计划"和"年轻家庭住房计划"等提供购房补贴、用国家信用为购房贷款提供担保等；另一方面，健全住房市场体系，即创造条件帮助非保障群体，利用抵押贷款和自有资金改善住房条件。目前看，这些政策效果一般，俄罗斯居民住房条件的改善整体依旧不乐观：人均住房面积目前不足 20 平方米，还处于较低水平；住房贷款利率达到 10% 以上，多数居民无法负担；住房需求旺盛但得不到缓解，房价上涨较快，继续加剧供需矛盾。巴西除为贫民窟改造提供支持、为最低收入家庭提供免费住房外，进入 21 世纪以来，巴西还持续推行了"我的家园，我的生活"低价住房项目，增加为中低收入家庭提供的廉价住房有效供应。印度 2005 年开始陆续出台了全国城市住房和人居政策、尼赫鲁全国市区重建计划、城市贫困群体利息补贴计划等，旨在改善城市贫困人口居住条件、实现住房可支付性目标。南非目前主要是通过发放消费者补贴直接支付给供给者，鼓励月家庭收入低于 3500 兰特（约合人民币 4500 元）的家庭购买户型面积 40 平方米左右的住房，以促进建房、改善住房条件。[①]

（四）部分国家和地区改造棚户区（贫民窟）的实践

从国外的情况看，推动贫民窟和棚户区改造，都是住房政策的阶段性目标。回顾发达国家走过的历程，在快速城市化和工业化过程中，出于缓解城市社会危机、改变城市面貌、优化土地利用、增加住房供应等的考虑，也将推动贫民窟和棚户区改造作为住房政策的重要内容。美国 1949 年的《住房法》明确，联邦政府要为贫民窟改造提供融资支持，1973 年把分散低收入者住房、改善社区质量纳入公共住房政策有效地避免了贫民窟的出现。英国在第一次世界大战和第二次世界大战结束后进行了两次大规模的清除贫民窟行动。新加坡的公共住房，也源于棚户区清拆和住户安置。发达国家改造棚户区和贫民窟一般程序较为规范：

第一，调查研究。对要改造棚户区、贫民窟的必要性及其对社会、经济的可能影响作出基本判断，了解城市各个方面的意见并进行汇总。

① 王国田：《国外住房保障和供应制度的对比》，《国际交流》2018 年第 19 期。

第二，确定棚户区、贫民窟改造区块。社区政府根据调查和经济能力规定棚户区、贫民窟改造的地区，如果房地产所有者不能承诺按照改造的目标和意图利用建设用地时，地方政府有权实施预购权以及终止租赁合同。

第三，整顿措施。在做好相应准备之后，由社区政府负责实施整顿措施，包括拆除有关建筑、居民和商业企业的迁移、道路等基础设施的设置或变更等。

第四，建设措施。包括建筑设施的新建、补充和现代化修缮，其他公共设施的兴建等。

第五，完成棚户区、贫民窟改造。目前，贫民窟和棚户区主要分布在发展中国家，这些国家都力所能及地对实施贫民窟和棚户区改造提供了支持。如印度 2005 年开始陆续出台了全国城市住房和人居政策、尼赫鲁全国市区重建计划，巴西 2009 年启动的“我的家、我的生活”住房保障计划，都有为贫民窟改造提供支持的内容。

总地来看，发展中国家改造棚户区、贫民窟的政策，是政府提供基础设施建设或改造投资，为居民自助建房力所能及提供财政补贴、金融支持，强调居民参与。发达国家改造棚户区、贫民窟的一般做法是，政府以立法与规划对旧城改造进行政治上、技术上的保障，利用民间资本的力量辅之以财政支持，把改造旧城与保护历史文化古城风貌结合，以改善市政基础设施和居住环境质量作为中心内容，实现城市的更新与发展。

第二节　我国政府对弱势群体的发展权利保障

“发展权”这一概念首次由阿尔及利亚正义与和平发展委员会提出，1979 年联合国人权委员会通过第四号决议中指出发展权是一项人权，1981 年联合国发布的《发展权利宣言》规定，发展权是一项不可剥夺的人权。在本书中，对弱势群体的发展权研究主要紧紧围绕教育保障和就业保障两个内容来阐述。

一 教育保障中政府履行责任现状

“大力推进教育公平，加快教育现代化，努力让每个孩子都能享有公平而有质量的教育”①，这是新时代背景下党和政府从教育角度提出的有效解决社会发展过程中主要矛盾的动员令。

（一）义务教育保障方面

2006年修订的《中华人民共和国义务教育法》规定，凡具有中华人民共和国国籍的适龄儿童、少年，不分性别、民族、种族、家庭财产状况、宗教信仰等，依法享有平等接受义务教育的权利，并履行接受义务教育的义务。从法律的角度来说，义务教育是国家统一实施的所有适龄儿童、少年必须接受的教育，是国家必须予以保障的公益性事业，属于国民教育的范畴。同时它是一个国家或地区为其全体国民提供的教育，不应成为某一阶级、政党或宗教派别的工具而被垄断。本书认同义务教育的法律定义，即义务教育是中国所有适龄儿童少年平等享有的权利和义务。这里权利强调的是义务教育阶段享有的机会和资源平等的权利，义务则强调的是国家为公民提供义务教育的责任和公民必须接受义务教育。义务教育属于公共产品，政府必须承担主要的投入、管理和监督等责任，义务教育公平问题是一个教育和社会问题，实现义务教育的公平必须依靠国家政策的调节。

1. 政府在义务教育保障中责任履行现状

本书以前面对弱势群体的界定为标准，政府对弱势群体的教育保障主要体现在城镇贫困家庭、进城务工人员随迁子女、农村留守儿童等方面。新中国成立到党的十六大召开之前，我国的教育事业已经取得长足的进步和发展，各级各类教育都有了显著改善，教育投入大幅增长，办学条件明显优化，教育改革逐步深化，办学水平不断提升，其中基础教育的发展尤为突出。2003年的政府工作报告指出，我国已经基本普及九年义务教育，基本扫除青壮年文盲的人口地区覆盖率由1991年的65%提

① 苏向东：《习近平在中国共产党第十九次全国代表大会上的报告》，http://www.china.com.cn/196a/2017-10/27/content_41805113.htm，2017年10月27日。

高到2002年的91%①。2005年12月24日，《国务院关于深化农村义务教育经费保障机制改革的通知》发布，从2006年开始，全部免除西部地区农村义务教育阶段学生学杂费，2007年扩大到中部和东部地区，对贫困家庭学生免费提供教科书并补助寄宿生生活费。“十二五”以来，我国深入推进义务教育均衡发展，统筹推进义务教育城乡一体化改革发展。完善“两免一补”资助政策，在集中连片特殊困难地区实施农村义务教育学生营养改善计划。健全各级政府教育经费分担机制，重点保障农村小学和教学点的正常运转，以《国务院关于统筹推进县域内城乡义务教育一体化改革发展的若干意见》等政策为途径，建立了城乡统一、重在农村的义务教育经费保障机制。为贯彻落实党中央、国务院的部署，近年来，教育部会同有关部门，着力从以下几个方面加快推进城乡义务教育一体化发展：

一是全面改造贫困地区义务教育阶段薄弱学校。自2013年以来，中央财政累计投入1620亿元，带动地方投入3000多亿元，共新建改扩建校舍1.86亿平方米，采购课桌凳2561万套、图书6.1亿册，农村义务教育学校办学条件明显改善，学生自带课桌椅、睡“大通铺”、在D级危房上课现象在绝大部分农村地区已消除。

二是统筹城乡义务教育教师资源配置。教育部会同财政部、人力资源和社会保障部印发《关于推进县（区）域内义务教育学校校长教师交流轮岗的意见》，推动城镇义务教育学校教师到农村任教。统一城乡义务教育学校教师编制标准，深入实施农村义务教育教师“特岗计划”，加大农村义务教育教师培养培训力度，着力解决农村教师“下不去、留不住、教不好”的难题。

三是大力推进县域义务教育均衡发展。教育部专门出台《县域义务教育均衡发展督导评估暂行办法》，建立了义务教育均衡发展督导评估制度。截至2017年年底，全国已有2379个县通过国家县域义务教育基本均衡评估认定，占县级行政单位总数的比例已接近82%，县域内城乡义务

① 《2003年政府工作报告》，载自中央政府门户网站，2006年，http://www.gov.cn/test/2006-02/16/content_201173.htm，2006年2月16日。

教育学校差距切实缩小。

四是着力化解义务教育学校“大班额”。专门出台《关于做好消除“大班额”专项规划有关工作的通知》，启动实施消除“大班额”计划，指导各地以县为单位制定了消除“大班额”专项规划。2017 年，全国义务教育“大班额”“超大班额”比例比上一年度分别下降了 18.3%、39.6%，下降幅度为近 10 年来最大。

五是坚持不懈抓好控辍保学工作。以国务院办公厅名义出台《关于进一步加强控辍保学提高义务教育巩固水平的通知》，有针对性地提出控辍保学的政策措施。2017 年，全国九年义务教育巩固率提升到 93.8%，比 2016 年提高 0.4 个百分点。2017 年小学学龄儿童净入学率达 99.92%，初中阶段毛入学率达 104%。

六是大力改善农村义务教育学生营养状况。针对贫困地区农村学生营养不良、发育迟缓的问题，实施农村义务教育学生营养改善计划。截至目前，已覆盖学校约 14 万所，惠及 3600 多万名学生。中国疾病预防控制中心跟踪监测显示，实施营养改善计划地区学生的营养健康状况逐步改善，身体素质明显提高。

七是重视解决进城农民工随迁子女和农村留守儿童教育难题。指导督促各地按照“两为主”（以流入地为主和以公办学校为主）要求，妥善解决随迁子女入学问题。会同有关部门，建立健全农村留守儿童关爱服务体系。2017 年，全国 1400 万名农民工随迁子女在小学和初中就读的分别为 1042.18 万人、364.45 万人，义务教育阶段进城务工人员随迁子女在校生数比上年有所增长，占在校生比例有所上升。这些农民工子女全部纳入“两免一补”政策补助范围，符合条件的随迁子女基本实现应入尽入，在公办学校就读比例达到 80%。2017 年排查出的 1.88 万名辍学农村留守儿童基本都已复学，从表 5—3 资料数据来看，我国政府在义务教育阶段贫困地区农村子女教育方面各项指标呈不断增长趋势，2017 年较之 2012 年 16 岁以上成员均未完成初中教育农户指标下降了 3 个百分点，从此看出，在教育弱势的农村区域，由于国家相关政策措施力度较大，辍学率明显降低。2017 年较之 2012 年所在自然村上幼儿园便利和上小学便利的农户比重分别增加 17.1% 和 10%。说明农村孩子上幼儿园和小学的便利度也提高了，教育文化状况明显改善。

表 5—3　　贫困地区农村教育文化情况①

指标名称	2017 年	2012 年	2017 年比 2012 年提高（百分点）
16 岁以上成员均未完成初中教育农户比（%）	15.2	18.2	-3.0
所在自然村上幼儿园便利的农户比重（%）	84.7	—	17.1*
所在自然村上小学便利的农户比重（%）	88.0	—	10.0*
有文化活动室的行政村比重（%）	89.2	74.5	14.7*

注：带*是与 2012 年相比提高。

八是着力提升农村义务教育学校科学化精细化管理水平。颁布实施《义务教育学校管理标准（试行）》，在试点的基础上全面推行。以标准化管理为抓手，推动农村义务教育学校不断提升教育教学质量，加快内涵发展。②

2018 年全国教育经费总投入为 46135 亿元。在各级教育经费投入中，义务教育投入最多，达 20858 亿元，占比达到 45.2%。2018 年政府工作报告提出，“推动城乡义务教育一体化发展，教育投入继续向困难地区和薄弱环节倾斜”。党的十八大以来，教育部门继续深化教育改革，在 2019 年教育部召开新闻发布会上，教育部基础教育司司长介绍：到 2020 年，全国普及高中阶段教育，适应初中毕业生接受良好高中阶段教育的需求。也就是说九年制义务教育将即将升级为十二年义务教育。③ 党的十九大报

① 国家统计局：http：//www.stats.gov.cn/ztjc/ztfx/ggkf40n/201809/t20180903_1620407.html，2018 年 9 月 3 日。

② 教育部：《推动城乡义务教育一体化发展迈上新台阶——访全国政协委员、教育部党组成员、副部长朱之文》，http：//www.edu.cn/edu/zhuan_ti_lan_mu/lh/rd/201803/t20180316_1589954.shtml，2018 年 3 月 16 日。

③ 陈俊松：《2020 年全国普及高中阶段教育》，http：//www.xinhuanet.com/politics/2017-04/06/c_1120763553.htm。

告指出，“推动城乡义务教育一体化发展，高度重视农村义务教育”①。实现城乡义务教育一体化改革发展，是党中央、国务院立足党和国家事业发展全局，着眼促进教育公平和教育事业协调发展作出的重大决策，是新时代办好农村义务教育、整体提升农村教育公共服务水平的必然选择。

2. 政府在基础义务教育保障过程中存在的问题

党的十九大报告指出，进入新时代，我国社会当前的主要矛盾是人民日益增长的美好生活需要与发展的不平衡、不充分之间的矛盾。而作为人民美好生活需要的重要组成部分，义务教育同样存在弱势群体与其他群体之间发展的不平衡和不充分的情况。

（1）城乡教育发展不均衡

社会经济的不断发展，形成了当前的城乡二元经济结构，该结构长期影响着我国教育的改革与发展，最集中的反映就是城乡教育差距较大。一是城乡之间教育办学条件不均衡。我国很多农村的中小学与城市相比，较少配备教学所用的语音室、电脑、实验室等先进多媒体设备，有的学校即使有实验室，但里面的实验器材时间久远、硬件老化，使用困难；有的学校虽配备了图书室，但图书陈旧、质量不高且数量较少。很多学科教学器材，譬如音乐、体育、美术等的配备上远远不及城市，很多贫困农村的学校甚至根本就没有，总体上硬件设施都显得相对落后。二是城乡间的教师资源不均衡。与城市中小学教师相比，农村教师普遍存在学历偏低、年龄偏大、专业不对口等现象，他们的工作、生活环境都较为艰苦。尤其是像音体美、英语、信息技术等教师大量短缺，很多老师是身兼数职，担任多门课程的教学任务以致每个老师都成为“万金油”，教学质量难以提高。所以，无论是专业结构还是学历结构，无论是年龄结构还是职称结构、教学水平等各个方面都体现了明显的城乡差距。三是城乡教育的生源分布不均衡。随着住房制度与户籍制度改革，很多农村学生跟随进城务工父母到城市就读，农村生源日益减少，很多农村的村小学由于没有生源都合并到乡镇去上课了。加上城市的学校采取逐级

① 苏向东：《习近平在中国共产党第十九次全国代表大会上的报告》，http://www.china.com.cn/196a/2017-10/27/kontent_41805113.htm。

选拔措施，很多农村的优秀生源通过选拔获得城市就读资格，导致农村的优秀生源不断流失，严重阻碍了农村教学质量的提高。

（2）受教育群体之间发展不平衡

我国学校的教育系统总的分为四个层级，从高至低分别是高等教育、中等教育（初中教育和高中教育）、初等教育（小学教育）和幼儿教育。在基础教育层面上，结合不同的受教育群体的发展来看，农村留守儿童、残疾儿童、进城务工人员随行子女等弱势群体接受平等教育的权利还需要进一步强化，教育基本公共服务全覆盖还存在“真空地带”。

（3）教育公平仍需进一步推进

党的十九大指出大力推进教育公平是今后教育工作发展的新取向。虽然近年来我国教育水平得到了整体前进和快速发展，但是在教育公平方面离人民期望的要求差距还很大，具体表现在教育机会、教育过程和学业成功机会等各个方面的不公平。

第一，教育机会的不平等。受地区因素影响，东西部地区以及城乡之间学生入学率和辍学率等方面存在差距。根据教育部发展规划司的数据，西部地区小学适龄入学率明显低于东部地区，而辍学率明显高于东部地区。农村的辍学率与文盲率要高于城市，而入学率则明显低于城市。受家庭环境和生活环境的影响，教育机会不平等的现象也比较明显。如弱势群体中的下岗失业者的子女虽然在户口上与城市中其他群体的了女平等，但是一些地区、学校为了追求高升学率而搞的重点校、重点班做法对他们很不利。在相同的成绩条件下，经济条件好的可以进入重点班（校），而下岗失业者子女由于经济条件差而失去了这些机会。此外，在我国教育体制中存在的以钱择校、高等教育机会分配不公等现象也直接导致了教育机会不平等。

第二，受教育过程中的不平等。这主要表现在教育经费、师资力量、办学条件以及教育评价等各个方面。经济发展水平低的农村教育经费投入少，师资力量可想而知，义务教育的基本办学条件不完善。对于教育评价上，同一种考试，各地方的录取分数线和录取率相差很大，造成了“城市优势”，这严重影响了弱势群体的继续教育。

第三，学业成功机会的不平等。在起点上和过程中已明显处于劣势的弱势受教育群体，他们很难与处于优势地位的受教育群体拥有平等的学业成功的机会。连义务教育都没完成的孩子，他们的生活注定不能与现代社会接轨，他们不仅自己不能分享社会进步的成果，而且给未来社会遗留下一大批低水平甚至不合格的劳动者，影响我国的社会主义文化建设。①

（二）特殊教育保障方面

1、特殊教育保障中政府责任履行现状

特殊教育作为我国教育体系的重要组成部分，在国民教育系统中占据的位置不可或缺，它涉及残疾人发展权利、社会公平与民生福祉。② 2017 年，全国的特殊教育学校共有专任教师 5.60 万人，同比增长量是 0.28 万人，同比增长率为 5.20%。2017 年全国共招收特殊教育学生 11.08 万人，同比增长量是 1.93 万人，同比增长率为 21.11%；特殊教育在校生 57.88 万人，同比增长量是 8.71 万人，同比增长率 17.71%；毕业生 6.94 万人，同比增长量为 1.02 万人，同比增长率为 17.30%。

（1）从特殊教育政府相关政策和法律法规来看，我国对残疾人受教育权的保障起步较晚。“由于历史的复杂原因，新中国至80年代以前有关教育的法制建设一直没有受到应有的重视，甚至没有颁布过一个专门的教育法律。”③ 残疾人受教育权作为宪法性质的权利首先载于 1982 年宪法，1982 年宪法第四十五条第三款规定：“国家和社会帮助安排盲、聋、哑和其他有残疾的公民的劳动、生活和教育。”以此为起点，在立法方面，我国对残疾人受教育权的保护经历了 2000 年以前的草创阶段以及 2000 年以后的逐步精细、完善立法体系的发展阶段。④ 2000 年以前，我国制定了《中华人民共和国义务教育法》（1986 年，以下简

① 董秀芬：《弱势群体教育公平问题探析》，《山西财税》2012 年第 2 期。

② 王培峰、丁勇：《我国特殊教育发展转向及其改革逻辑重点领域》，《中国特殊教育》2015 年第 2 期。

③ 秦惠民：《走向社会生活的教育法——中国教育法律的适用状况分析》，《中国教育法制评论》2007 年第 5 期。

④ 2000 年以前由于立法经验不足加之欠缺法律实践，法律法规条文多以原则性规定为主，内容较粗略、简单。如《义务教育法》（1986 年）只有十八条原则性规定，而 2006 年修订后的《义务教育法》则有六十三条，体系更完整、内容更全面、操作性更强。

称《义务教育法》)、《中华人民共和国残疾人保障法》(1990 年，以下简称《残疾人保障法》)、《中华人民共和国教师法》(1993 年，以下简称《教师法》)、《中华人民共和国教育法》(1995 年，以下简称《教育法》)、《中华人民共和国职业教育法》(1996 年，以下简称《职业教育法》)、《中华人民共和国高等教育法》(1998 年，以下简称《高等教育法》) 以及一部专门的行政法规《残疾人教育条例》(1994 年)。从 1991 年开始，国务院每五年就会批转一个由国务院相关部门共同制定的《残疾人事业计划（发展）纲要》，其中每一个《残疾人事业计划（发展）纲要》都对相应五年内保障残疾人的受教育权规定了不同的落实措施。2000 年以后，随着我国保障公民受教育权的法律实践的深入，上述法律法规大都做了修订。[①] 在这一时期，政府层面出台了一系列的规范性文件来促进残疾人受教育权的进一步实现，2007 年教育部、国家发展和改革委员会印发了《“十一五”期间中西部地区特殊教育学校建设规划（2008—2010)》(一期)。2010 年，《国家中长期教育改革和发展规划纲要（2010—2020 年)》(以下简称《纲要》) 颁布实施，在 2011 年又启动了《特殊教育学校建设规划》(二期)，2014 年国务院转发了教育部等七部委制定的《特殊教育提升计划（2014—2016 年)》(以下简称《特殊教育提升计划》)，2015 年 4 月，教育部、中国残联又联合印发了《残疾人参加普通高等学校招生全国统一考试管理规定（暂行)》。在我国，对残疾人受教育权的保障，涵盖了宪法、法律、行政法规以及部门规章，辅之以一批“规划”“计划”等规范性文件来具体落实，从而初步形成了具有中国特色的残疾人受教育权的政策保障体系。这些保障体系对特殊教育的发展目标、配套的财政政策、相应的课程与教学政策、配备的师资政策等进行了详细的战略部署，有力地促进了特殊教育的健康发展。

（2）从特殊教育师资队伍来看，从事残疾人教育的师资队伍渐趋优

---

① 即 2006 年修订了《义务教育法》，2015 年对该法又再次进行了修订。2008 年修订了《残疾人保障法》。2011 年修订了《残疾人教育条例》，及至 2017 年又对其做了修订。2009 年修订了《教师法》。2009 年修订了《教育法》，2015 年对该法又再次进行了修订。

化。在我国，从事残疾人教育的师资队伍（包括专任教师和教辅人员在内）不仅数量在逐步增长，而且教师的素质（主要体现在学历层次上）也在稳步提高。2012—2016 年我国以残疾人教育为主体的特殊教育学校的教职工数和专任教师数都是呈逐年递增的趋势。特殊教育学校师资结构的优化是从整体上保障残疾人受教育权的有机组成部分，专任教师数量一直占据教职工总数的 80% 以上，且逐年递增，教学行政人员与教学辅助人员均控制在 20% 以内，且逐年递减，这在一定程度上说明我国特殊教育学校师资结构更趋合理（如表 5—4 所示）。

表 5—4 2012—2016 年特殊教育学校教职工、专任教师数量变化情况①

年度	教职工数（人）	专任教师数（人）	专任教师数/教职工数（%）
2012	53615	43697	81.5
2013	55096	45653	82.7
2014	57360	48125	83.9
2015	59548	50334	84.5
2016	62468	53213	85.2

2012—2016 年，本科以上（含本科）特殊教育学校专任教师占据特殊教育学校专任教师的比例分别为 52.9%、56.4%、59.6%、62.0%、64.8%，5 年间本科以上（含本科）学历教师数量增长了近 12 个百分点，与此形成鲜明对照的是本科以下特殊教育专任教师所占的百分比逐年下降，这说明我国特殊教育专任教师队伍正朝着高学历、高素质的方向发展（如表 5—5 所示）。

① 数据来源于教育部公布的历年《教育统计数据》（2012—2016 年）。载 http://www.moe.gov.cn/s78/A03/moe_560/jytjsj_2016/，最后访问：2018 年 1 月 12 日。

表 5—5　　2012—2016 年特殊教育学校专任教师学历情况①

年度	总计（人）	研究生毕业（人）	本科毕业（人）	专科毕业（人）	高中阶段毕业（人）	高中以下（人）	本科及以上学历占专任教师总人数比重（%）
2012	43697	614	22480	17665	2849	89	52.9
2013	45653	703	25068	17569	2257	56	56.4
2014	48125	846	27833	17473	1912	61	59.6
2015	50334	957	30244	17414	1670	49	62.0
2016	53213	1085	33386	17307	1389	46	64.8

2012—2016 年我国特殊教育教师职称情况的统计可以发现，拥有小学高级职称和中学高级职称的教师占每年教师总数的百分比分别为 58.3%、58.9%、59.0%、58.4%、58.1%，也就是说在这 5 年间，我国特殊教育学校中拥有高级职称的教师所占比重基本上维持在 58.0% 以上，特殊教育教师的专业化程度越来越高（如表 5—6 所示）。

表 5—6　　2012—2016 年特殊教育学校教师职称情况②

年度	中学高级（人）	小学高级（人）	小学一级（人）	小学二级（人）	小学三级（人）	未定职级（人）	中、小学高级老师占专任教师总人数比重（%）
2012	3549	21916	12902	1352	98	3880	58.3
2013	4013	22891	13415	1447	118	3769	58.9
2014	4573	23828	13873	1515	129	4207	59.0
2015	5066	24346	14435	1629	158	4700	58.4
2016	5777	25156	14729	1930	234	5387	58.1

① 数据来源于教育部公布的历年《教育统计数据》（2012—2016 年）。载 http://www.moe.gov.cn/s78/A03/moe_560/jytjsj_2016/，最后访问：2018 年 1 月 12 日。

② 数据来源于教育部公布的历年《教育统计数据》（2012—2016 年）。载 http://www.moe.gov.cn/s78/A03/moe_560/jytjsj_2016/，最后访问：2018 年 1 月 12 日。

（3）从特殊教育投资以及相应的基本建设来看，从2010年至2011年，我国特殊教育投资完成的总金额呈上升趋势，2012年至2014年开始有所下降。在2008—2011年，中西部地区获得了国家对特殊教育的大力扶持，中央政府先后拨付47亿元用于中西部地区特殊教育学校建设项目的实施①。其中，2011年特殊教育投资完成总金额在全国教育投资完成总金额中的百分比达到了历史的顶峰。从我国特殊教育投资金额主体结构来看，我国特殊教育的投资通常都是依赖于省级政府，2010—2014年中央政府投资完成的金额占省级政府投资完成的金额的百分比分别是115.1%、125.1%、55.9%、27.8%、15.7%。② 从数据来看，只有中央政府特殊教育加大投资力度时，在投资完成的金额上才会超过省级政府（2010年、2011年）。令人欣喜的是中央财政自2014年开始又增加了对特殊教育的资金投入，2015年中央财政投入10.8亿元用于特殊教育。目前我国的特殊教育经费保障机制主要是以中央政府和省级政府为主要投资方式，以其他方式筹措与自筹为辅助方式（如表5—7所示）。

表5—7　　2010—2014年我国特殊教育投资完成情况③

年度	投资完成总金额（万元）	占全国教育投资完成的比重（%）	中央（万元）	省级（万元）	自筹（万元）	其他（万元）
2010	168222	0.69	84275	73244	6920	3783
2011	233161	0.84	123945	99053	5103	5061
2012	188006	0.64	61867	110769	10619	4751
2013	128363	0.43	27294	98240	2147	682
2014	117592	0.35	15129	96606	3288	2571

① 教育部财务司负责人就特殊教育投入答记者问 http://www.edu.cn/te_shu_news_419/20140731/t20140731_1158247.shtml，最后访问：2018年2月5日。

② 宗禾：《2015年中央财政下拨10.8亿元支持特殊教育发展》，《中国财经报》2015年8月29日。

③ 数据来源于《中国教育年鉴（2011—2015年）》，载 http://www.moe.gov.cn/jyb_sjzl/moe_364/zgjynj_2015/，最后访问：2018年1月12日。

表 5—8　　2010—2014 年我国特殊教育基本建设竣工面积情况①

年度	合计（平方米）	教学及辅助用房（平方米）	行政办公用房（平方米）	其他用房（平方米）
2010	956057	686247	32189	237621
2011	1193965	837129	50211	306625
2012	882742	606865	38144	237733
2013	455706	288890	16818	149998
2014	350913	227941	18321	104651

结合表 5—7 和表 5—8 进行分析，2010—2014 年，我国特殊教育设施的基本建设竣工面积与当年投资的完成金额有较强的对应关系。从表 5—8 可知，5 年内基本建设竣工总面积中，教学及辅助用房竣工面积占比最高，分别占总竣工面积的 71.8%、70.1%、68.7%、63.4%、65.0%，平均 67.8%。这是比较合理的，说明特殊教育的投资首先是保证残疾学生教学及辅助用房上，没有过多地用于行政办公用房上。以 2015 年为例，中央财政当年安排投入资金 10.8 亿元中有 4.1 亿元是用于支持地方特殊教育资源教室（中心建设）、特殊教育学校设备设施配备等。这从客观上说明了国家对特殊教育的投入上将改善特殊教育的办学条件，提升残疾人受教育权的质量放在首位。

（4）从特殊教育体系来看，以残疾人为主体的特殊教育学段衔接体系渐趋完善。1988 年教育部门根据我国特殊教育面临的现实情况提出："坚持多种形式办学，逐步形成以一定数量的特殊教育学校为骨干，以大量的特殊班和随班就读为主体，进行残疾儿童少年教育的新格局。"② 这就明确了今后我国残疾人受教育的三种主要形式，即特殊教育学校、普通教育学校附设特教班和普通教育学校随班就读。

从 1989 年起，国家设立特殊教育学校建设投资专项，用于补助地方特殊教育学校校舍建设，截至 2006 年，改扩建校舍总面积近 40 万平方

① 陈少远：《为特殊孩子燃"灯"》，《中国教育报》2015 年 12 月 1 日。

② 华国栋：《残疾儿童随班就读现状及发展趋势》，《教育研究》2003 年第 2 期。

米。我国特殊教育学校的数量与专任教师的数量都是呈逐年递增的趋势（如表5—6所示），主要是因为2007年教育部、国家发展和改革委员会印发了《“十一五”期间中西部地区特殊教育学校建设规划（2008—2010)》，提出“中央和地方政府共同投入，在中西部地区建设1150所左右特殊教育学校”的目标，2010年的《纲要》提出“到2020年，基本实现市（地）和30万人口以上、残疾儿童少年较多的县（市）都有一所特殊教育学校”。也就是说国家至少从2008年开始就加大了对特殊教育学校建设的力度。2008年和2012年，国家先后实施两期特殊教育学校建设项目，分别支持中西部地区新建和改扩建1182所特殊教育学校、62所残疾人中高职院校和高等特殊师范院校，加强基础设施建设及购置教学康复实验设备，中央和地方累计投入102亿元。[①]《特殊教育提升计划》明确指出：“国家支持建设的中西部地区特殊教育学校，要在2014年秋季开学前全部开始招生。”这也许是2015年非特殊教育学校义务教育阶段残疾人招生总数占特殊教育招生总数的百分比较2014年微降的主要原因。特殊教育学校陆续建成、投入使用，特殊教育学校数量持续递增，与此同时，特殊教育专任教师的数量与残疾学生入学的招生的数量都在持续上涨。基于残疾人特殊的权利需求，对残疾人的教育尤应以“小班式”教学为宜。2012—2016年，特殊教育学校专任教师数量与在校学生总数的比例依次为1∶8.7、1∶8.1、1∶8.2、1∶8.8、1∶9.2，总体来说一个专任教师能负担8—9个学生，有利于更好地保障义务教育阶段残疾学生的受教育权。2012—2016年，普通小学、初中随班就读和附设特教班在校人数分别占特殊教育在校总人数的52.74%、51.84%、52.94%、54.2%、55.6%，虽然普通小学、初中随班就读和附设特教班的在校生数量占特殊教育在校总人数的百分比呈波动变化趋势，即2012—2013年呈下降趋势，2014—2016年呈上升趋势，但总的来说都要高于51%。2012年联合国残疾人权利委员会审议中国根据《残疾人权利公约》提交的初次报告的结论性意见指出：“委员会建议缔约国将特殊教

① 陈少远：《为特殊孩子燃“灯”》，《中国教育报》2015年12月1日。

育体系中的资源转用于促进主流学校中的包容性教育。"① 普通小学、初中随班就读和附设特教班在校人数比重的逐渐增大，也是我国践行《残疾人权利公约》的"包容性教育"的重要体现（如表5—9所示）。

表5—9　2012—2016年我国非特殊教育学校义务教育阶段残疾人受教育权的状况②

年度	随班就读和附设特教班在校生数量（万人）	占特殊教育在校生总数（%）	随班就读和附设特教班招生数量（万人）	占特殊教育招生总数（万人）（%）	特殊教育学校数量（个）
2012	19.98	52.74	3.50	53.30	1853
2013	19.08	51.84	3.50	53.12	1933
2014	20.91	52.94	3.80	53.78	2000
2015	23.96	54.2	4.48	53.7	2053
2016	27.08	55.6	5.18	56.60	2080

表5—10　2012—2016年非义务教育学段残疾人受教育状况③

年度	普通高中班（部）在校生数量（人）	中等职业学校（班）在校生数量（人）	被普通高等学校录取数量（人）
2012	7043	10442	7229
2013	7313	11350	7538
2014	7227	11671	7864
2015	7488	8134	8508
2016	7686	11209	9592

① 残疾人权利委员会：《残疾人权利委员会审议中国根据〈残疾人权利公约〉提交的初次报告的结论性意见》，载 http://www.humanrights.cn/html/2014/4_1015/2087.html，最后访问：2017年11月29日。

② 数据来源于教育部公布的历年《全国教育事业发展统计公报》（2012—2016年）。载 http://www.moe.gov.cn/s78/A03/moe_560/jytjsj_2016/，最后访问：2018年1月12日。

③ 数据来源于中国残疾人联合会公布的历年《中国残疾人事业发展统计公报》（2012—2016年）。载 http://www.cdpf.org.cn/sjzx/tjgb/，最后访问：2018年1月12日。

2. 政府在特殊教育保障过程中存在的问题

党的十八届五中全会精神指出要“办好特殊教育”，作为我国教育事业的重要组成部分，特殊教育一直以来得到了党和政府的扶持和关心。当前，伴随着我国教育的改革与发展，发展特殊教育也进入重大转型时期，特殊教育发展面临的各种问题与复杂矛盾越来越突出。

第一，我国残疾人受教育权保障立法相关条款有待完善

首先表现在立法上不系统，条款比较分散。通过分析我国目前所有的残疾人受教育权立法保障体系，我们发现现实中在法律与行政法规相关规定、地方的实施细则之间、各地方的实施细则之间普遍存在立法分散、不成体系的情况。例如：

情况一：纵观我国法律与行政法规的相关规定，我国《宪法》第四十五条第三款规定：“国家和社会帮助安排盲、聋、哑和其他有残疾的公民的劳动、生活和教育。”但是在我国相关行政法规如《残疾人保障法》《教育法》《高等教育法》《残疾人教育条例》等关于保障残疾人受教育权相关的立法条款中，只字片语地描述了保障残疾人受教育权，在现实中操作性不强，并且很多教育法规都没有专门地把对残疾人的受教育权进行相应的规定，而仅仅是将其应享受立法保障与普通人受教育权保障的共同放在同一个立法条款中。

情况二：结合我国法律与各地方的实施细则来看。2008 年 4 月我国《残疾人保障法》通过修订并要求各地方政府配套出台相应的实施细则，来确保《残疾人保障法》的顺利实施。但是现实情况是，很多地方配套的实施细则出台时间不一，有的第二年就出台了相应的政策措施，而有的地方政府反应较慢，效率过低，五六年才出台相应的实施细则。势必造成中央同一个政策在地方实施出现各种不同情况，不能及时、全面、系统地对残疾人受教育权的保障统一要求认真落实地方立法中。同时还存在各地方政府实施细则大量抄袭法律，没有因地制宜地根据当地残疾人受教育情况制定合适地方立法，没有有效地解决本地的实际情况，不能有效贯彻法律的规定，很多细则大而空导致无效。[①] 譬如，国家《职业

① 陈伯礼：《授权立法研究》，法律出版社 2000 年版，第 39 页。

教育法》颁布后，各地方政府按要求制定相关的实施细则，在《山东省职业教育条例》和《云南省职业教育条例》的实施细则中，对残疾人受教育者的学费减免仅仅是进行了一般性规定。

情况三：从我国各个地方政府相关实施细则来看。一是实施细则的名称不统一。有的省称“实施办法”，有的省称“条例”，同一省不同时间的立法称呼都不一样，有损立法的严肃性。二是各省市区的立法条款大同小异，模仿抄袭严重。各省出台的实施办法，大部分是九章并且其内容比较雷同，解决地方实际情况针对性不强。三是地方之间的实施细则中法律条文数目参差不齐，如河北省和广东省以 74 条法律条文为全国之最，海南省只有 30 条。

其次，残疾人受教育权保障立法的相关条款内容比较粗糙。我国保障残疾人受教育权的立法对残疾人的范围界定不清晰，相关条款内容比较粗糙。比如，《宪法》第四十五条第三款把残疾人划分为：盲、聋、哑和其他有残疾的公民。《义务教育法》第十九条第一款划分为：视力残疾、听力语言残疾和智力残疾。《残疾人保障法》第二条第二款划分为：视力残疾、听力残疾、言语残疾、肢体残疾、智力残疾、精神残疾、多重残疾和其他残疾的人。《残疾人保障法》的各地方具体实施细则中，也只有 5 个省（自治区）对残疾人进行了专门分类。[①] 法律的立法原意就难于在这些法规中得到法律实践，条款内容的粗糙直接导致相关的立法条款缺乏操作性，比如《教育法》和《残疾人教育条例》中多以“帮助”“扶持”“鼓励”“关心”等用词对保障残疾人的受教育权进行规定。[②] 这些条款用词虽然体现了国家对残疾人受教育权保障的价值倾向，但是仍旧带有国家慈善的观念，立法价值取向还是没有将受教育权真正作为一种公民权利，谈不上是行为模式与法律后果的立法条款。有些自由裁量

---

① 分别是河北省、河南省、云南省、吉林省和西藏自治区。

② 如《教育法》第十条第三款规定：“国家扶持和发展残疾人教育事业。”《残疾人教育条例》第九条规定：“社会各界应当关心和支持残疾人教育事业。”

权空间过大，立法条款表述为“根据实际情况……” “根据需要……”等[①]，这些条款人为因素太大，极大削弱了残疾人受教育权的保障力度。

最后，残疾人受教育权保障立法缺乏对社会力量办学教育经费支持的规定。2016 年，我国国家财政性教育经费收入中用于民办特殊教育学校的经费为37.7 万元，仅占国家举办的特殊教育学校的0.3%。[②] 从1991 年开始，我国每五年的《残疾人事业计划（发展）纲要》中也没有相关规定鼓励社会力量办学来实现残疾人受教育权保障。换句话说，目前的立法情况是，社会力量开办特殊教育依然存在资金窘境，国家教育经费不予支持或者支持力度不够，在很大程度上就会造成国家成为单一的投资主体来保障残疾人受教育权，缺乏吸纳更多的社会力量参与其中的动力机制，不能发挥社会力量参与保障残疾人受教育权的作用。

第二，我国残疾人受教育权保障存在地区差异

2011 年，国家统计局根据我国不同地区的社会经济发展状况，重新将我国的经济地区划分为东部、中部、西部和东北四大地区。[③] 课题组以此划分标准分析残疾人受教育权保障的地区差异。

首先，残疾人受教育权教育经费保障存在地区差异。如图 5—6 所示，2011—2015 年我国特殊教育国家财政性教育经费平均收入情况排名：东部地区处于领先地位，第二是东北地区次之，第三中部地区，最后是西部地区；从同一年份来看，四大地区特殊教育国家财政性教育经费平均收入的极差逐年扩大（2011—2015 年的极差分别为 242982、273083、350444、384051、404030）（单位千元），数据说明地区之间的差距有加重的趋势。

其次，特殊专任教师保障和特殊专用教室保障上存在地区差异。残

---

① 如 2017 年修订的《残疾人教育条例》第四十八条第二款规定：“县级以上人民政府根据需要可以设立专项补助款，用于发展残疾人教育。”《义务教育法》第十七条规定：“县级人民政府根据需要设置寄宿制学校，保障居住分散的适龄儿童、少年入学接受义务教育。”

② 数据根据《2016 中国教育经费统计年鉴》相关数据计算所得。

③ 国家统计局重新划定的四大经济地区为：东部地区包括北京、天津、河北、上海、江苏、浙江、福建、山东、广东和海南。中部地区包括山西、安徽、江西、河南、湖北和湖南。西部地区包括内蒙古、广西、重庆、四川、贵州、云南、西藏、陕西、甘肃、青海、宁夏和新疆。东北地区包括辽宁、吉林和黑龙江。

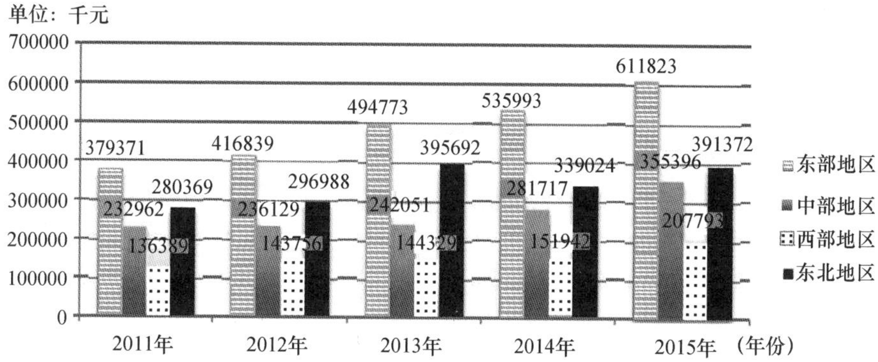

图5—6　2011—2015年四大地区特殊教育国家财政性教育经费平均收入

疾人受教育权的保障程度越高，特殊教育专任教师的数量就越多，二者呈正比关系。结合图5—7和图5—8数据来看，2013—2016年四大地区特殊教育学校平均专任教师数量逐年上升，特殊教育学校专用教室平均面积几乎是逐年上升（西部地区2016年稍有下降），东部地区残疾人受教育权的师资保障力度和特殊教育学校专用教室平均面积领先，东北和中部地区大体相当，西部地区居于最后。从同一年份来看四大地区特殊教育学校平均专任教师数量极差逐年扩大（2013—2016年的极差分别为1167、1191、1218、1228），四大地区特殊教育学校专用教室平均面积的极差也是逐年扩大（2013—2016年的极差分别是26331、29336、32909、37122）。由此可见，我国残疾人受教育权的专用教室保障的地区衡性比残疾人受教育权的师资保障的地区不均衡较为严重。

第三、我国残疾人受教育权保障存在城乡差异

据《第二次全国残疾人抽样调查主要数据公报（第二号）》，我国城镇残疾人口为2071万人，农村残疾人口为6225万人，分别占残疾总人口的24.96%和75.04%，农村残疾人口超过城镇残疾人的3倍。我国特殊教育在城镇与农村的资源分配不均衡是残疾人受教育权保障的城乡差异的原因之一，导致城镇与农村残疾人受教育权保障的差异。结合图5—9和图5—10分析，2012—2016年，虽然我国残疾人口的绝大多数是农村残疾人口，但是我国的特殊教育学校与特殊教育班绝大多数分

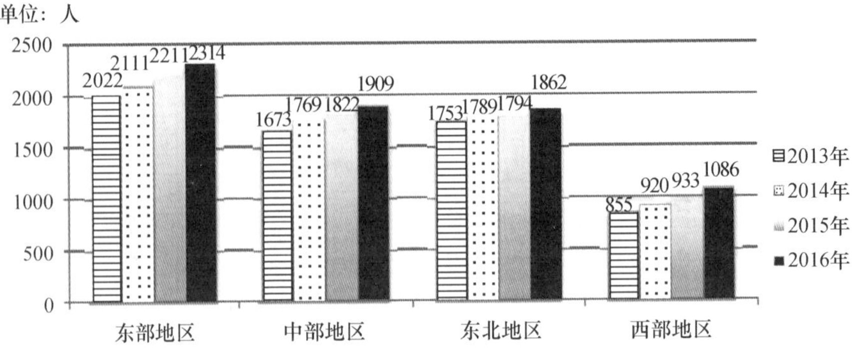

图5—7　2013—2016年四大地区特殊教育学校平均专任教师数量

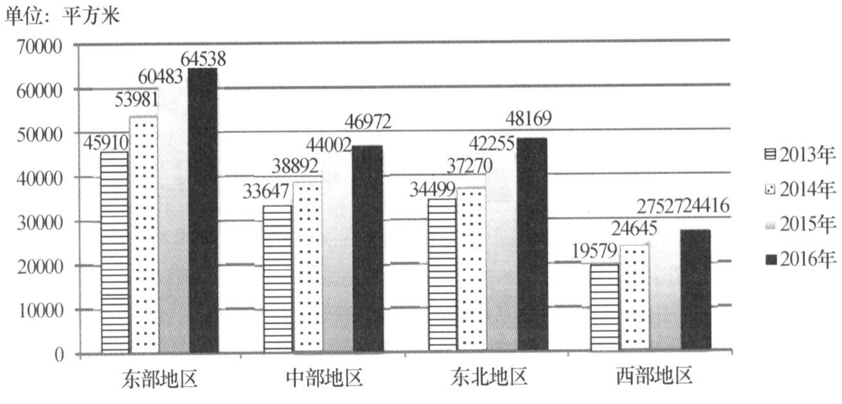

图5—8　2013—2016年四大地区特殊教育学校专用教室平均面积

布在城镇，这种需求与供给的极不对称对农村残疾人受教育权的保障是不平等的。①

① 这里并不是说作为主要特殊教育资源的特殊教育学校与特殊教育班绝大多数分布在城镇就表明农村残疾人就不能去城镇就学，而是更多地强调农村缺乏特殊教育资源影响了农村残疾人享受受教育权的质量。如现实生活中农村残疾人很可能因为路途遥远、花费较高等因素影响其受教育权的充分实现。

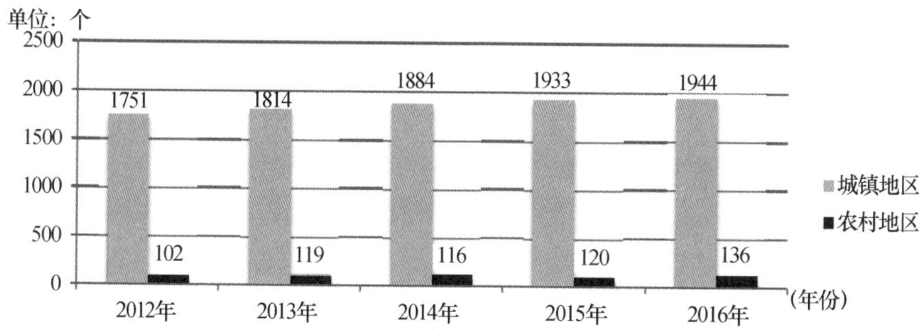

图5—9　2012—2016年城镇特殊教育学校与农村特殊教育学校数量统计

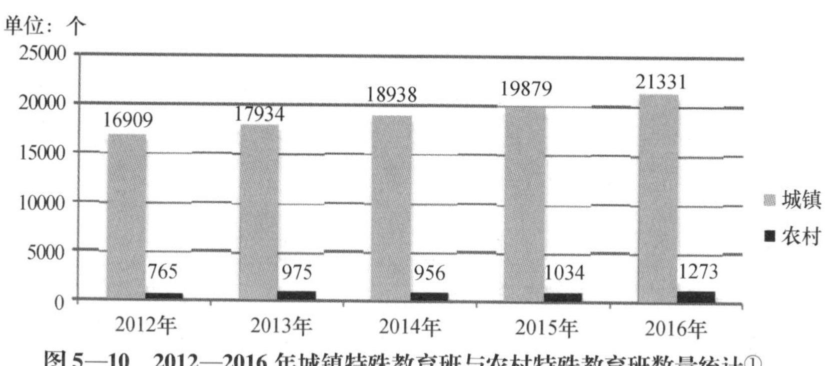

图5—10　2012—2016年城镇特殊教育班与农村特殊教育班数量统计①

二　国外政府解决弱势群体教育公平问题实践与启示

追求教育公平是世界各国政府共同的目标，发达国家在致力于弱势群体教育公平问题的解决上已经走过了半个多世纪的历程，而一些发展中国家虽然起步晚，但是通过努力也取得了一些成效。他们所采取的政策措施对于我国建立弱势补偿机制具有一定的借鉴意义。

（一）美国弱势群体教育计划

在美国，黑人、移民、少数民族和低收入阶层等弱势群体家庭的孩子在分享教育资源、获得教育机会方面受到很大的限制。为了实现教育

① 数据均来源于教育部公布的历年《教育统计数据》（2012—2016年）。

公平，美国社会进行了不懈的努力。第二次世界大战后，美国提出了许多追求弱势群体教育公平的教育政策。1954 年的黑白合校运动，承认黑人与白人同等的受教育机会。黑白合校运动之后，美国发动了“向贫穷开战”的“补偿教育运动”，并专门制定了《初等和中等教育法》，该法案的内容就是由联邦政府向城乡学区拨发基金和特殊补助金以资助社会处境不利的儿童接受教育。1968 年美国国会又通过了《双语教育法》，为移民儿童接受教育提供帮助。1968 年制定的《残疾儿童早期教育援助法》和 1975 年制定的《教育所有残疾儿童法》，保障了残疾人接受教育的权利，并且为残疾人提供了个性化的教育计划。在高等教育阶段，美国政府制订的“先期干预计划”“补习计划”等帮助弱势群体克服接受高等教育的文化障碍和经济障碍。20 世纪 80 年代以后，美国联邦政府又连续颁布了一系列落实平等受教育权的法律法规，从 1983 年的《国家处在危机中：教育改革势在必行》，到 1993 年的《2000 年目标：美国教育法案》，再到 2002 年的《不让一个孩子掉队》等，都在强调一个共同的主题，即缩小富人和穷人、少数族裔与白人学生的学业差距，让全体儿童都有较好的发展。

（二）英国“教育优先区”政策

英国虽然是一个公认的等级制非常明显的国家，但是社会福利和公平民主的观念却根深蒂固。因而教育与社会平等的关系问题、对弱势群体和处境不利人群的关注等，从来都是英国历次教育立法的重要内容。1944 年英国政府颁布了《1944 年教育法案》，明令废除学校教育中的双轨制，确立人人享有最小限度的平等受教育福利权。直到 20 世纪 60 年代，教育平等的立法理念得到进一步的重视。1967 年英国中央教育咨询委员会发表了《普劳顿报告》，该报告指出：“处于最低劣的贫穷与不利状态的环境中，直接而明显影响到学校和学生的学业成就。教育机会均等理念的实现，广大劳工阶层子女的未来已迫使我们不得不思考教育改革的方案。”在报告中提出了“教育优先区”的方案，以“积极差别待遇”的理念为指导，建议英国政府采取主动干预的方式，选择一些物质或经济上最贫困的地区，给它们特别补助或优厚待遇，优先改善其校舍和小区环境，以求教育机会的均等。[①] 20 世纪 90 年代末，新工党布莱尔政府制定了一系列新的教育政策，其中之一就是不遗余力地推进教育民主化。“教育民主化的核心就是承诺为所有的人提供接受教育的机会，确保不会有人因贫穷、能力、信仰、性别、种族、残障，或生活在单亲家庭而丧失接受包括高等教育在内的教育。”[②] 1997 年布莱尔政府发表了《追求卓越的学校教育》（Excellence in School）教育白皮书，提出制订教育行动区计划，将学业成绩表现不良的教育薄弱地区和薄弱学校作为改革的突破口，纳入计划当中，以帮助其摆脱困境。1998 年，“教育行动区”计划正式出台，政府联合社会力量参与薄弱区的改造，引进管理思路、经验和资金，以提高这类学校的办学质量。进入 21 世纪，英国政府于 2003 年发布的绿皮书《每个孩子都重要：为了孩子而变革》，2004 年颁布的《儿童法案》均采用法律的形式保障儿童权利，包括卫生权利和平等受教育权等。

（三）日本的弱势补偿教育政策

日本政府通过教育政策和立法来保障弱势群体的教育权益，实现教育均等。日本政府制定《偏僻地区教育振兴法》《孤岛振兴法》《大雪地带对策特别措施法》等对偏远地区、落后地区的教育给予特殊补贴和财政支持。1956 年通过的《关于国家援助就学困难儿童和学生的就学奖励的法律》对经济困难的儿童和学生采取奖学金办法进行援助。1923 年日本发布《盲学校及聋哑学校令》规定各都道府县有义务设置盲、聋学校并实施初等教育的无偿化。1947 年的《学校教育法》规定在中、小学及高中为身心障碍儿童设置“特别支援班级”。此后日本又根据残疾儿童患病的轻重程度，将重残儿童安置在特殊学校进行教育，将轻残儿童安置在普通学校、普通班或特别支援班级接受教育。对于患重度、多重残疾而无法去学校的少年儿童设置“访问班级”，由教师走访残疾儿童的家庭、医院进行教育。

---

① 杨莹：《教育机会均等：教育社会学的探究》，师大书苑出版社 1995 年版，第 166—167 页。

② 刘新民、江赛荣：《福利国家弱势群体的教育福利制度研究》，《华东师范大学学报》（哲学社会科学版）2011 年第 6 期。

（四）印度的教育公平政策

印度与中国同属四大文明古国，人口众多，历史文化悠久，且都属于发展中国家，现今在教育发展上也落后于西方发达国家。印度国内社会不公平显而易见，这源于印度在种族、语言、宗教等方面具有高度多元性，印度国力也不能与我国相比，但是就是在这种条件下，印度政府出台各种致力于教育公平的计划，不断努力，取得了丰硕的成果。

在基础教育方面，印度政府制定了免费教育、免费服装、免费午餐及免费教科书计划。印度各邦的公立学校取消了义务教育阶段的学费。表列种姓、表列部落和女性都是印度的弱势群体，对于表列种姓和表列部落[①]学生，绝大多数邦都取消了他们的学费，直至中学阶段。大多数邦还为处境不利群体的学生提供免费服装。[②] 1995 年中央政府开始执行免费午餐计划，有 3 个邦专门针对部落地区、表列地区和教育落后地区的学童提供免费午餐。在偏远贫困地区存在的私立学校通过奖学金的形式为贫困学生提供免费教育，受益学生的比例可达 15%—20%。[③]

1978 年，印度开始有组织地开展非正规教育。非正规教育主要是弥补正规教育的不足，最初是为那些错过入学机会和由于社会原因和经济原因而辍学的儿童提供帮助，各邦负责，中央在财力上给予支持。随着政府对其重视和不断完善，其对全民教育的作用越来越突出。为给弱势群体提供良好的学习环境，使他们能获得平等的教育机会，印度政府还制订了许多资助计划，主要包括：农村天才奖学金计划、大学拨款委员会奖学金、国家教育研究和培训委员会奖学金、劳动部颁发的奖学金、中央颁发的奖学金、高中生以下奖学金、国家国外高级研修奖学金及长途旅行费用等。在高等教育阶段，印度政府依据宪法采用保留制政策使表列种姓、表列部落和女性能够接受高等教育，以确保他们的高等教育

---

① 表列种姓和表列部落、山民部落（hilltribe；ScheduledTribes；STs）是印度因历史原因形成的、处于印度主流社会之外的、印度宪法规定的两类社会弱势群体的总称。英国人统治印度次大陆时期，他们被称为“被压迫阶级”。

② 秋梅：《中国政府推进教育公平策略研究》，博士学位论文，吉林大学，2009 年。

③ 卢海弘：《印度私立学校的发展：数量、质量与公平》，《比较教育研究》2003 年第 11 期。

权利的落实。对于私立高校也要遵守这一保留制。印度大学拨款委员会（UGC）为帮助表列种姓和表列部落学生在学业上取得成功也启动了一些计划，例如1984年启动了一个专门为弱势群体学生提供训练以便他们在高度竞争性的高考中取得好成绩的计划。由于计划效果不好，在1994年又启动了新的补救性训练计划，使进入大学本科与研究生阶段的弱势群体学生能够提高学业水平。有些大学中还专门对这些学生进行就业培训，UGC也给予其支持。印度政府为提高女性接受高等教育的机会，大力兴办女子学院。1958—1959年，印度政府成立了全国女性（福利）委员会。并建议为女性提供专门的住宿、学院和奖学金，为其设计特殊的教学大纲。70年代以后，特别是八九十年代以来，印度女性社会地位、生活水平都有了提高，国家对女性教育更为重视，并且在第八个、第九个五年计划中，都有强调女性接受平等的教育计划。

（五）各国教育政策的有益启示

以上各国依据本国国情对弱势群体采取补偿教育的政策既取得了成效，也体现了各国的特色。但是从各国政策中我们依然可以找到一些共同的特点，并且对我国解决弱势群体教育公平问题有很大帮助。

第一，各国致力于弱势群体教育公平问题已经走过了三四十年的历程，甚至半个世纪，也就是说，解决教育公平问题并不是一朝一夕的事情，但是，追求教育公平是各国政府始终不渝的理念。正如美国政府所做的，从20世纪50年代至21世纪，每一届政府都有行动，且行动的力度和效果越来越显著。[①] 因此，我国政府必须将教育公平的理念贯穿于国家的大政方针之中，并且要成为各地政府实行政策方针的价值导向。实现教育公平并不能只靠一届政府的临时性补救措施，而是需要历届政府高度重视弱势群体教育公平问题，系统地考虑和设计治理这一问题的长期政策，避免出现政策性短视。

第二，对弱势群体的教育补偿主要责任在于政府，政府应在解决弱势群体教育公平问题上起主导作用，并且政府应联合社会力量，集合财力、物力、人力，共同担负起对弱势群体的教育救助。例如美国的“为

① 刘欣：《由教育政策走向教育公平》，博士学位论文，华中师范大学，2008年。

美国而教”（简称 TFA）计划就是在美孚石油公司的资助下实施的，计划以消除美国教育不公为使命，向美国欠发达地区的学校输送优秀教师。美国的“知识就是力量计划”（简称 KIPP）是由麦克芬博格和戴夫莱文成功发起，该计划的主要目标是提高低收入阶层和处境不利学生的成绩，让所有的学生都能获得他们成功所需要的知识、技能和品格。[①] 非政府组织在美国教育体系中起到了政府“有所不能”的作用，有力地保障了弱势群体接受公平的教育。而我国的非政府组织、民间力量仍很薄弱，政府应在规范自己行为、完善其职能的前提下，为这些组织的发展创造一个良好的环境，并加以规范和支持。

第三，各国对弱势群体教育的补偿以均衡教育资源配置为主要方式，并且财政经费投入是重点。比如美国的“Title I 项目”，旨在为低收入教育集中的地方教育机关和学校提供财政援助，在 2006 年度教育财政预算中，“Title I 项目”经费达 133 亿美元，比 2001 年增加了 52%。还有资助残障儿童的项目 IDEA，2006 年度联邦政府向各州共资助经费 111 亿美元，比 2001 年增加 75%。[②] 印度中央政府为承办男女生非正规教育中心的邦政府提供 50% 经费，对于专为女童承办的非正规教育中心，中央将赞助 90% 的经费。我国在教育经费总体投入上欠账太多，现阶段要依据我国的经济总体实力进行提高弥补，并且应加强对中西部贫困地区、农村地区教育财政投入力度，在公平基础上加以倾斜。

第四，各国政府在对弱势群体进行教育补偿时出台的政策都有法律作为保障。例如美国为保证残疾儿童接受免费的适合的公立教育，出台了残疾人教育法案（IDEA），IDEA 包括一整套司法程序保护措施，用来保护有残疾的儿童和他们的家庭。连同《初等和中等教育法》《双语教育法》《不让一个儿童落后法案》等都是为了保障弱势群体接受公平的教育而设立的。我国立法在保障弱势群体教育权利以及接受公平的教育方面有很大不足，缺乏配套司法程序，只是单方面法律，并且已有法律不完

---

① 张水玲：《美国弱势群体教育计划对我国农民工子女教育的启示》，《青年探索》2011 年第 2 期。

② 资料来源：美国白宫政府网站（www. white. house. gov/omb/budget/fy2006），访问日期：2009 年 12 月 9 日。

善仍需要补充，各国政府的教育立法对我国来说有许多值得借鉴之处。

第五，各国政府在致力于教育公平的过程中，对弱势群体采取差别补偿政策。弱势群体由于先天或客观的原因在教育起点上与强势群体存有差异，教育公平并不是追求教育平均化，而是在允许存有差异的同时通过各种教育制度和政策弥补这种差异，采取差别补偿原则，用区别对待强势群体和弱势群体的不同手段，来达到最终的真正的教育平等目的。英国政府推行的“教育优先区”计划，以“积极差别待遇”的理念为指导，是我国在解决弱势群体教育公平问题上应该倡导和遵循的理念原则。

三　就业保障中政府责任履行现状

伴随着我国经济转轨、产业结构调整，弱势群体就业问题日益显著，各级政府如何制定弱势群体就业保障相关制度和实施细则迫在眉睫。2002 年，在第九届全国人大五次会议上，朱镕基总理在《政府工作报告》中强调：“要对弱势群体给予特殊的就业援助”[①]，并明确提出“弱势群体”这一概念。随后，关于弱势群体就业援助的政策也相继出台。2002 年《关于做好下岗失业人员再就业工作的通知》纲领性文献出台，该政策显示着国家开始积极解决下岗群体的问题。从 2005 年国务院颁布《关于进一步加强就业再就业工作的通知》、2007 年《就业促进法》的出台、2008 年国务院发布《关于做好促进就业工作的通知》，到 2015 年国务院出台《关于进一步做好新形势下就业创业工作的意见》，我国就业支持政策得到不断完善。党的十八大以来，以习近平总书记为核心的党中央对弱势群体问题保持高度重视，提出了一系列新思想新论断。习近平总书记指出：消除贫困、改善民生、逐步实现共同富裕，是社会主义的本质要求，是我们党的重要使命。2018 年 7 月召开的中共中央政治局会议，针对我国经济运行面临的外部环境明显变化和一些新问题新挑战，首次提出要做好稳就业、稳金融、稳外贸、稳外资、稳投资、稳预期的“六稳”工作。2018 年 12 月召开的中央经济工作会议，要求 2019 年“进一

---

① 国务院公报第 10 期：《政府工作报告——2002 年 3 月 5 日在第九届全国人民代表大会第五次会议上》，http：//www. gov. cn/gongbao/content/2002/content_69957. htm，2002 年 3 月 5 日。

步稳就业、稳金融、稳外贸、稳外资、稳投资、稳预期”。在外部环境明显变化的情况下，我国就业形势保持总体稳定。城镇新增就业 2018 年达到 1361 万人。就业是民生之本，也是经济增长的动力源。稳就业才能稳收入、稳消费、稳经济增长，因此摆在“六稳”的首位。数据统计显示，2019 年 1—9 月我国城镇新增就业 1097 万人，完成全年目标的 99.7%，9 月份全国城镇调查失业率为 5.2%。[①] 2019 年的《政府工作报告》中首次将就业优先政策置于宏观政策层面，强调把就业摆在更加突出位置。

就业弱势群体属于弱势群体的范畴。2007 年出台的《就业促进法》对就业弱势群体作了概念界定：由于自身的健康状况、技能水平等原因的限制而难以实现就业，以及在一定时间内找不到工作的人员均可视为就业弱势群体。侯志阳认为就业弱势群体是指：“在求职和就业过程中，容易或已经遭遇挫折和困难的人群。这些人群主要包括失业人员、农民工和农村剩余劳动力等。”汤建光等人认为：“就业弱势群体是指在就业市场上，那些具有就业愿望但难以通过市场实现就业的处于弱势地位的就业困难群体。”结合前面两位学者的定义，在本书中将就业弱势群体分为三类：第一种由于社会经济体制改革，从体制内被排挤出来成为体制外人员，即城镇下岗、失业人员；第二种拥有农村户口的农民工为代表的非正规就业群体；第三种是由于自身缺陷使其就业有一定困难，但是未完全丧失劳动力的特殊待业群体。

（一）城镇下岗、失业人员就业情况

从表 5—11 中可知，截至 2017 年，我国城镇中登记的失业者已经达到了 972 万人，当年末全国共有 1261 万人享受城市居民最低生活保障，这部分失业人数占享受城市居民最低生活保障人数的 77%。同十几年前相比，城镇登记失业率由 1990 年的 2.5% 增加到 2016 年的 4.02% 再到 2019 年的 3.90%，据相关数据统计可知，自 2007 年开始，全国城镇调查失业率稳定在 5.0% 左右的较低水平，城镇登记失业率一直保持在 4% 左右，究其具体原因主要是结构性失业、部分失业者安于享受城市最低保

---

① http://opinion.people.com.cn/n1/2019/1031/c1003-31429482.html2019 年 10 月 31 日 04:26，来源：人民网—人民日报。

障生活、就业观念不正确等。

表 5—11　　　　城镇乡村人员基本就业情况①

项目	2013 年	2014 年	2015 年	2016 年	2017 年
城镇就业人员（万人）	38240	39310	40410	41428	42462
乡村就业人员（万人）	38737	37943	37041	36175	35187
城镇登记失业人数（万人）	926	952	966	982	972
城镇登记失业率（%）	4.05	4.09	4.05	4.02	3.90

（二）农民工基本就业情况

2017 年我国农民工总数达 28652 万人，比上年增长 1.7%。2017 年我国外出农民工 17185 万人，增长 1.5%；本地农民工 11467 万人，增长 2.0%。由于农业和非农产业的生产力差异使得农民工总量持续增加，外出和本地农民工实现了“双增长”②。据中商情报网统计：2018 年农民工总量为 28836 万人，比上年增加 184 万人，增长 0.6%。农民工增量比上年减少 297 万人，总量增速明显比上年回落 1.1 个百分点。在农民工总量中，在乡内就地就近就业的本地农民工 11570 万人，比上年增加 103 万人，增长 0.9%；到乡外就业的外出农民工 17266 万人，比上年增加 81 万人，增长 0.5%。在外出农民工中，进城农民工 13506 万人，比上年减少 204 万人，下降 1.5%。以 2017 年数据计算，2017 年我国外出和本地农民工合计 28652 人，结合表 5—11 分析，该年农民工总量已占城镇就业人口的 67.4%，这说明农民工已经成为我国劳动者的主体。

1. 农民工总量统计及构成

近年来我国农民工工作取得了重大进展。纵观 2013—2018 年中国农民工总量统计情况，农民工数量稳步增长。2018 年全国农民工比 2013 年增加 1942 万人，年均复合增长率为 1.4%（图 5—11 所示）。

① 数据来源：国家统计局网，（中国统计年鉴 2018）。

② 2017 中国农民工总数及就业人员产业分布现状分析回顾，http：//www.chyxx.com/industry/201808/668902.html，2018 年 08 月 20 日。

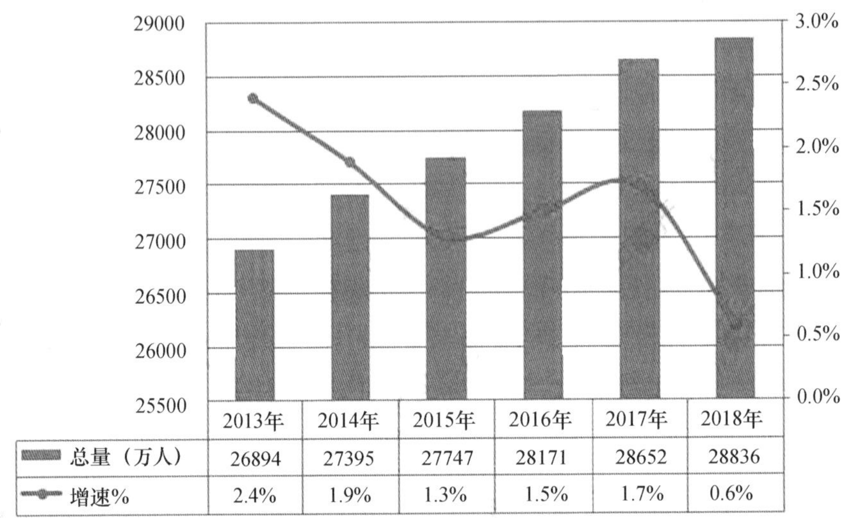

	2013年	2014年	2015年	2016年	2017年	2018年
总量（万人）	26894	27395	27747	28171	28652	28836
增速%	2.4%	1.9%	1.3%	1.5%	1.7%	0.6%

图 5—11　2013—2018 我国农民工总量变动情况

数据来源：国家统计局、中商产业研究院整理

从地区来看，2018 年全国农民工总量中部地区最多，达到 6418 万人，占农民工总量的 31.87%；其次是西部地区，共计 5502 万人次，占比 31.87%；东部地区农民工数量也达到 4718 万人次，占比 27.33%；东北地区外出农民工总量仅 628 万人，占比 3.64%（图 5—12 所示）。

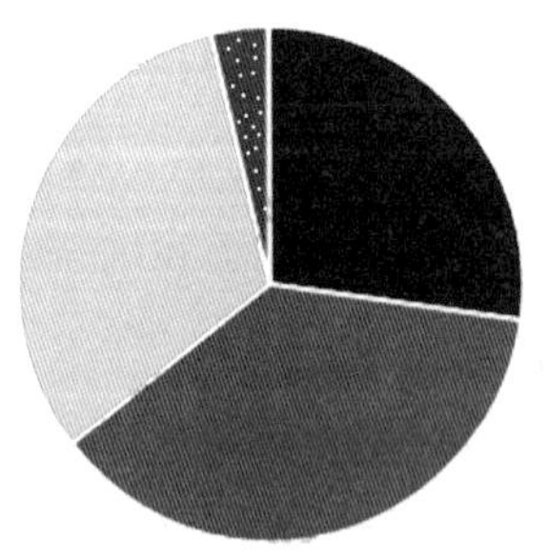

图 5—13　2018 年我国外出农民工地区构成情况

数据来源：国家统计局、中商产业研究院整理。

2. 农民工就业及收入统计

从表5—12可知：2018年，从事第三产业的农民工比重为50.5%，比上年提高2.5个百分点。一是从事传统服务业的农民工继续增加。从事住宿和餐饮业的农民工比重为6.7%，比上年提高0.5%；从事居民服务、修理和其他服务业的农民工比重为12.2%，比上年提高0.9%。二是脱贫攻坚开发了大量公益岗位，在公共管理、社会保障和社会组织行业中就业的农民工比重为3.5%，比上年提高0.8%。从事第二产业的农民工比重为49.1%，比上年下降2.4%。其中，从事制造业的农民工比重为27.9%，比上年下降2.0%；从事建筑业的农民工比重为18.6%，比上年下降0.3%。

表5—12　　2018全国农民工从业行业分布　　单位：%

	2017年	2018年	增减
第一产业	0.5	0.4	-0.1
第二产业	51.5	49.1	-2.4
制造业	29.9	27.9	-2
建筑业	18.9	18.6	-0.3
批发和零售业	12.3	12.1	-0.2
交通运输：仓储和邮政业	6.6	6.6	0
住宿和餐饮业	6.2	6.7	0.5
居民服务、修理和其他服务业	11.3	12.2	0.9
公共管理、社会保障和社会组织	2.7	3.5	0.8
其他	8.9	9.4	0.5

从收入来看，2018年，农民工月均收入3721元，比上年增加236元，增长6.8%，增速比上年提高0.4%。分行业看，制造业、建筑业、交通运输仓储和邮政业收入增速分别比上年提高1.9%、1.1%和0.1%；居民服务、修理和其他服务业收入增速与上年持平；批发和零售业、住宿和餐饮业收入增速分别比上年回落0.4%和0.8%。由于农民工普遍存

在学历低、技能差现象，很多人从事的都是体力繁重、重复性机械操作的体力工作，劳动时间长。从事的行业大都是运输业、建筑业，其特点就是工作地点容易变动、工作环境差，安全无法保障等。同时，农民工工资普遍不高。

（三）其他弱势群体就业情况

这一部分主要是由老、弱、病、残等人群构成，他们因为身体存在不同缺陷，难以有合适的就业岗位。比如，有些病残或弱智者，并没有完全丧失劳动能力，可以从事一些最简单的劳动，虽然一些公益单位帮助残障人士解决了一部分人的就业，但这些也只是残障人士中的一部分人。退休后的部分老年人，仍然具有劳动能力。据国家统计局 2017 数据显示，截止到 2016 年，我国大于 65 岁的老年人 5003 万人，占人口总数 10.8%，人口老龄化现象越来越严重。这部分群体大都需要政府提供保障，政府供养资金压力较大。

四 政府在就业保障过程中存在的问题

长期以来，我国各级政府都将解决弱势群体就业问题作为政府重点解决的一个重大问题，这些积极的治理措施在一定程度上缓解了弱势群体的就业矛盾，但也存在一些问题，具体表现在以下方面。

第一，就业制度的公平性偏失。就业权是社会成员生存的基本条件与实现自身价值的根本保障，是人的基本权利之一。目前我国社会经济正处于转型过程中，就业制度还不够完善，由于家庭、地域、背景、社会关系等的因素导致就业市场并非完全是公平竞争，损害了社会成员平等的就业权利。就业实践过程中，就业弱势群体缺乏一定的社会资源，被一些潜规则和非正式的制度所制约，如户籍限制、学历限制等，即使在工作能力、个人素质方面很好也不能被正常录用。弱势就业群体受到户籍制度及“体制内就业”与“体制外就业”异化的影响，这两种突出矛盾交织在一起，使得我国弱势就业群体在就业前后出现了比较独特的“体制弱势”现象：某些城市实行严格的户籍政策，在招聘工作人员时还有计划经济的烙印，必须要有本地户籍的才能要，并且弱势就业群体在找到工作后可能同工同岗不同酬，工作积极性和生活质量受到冲击。

第二，就业体制改革和就业市场发展滞后。过去，我国的就业方式大多采用的是“分配制”以及“保障型”就业模式。但是随着经济全球化的蔓延，尤其是我国市场经济的不断发展，很多新兴产业不断涌现，原有的企业也面临着改革创新的要求，对于劳动力的要求逐渐向“效率型”转移。在原有的“保障型”就业模式下，存在着大量的人员，他们都是隐性的失业者，所以一旦进行市场化的就业改革，这些人员的剥离就变成必然了，他们也就面临着下岗和失业。而目前，我国的劳动力就业市场的发展还比较缓慢，这就使得这一问题更加严重。我国针对全国范围内的劳动力流通网络还尚未健全，尤其是城乡之间的劳动力流通，长久下去，会导致局部地区的劳动力失衡，无法实现劳动力资源的合理配置。而这些居民在原来的工作模式下资本积累少，一旦失业，仅仅依靠社会保障是无法满足生活的，这时失业保障体系的不完善就会导致其再就业困难，从而沦为弱势群体。产业结构的调整和对应的就业结构调整的滞后。就业结构和产业结构之间是相互影响和制约的，产业结构调整的一个基本要求便是和就业结构之间相呼应。但是当前情况下，我国的就业结构改革明显落后于产业结构改革，以致弱势群体逐渐增加，再就业指标却很低。

第三，弱势群体个人因素。就业弱势群体普遍存在以下特征：职业技能低、文化水平低、身体残疾、年龄偏大、社会资源少等。笔者通过调查发现，大部分就业弱势群体没有专门的职业技能，学历层次都在高中或以下学历，小学、初中学历居多，虽然国家目前有很多免费培训，但由于学历层次低，接受程度困难大，培训效果不够明显。而有些付费培训项目，虽然有推荐就业渠道，但是受经济能力限制，就业弱势群体就算有接受再教育或培训的愿望，要想有教育和培训机会也较难。在市场经济的体制下，企业的目的是盈利，因此在招聘职工时企业首要考虑的是谁能给企业带来最大效益，在这个理念下，那些专业技能缺乏、文化水平低的群体就被排斥在就业市场之外。就业弱势群体大都是属于社会的底层，身边的朋友、亲戚很多都是同一层次的人，在就业过程中，由于受到社会资源的限制，很难有机会通过社会资本改变就业困境，改善自身处境。

五 国外政府促进弱势群体就业采取的政策支持及启示

（一）国外促进弱势群体就业采取的政策支持

1. 提高弱势就业者的就业能力

欧洲“生活和工作条件改善基金会”（European Foundation for the Improvement of Living and Working Conditions）认为，失业往往集中在特别的人群中，如女性、残疾人、受教育程度不高者，单纯的经济增长不能解决弱势群体的就业问题，有必要采取一些具体措施来满足其就业需要。社会政策应适度向失业者和不在岗人员倾斜，从被动地发放失业补助金方式转变为主动地帮助他们就业，尤其是通过培训、实习、增加工作经验等方式来提高他们的就业能力①。如果没有就业能力的提高，提供再多就业机会，弱势就业群体仍不能适应劳动力市场需要，造成供求关系的结构性矛盾。例如欧洲就业战略（European Employment Strategy，EES）建立了一套指导框架和报告程序，旨在配合各成员国现有的劳动力市场政策。就业政策的目的可以被细分为若干相关目标：增加就业率、提高就业质量、减少职业隔离、缩小地区差异、改造教育与培训体系及提供适当的就业机会。就业指导包括对难以获得工作技能和进入劳动力市场的个人和人群给予专门的关注，如2002年的就业指导措施就包括将被动援助转变为主动帮助，要求就业者终身学习等②。

2. 拓宽社会对弱势就业者的需求

通过资助就业、减税、雇主支付一定数额工资等方式给失业者提供直接就业机会，或者帮助他们自主创业，实现自我雇佣。例如欧洲社会基金（European Social Fund，ESF）是欧盟就业政策的主要执行者，该机构的宗旨是预防失业和补救失业，对那些寻找、维持或重新获得工作遇

---

① European Foundation for the Improvement of Living and Working Conditions. Accessto employment for vulnerable groups [J/OL]. Foundation paper No. 2 June 2002, http://www.eurofound.europa.eu/pubdocs/2002/44/en/1/ef0244en.pdf.

② Communicationfrom the Commission to the Council, the European Parliament, the Economicand Social Committee and the Committee of the Regions. Taking stock of five years of the EES: mid-term review [EB/OL]. 2002, http://www.socialdialogue.net/docs/cha key/com eval en.pdf.

到极大障碍的人，ESF 尽量利用其资源给予帮助。ESF 的“就业、改造、平等”三大政策已经在所有成员国得到很好的执行，尤其是对弱势群体的就业问题。这些举措旨在建立一种统一合作、相互支持、没有歧视的劳动力市场体系，其中起核心作用的培训工作、劳动力市场咨询和服务等积极的劳动力市场政策，以及一系列财政激励措施（例如政府补贴、税收减免等）有效解决了就业供需双方的矛盾①。

3. 采取特别措施和相关法律程序保障弱势就业者实现充分就业

考虑到不是所有的弱势就业者和失业者都愿意努力找工作，因而也需要采取一些特别措施和法律程序来差别化对待他们，以保证那些积极寻找工作的弱势就业者和已经失业一段时间的人员充分了解可以利用哪些有用的程序帮助他们更好地实现就业。同时，现在越来越多国家强调失业者自己有责任找到一份工作，目的之一就是建立一种预防性政策，防止弱势就业者和一些失业者长期失业，但却享受着丰厚的失业待遇，造成社会资源的浪费。Pillinger②、Geddes③ 的研究表明，伴随着就业服务的分权④和当地政府拥有更大的自主权，政府为失业者提供多种可利用的法律程序。失业者的个人需求受到关注，政府可以根据当地劳动力市场的条件与需要采取相应措施，使当地私人机构与公共部门在工作和培训机会的设计和提供上加强相互交流与联系，这对于帮助失业者获得更好的就业机会具有重要意义。

---

① Counci lof the European Union, Council Decision o f 22 July 2003 on guidel ines for the employment policies of the Member States（2003/578/CE）[EB/OL]. 2003, http: //europa. eu. int/eurlex/pri/en/jo/dat/2003/l 197/l 19720030805en00130021. pdf.

② illinger, J. European Foundation for the Improvemen to fLiving and Working Conditions, Quality insocial publi cservices [J/OL]. Luxembourg, Office for Official Publications of the European Communities, 2001, http: // www. eurofound. europa. eu/pubdocs/2000/127/en/1/ef00127en. pdf.

③ Geddes, M. European Foundation for the Improvement of Living and Working Conditions, Local partnership: as uccessful strat – egy for social cohesion? [J/OL]. Luxembourg, Office for Official Publications of the European Communities, 1998, http: //www. eurofound. europa. eu/pubdocs/1998/05/en/1/ef9805en. pdf.

④ 就业服务的分权也可以叫做就业服务的权利下放，比如以前由政府主营的劳动力市场就业信息的提供，现在转为由第三方中介组织提供，这就是一种就业服务的分权行为。

（二）对我国促进弱势就业群体就业的政策启示

从国外对弱势就业群体的实际政策支持情况来看，发达国家都将解决弱势群体就业问题作为社会治理与安抚的一项重要任务来抓，制定并实施了综合应对策略，这些积极的治理措施在一定程度上缓解了弱势群体的就业矛盾，对我国解决弱势就业群体问题也有借鉴作用。

1. 增加弱势就业者的就业岗位

（1）运用税收、产业、财政等宏观政策工具扩大社会就业需求量

第一，实施推进产业资源配置优化的税收政策，利用税收杠杆效应扶持相关主导产业的发展，发挥主导产业对其他产业发展的带动和扩散效应，促进经济增长质量的提升和经济结构的转变，引导和扶持就业吸纳能力强的产业及部门发展壮大，直接扩大社会对劳动力的总需求。在转型升级要求迫切的背景下，通过减税补贴等方式大力支持第三产业发展，通过产业结构调整引导劳动力就业结构实现优化，扩大消费性服务业等行业的就业容量，提高外出务工者、下岗人员等弱势群体的就业水平和质量。

第二，加大政府公共工程建设项目力度，利用大项目、大平台建设契机给弱势就业群体创造良机。公共工程建设项目吸纳了农民工等大量弱势就业人员，加大其项目投资力度能创造更多的就业岗位，保证农民工等群体实现充分就业。

（2）政府直接或间接为弱势就业群体创造就业岗位

针对一些就业难人员，如残疾人、“40、50”人员等，政府可以出资向企业直接购买或者通过财政补助、税收减免等方式增加企业对这类人员的招工需求。如《中华人民共和国就业促进法》第十七条规定：“国家鼓励企业增加就业岗位，扶持失业人员和残疾人就业，对六类企业、人员依法给予税收优惠。”① 为解决一些长期失业人员重新走上工作岗位的问题，发达国家通常由政府出资，在一些部门直接创造就业岗位。例如，针对2003年后出现的大量青年失业现象，尤其是大学毕业生失业率上升，韩国政府采取了一系列长短期综合政策，包括积极提供就业岗位，计划

① 《中华人民共和国就业促进法》，《陕西省人民政府公报》2007年第20期。

每年创造出 30 万—40 万个就业岗位，将青年失业率控制在 5% 以内[①]。

2. 提高弱势就业群体的就业供给质量

针对一些弱势就业者技能水平低下的状况，政府可以通过财政补贴、向企业征税等方法筹集资金，开展对弱势就业人员的专项职业技能培训，以提高这类人员的劳动技能，使之与企业用工需求相符合。比如，地方政府可以通过各地劳保部门、人力资源市场开展青年受训计划项目，专门对新一代青年农民工开展技能提高培训，帮助他们获得更好的就业机会和工资待遇。同时，也可以扩大新生代农民工和残疾人接受正规教育的机会，一些农民工和残疾人往往因为家庭贫困或生理原因没有接受良好的正规教育，使之失去在高端劳动力市场的工作机会，无法从事智力劳动工作，应该鼓励和支持他们通过后期正规教育提高其就业质量。

3. 完善体制机制，填补市场失灵留下的真空

（1）改革户籍制度，同化“体制内”与“体制外”就业

我国弱势就业群体与国外存在的问题不尽相同：一方面，国内需要安置的弱势就业群体数量众多，可能是其他国家的几倍甚至几十倍。另一方面，这一群体还受到户籍制度及“体制内就业”与“体制外就业”异化的影响。这两种突出矛盾交织在一起，使得我国弱势就业群体在就业前后出现了比较独特的“体制弱势”现象：找工作时可能受到户籍限制，找到工作后可能同工同岗不同酬，工作积极性和生活质量受到冲击。因此，应该通过改革相关制度障碍，让农民工等群体享受市民待遇，保障其就业利益，消除体制内就业与体制外就业差别，安抚弱势就业群体不平等心理，促成所有就业群体分享最大化的社会利益。

（2）健全劳动力市场，建立公平畅通的就业体系

世界上任何一个国家的劳动力市场都会存在体制障碍问题，如德国劳动力市场就曾受到制度僵化的影响，主要表现为：

第一，单位工作时间的劳动成本居世界之首；第二，存在大规模的地下经济，劳动力市场上黑工现象或隐性就业现象层出不穷。针对这一困境，自 2003 年开始，德国政府采取了一系列改革措施，放松劳动力市

① 申东润：《当前韩国青年失业问题研究》，《青年研究》2004 年第 1 期。

场管制，从而增强了就业灵活性。我国劳动力市场改革应着眼于破解劳动力市场分割问题，引导就业供需双方实现正常的就业、择业及升迁，构建求职者与主管部门之间的双向交流与沟通机制，消除就业歧视等。

（3）规范就业服务及指导体系，消除信息不对称带来的影响

政府应鼓励和支持职业中介发展，尽快制定和完善行业发展规章制度，规范职业介绍所的就业服务和指导体系，扩大职业介绍网络，增加信息透明度。充分发挥政府的规范指导作用和市场资源配置作用，帮助弱势就业群体获得更多的就业信息和机会，帮助他们增强求职技能及基本工作技巧，使他们认清个人、职业和行业发展前景，进行有选择的灵活就业。

（4）制定相关法律法规，健全社会保障体系

社会保障体系作为国家的最后一道防护网，能够保证弱势群体维持基本生存，从而避免社会动荡不安。相关主管部门和地方政府要结合当地实际情况，制定并实施促进和保障就业，尤其是针对弱势就业群体的法律法规，完善社会保障制度，建立广泛的就业安全网络。如2007年起施行的《中华人民共和国就业促进法》要求建立政府财政投入的保障机制，提出鼓励劳动密集型产业的发展，并且明确了各级政府在促进就业中应该承担的责任，该法案还专门规定了为就业困难人员实施的就业捐助条款，从法律和制度层面保障了弱势就业者的就业权利①。

第三节 政府“扶弱”过程中存在问题的原因剖析

在前面两节，笔者就政府对弱势群体基于生存权理论视角的社会救助与居住保障、基于发展权理论视角的教育保障和就业保障所履行的责任现状进行了阐述，对政府在每个领域进行“扶弱”的过程中存在问题进行了梳理，本节将对这些存在问题的共性因素进行总结和提炼，对政府“扶弱”过程中存在问题的原因进行总结性的综合分析。

---

① 《中华人民共和国就业促进法》，《陕西省人民政府公报》2007年第20期。

一 立法理念滞后，缺少人文关怀，导致“扶弱”行政责任落实难

（一）人口基数大，社会情况复杂，是我国法律保障制度设计困难的客观原因

“扶弱”中的一些行政主体缺乏法治化思维理念，立法理念滞后，缺少人文关怀是弱势群体权利保护制度缺失，导致行政责任落实难的深层次原因。由于理念的滞后，弱势群体法律保障制度设计存在偏差，产生立法盲区，设计的法律保障制度不能适应社会经济和政治变化，使得政策与现实之间产生矛盾，严重违背社会公平的基本原则。改革开放40余年，人们的生活水平得到飞跃提升，国家的经济发展成果举世瞩目。社会面临的主要矛盾已从温饱变为人民群众对美好生活的精神追求的满足与当前经济发展的不平衡、不均衡。但我国立法的很多条款仍停留在解决温饱层面，法律保护的主要形式仍旧是物质救济。传统的行政文化和市场经济所带来的弊端阻碍了法制观念树立。

由于受到德治文化与传统伦理价值根深蒂固的影响，国家用现代法治理念去建设法治政府就会与传统观念产生冲突，形成的行政氛围则是政府不是在法律规定下体察民情，对民众的福利庇护是靠恩典，这种“施舍”的方式难以惠顾到大面积的弱势群体。加上市场经济所本身所带的利益趋向性，经济领域的“以金钱为中心”的观念逐渐向政治领域渗透。党的十九大以来，国内多项贪污腐败案件的破获，说明有些政府官员已经被经济利益迷惑，很多在职行政机关工作人员拜金主义之风严重，我国社会主义法治建设受到严重阻碍。

（二）我国法治化生态环境的发展不成熟，政府公信力不足

改革开放以来，发展经济一直是我国政府工作首要目标，政府想通过经济的发展来进一步解决社会生活发展中的不和谐问题。因此，很多地方政府不断干涉经济领域，盲目追求GDP指数，而本应政府积极发挥作用的社会公共领域得到的关注不够，政府的很多职能没有真正体现“以人为本”。受传统文化和政治文明的影响，政府关怀弱势群体的相关政策体现了极强的“国家主义”，对关怀对象更多的是管理、规训。尤其是在很多有关弱势群体救助和保障的法规中，“国家中心”意识严重，服

务意识缺乏，权力观念浓厚，权利观念淡漠，弱势群体的需要和尊严没有得到足够的重视。譬如在社会救助中，很多地方政府对接受救助的低收入群体仍由主观情感随意判定，对有劳动能力的贫困者或不符合“社会规范”的贫困者制定诸多的条条框框，侵犯和干涉了关怀对象个体的私人生活。导致弱势群体为了获批政府救助，只能依照“被规定的生活方式”生存，逐渐丧失权利与尊严，势必造成弱势群体“生活世界殖民化”现象。事实上，在对待弱势群体的方式上采用“劣等处置原则”，是西方国家（如英国）200 多年前的标准，已经非常不合理，但是我们依然沿用。另外，政府在对弱势群体关怀机制上，部分地方性法规缺乏长效机制和相应制度保障，多是一些“救急性”和“临时性”救助行为，没有形成以“权利为中心”的现代社会保障制度，使得扶弱过程中的行政行为出现不公平、不公正现象，扶贫的政策目标与宗旨背道而驰，损害了政府公信力。

（三）长期以来的城乡二元分割体制

我国社会结构呈现出城乡二元分割的特点。二元经济结构指以社会化大生产为特点的城市经济和以小生产为特点的农村经济共存的经济结构，我国的城乡二元分割体制来源于计划经济体制时期，国家实行的是以重工业为主和城市为主的发展战略。农村弱势群体长期受到挤压，农民在被政策边缘化的同时，为城市工业的发展作出了重要的贡献，却很难享受到应有的社会保障福利。农业收益持续下降，农村社会经济市场化，我国城乡之间的差距正在持续扩大，农民的生活保障受到威胁，因此加强向农村地区的社会救助工作尤为重要。近年来，政府已经认识到二元分割体制对于构建和谐社会和可持续发展的制约，采取了一系列的有力措施来改善当前的不合理经济结构，收到很多成效。但是当前的社会救助工作仍然在一定程度上扩大了城乡二元分割，城乡统筹工作进展不力。

二 政府对弱势群体的保障性责任机制不完善

本书立足于保障角度，主要是从政府责任的外部边界去界定对弱势群体的保障性责任机制，包括法律保护和援助、利益表达、利益分配、社会保障制度、政府监督机制等。

（一）法律保障机制薄弱

我国宪法第四十五条指出：公民在年老、疾病或者丧失劳动能力的情况下，有从国家和社会获得物质帮助的权利。宪法规定弱势群体有权利向国家或是社会索取物质帮助，而在现实生活中，一些弱势群体居无定所，甚至一些弱势群体的基本生活无法保障。就法律层面而言，只有通过法律保护，社会弱势群体才能实现人权的平等，但是我国社会形式平等和实质平等并不对等。形式上弱势群同其他群体一样是取得了相等的权利和自由，但实质上由于自身差异性，很多弱势群体无法获得社会赋予的权利和自由，下面从立法和司法两个层面进行阐述。

1. 立法方面：一是我国法律保障机制目前存在空白区，保障对象不够全面。现行法律中弱势群体的保护对象应包括残疾人、妇女、未成年人、老年人、失地农民、农村劳动者等，但是不管是在立法方面还是实际操作，这些群体没有覆盖全面。譬如，以农村劳动者为例，我国相继出台了《残疾人保障法》《妇女权益保障法》《未成年人保护法》等，但是法律和法规有关农村劳动者措施仍是不完善。二是法律程序保障的缺失。当前，我国法律对社会弱势群体的保障更多强调的是政策本身，有些程序不够全面，存在缺失。就从目前已经制定出的相关法律法规来看，国家颁布的很多法律条文都是一些原则性的空泛规定，缺乏具体的可操作性，解决弱势群体存在的实际问题有障碍，导致在运行的过程中法律的达不到预期的效力效果。

2. 司法方面：一是对于弱势群体经济收入来说司法救济费用相对较高。社会的弱势群体在经济实力、社会资源分配、人际关系上较之一般群体本来就存在劣势，司法救济的费用的确较高。除此之外，当前司法领域对弱势群体审判结果的执行难也是一个社会问题，他们只得再次通过经济的手段才有可能解决。二是司法救助程序复杂。目前我国在立法方面存在一定空缺和漏洞，在已成文的法律中条文中没有明确规定司法救助制度，只在国务院制定的行政法规和最高人民法院的司法解释中有过明确。所以在法律实践中，司法救助的申请过程十分复杂。比如司法申请需要提交书面材料等，里面可能会涉及很多对法律条款的理解和运用，这可能对社会普通群体不算复杂，但对弱势群体来说，如年老者、残疾人、农民工等有些人法律知识掌握能力弱、书写能力不足，又没有经济求助于其他方，司法救助的这些相关要求是有损公平的。

（二）利益表达机制不健全

1. 弱势群体利益表达渠道不畅。一是弱势群体表达渠道单一。当前，弱势群体表达自身利益诉求、参政议政最主要的途径是人大与政协。虽然人大代表与政协委员来自社会不同阶层，只有极少部分能代表弱势群体，而且这部分代表由于客观上不易全面掌握弱势群体的利益要求，不能充分表达弱势群体的利益表达。二是弱势群体利益表达组织化程度低，存在个体化和分散化现象。我国弱势群体在进行利益表达时多是以个人或小团体的形式自发地进行，像社区、工会、村委会等群众组织规模小，行政烙印重，这些组织对政策制定没有话语权和参与权，他们所传达的诉求难于上达到决策层，只是作为政策的传声筒，所以造成弱势群体利益诉求低效、无序，是政治稳定的潜在隐患。

2. 弱势群体利益表达客体存在缺陷。在我国，利益表达客体具体指的是国家政府工作人员和国家权力机关。目前没有严格的法律规范对利益表达客体的行为进行约束，所以客体在处理弱势群体利益诉求时经常会出现以下情形：一是弱势群体利益无法表达。在有的行政干部中存在民主意识差，只要是弱势群体反映的意见、批评，就认为会损害政府形象和领导的权威，担心造成不稳定，影响自己仕途和政绩，于是通过施加压力、打击报复来压制对自身权益进行表达的弱势群体，堵塞了利益表达渠道。二是弱势群体无处表达。有些基层权力部门漠视弱势群体利益，经常将有合法利益诉求的弱势群体拒之门外，导致弱势群体权益受到损害而投诉无门。

3. 弱势群体利益表达方式不合理。从形式上看，虽然我国现行规定的利益表达有多种方式，看上去较为完备，但事实上有些利益表达方式仅仅具有象征意义而实际意义并不大，由于利益表达渠道单一，个体化、分散化的利益表达方式导致政府治理效能较低。由于弱势群体存在利益表达渠道障碍，难以合理的形式和渠道来维护其合理诉求，于是，他们只有通过激进的利益表达形式来维护自己利益，譬如：暴力反抗；非法上访；报复社会；自杀抗议等，容易造成群体性事件的发生，危害了社会稳定。

（三）利益分配机制不均衡

弱势群体利益分配的差距主要集中于城市和农村、城市弱势群体内部以及农村弱势群体内部。

首先是城乡之间差距明显，利益矛盾比较突出。城乡差距主要体现在城乡居民生存和发展环境和年人均可支配收入方面。据我国国民经济和社会发展统计公报显示，2017 年我国城镇居民人均可支配收入 36396 元，农村居民人均可支配收入 13432 元。按全国居民五等份收入分组[①]，低收入组人均可支配收入 5958 元，中等偏下收入组人均可支配收入 13843 元，中等收入组人均可支配收入 22495 元，中等偏上收入组人均可支配收入 34547 元，高收入组人均可支配收入 64934 元。从数据统计来看，高收入组人均全年可支配收入接近低收入组人均可支配收入的 11 倍，城市和农村之间的差距不言而喻。诸多因素导致了在城市和农村弱势群体的利益分配上存在着严重不均衡，城市占据了主导地位，而农村相对欠缺。例如城市中有聋哑学校而农村没有，城市的弱势群体可以享受到特殊教育而农村的弱势群体由于地理因素限制是无法享受的。其次是城市中的弱势群体之间利益分配不均衡，缺乏相应的分配标准。城市中的弱势群体虽然多数利益得到保障，但他们中也有小部分的弱势群体无法得到保障，比如像城市中有的地方修建有残疾人专用道，但是有些地方没有，有些城市残疾乞讨人员也存在露宿街头现象。

（四）最低保障制度本身尚不健全，落实存在困境

贫困问题历来是我国关切的重点，自 1993 年上海试点建立“城市居民最低生活保障线制度”以来，我国先后出台了《城市居民最低生活保障条例》《关于在全国建立农村最低生活保障制度的通知》等规范性文件。2014 年 5 月，国务院颁布了《社会救助暂行办法》（以下简称《暂

① 全国居民五等份收入分组是指将所有调查户按人均收入水平从高到低顺序排列，平均分为五个等份，处于最高 20% 的收入群体为高收入组，依此类推依次为中等偏上收入组、中等收入组、中等偏下收入组、低收入组。

行办法》)，对更好地保障公民基本生活，促进社会公平正义，维护社会和谐稳定，发挥最低生活保障托底线、救急难的作用具有重大意义，为我国社会救助事业发展提供了基本的法律依据。在肯定最低生活保障制度对缓解贫困的作用同时，我们也注意到《暂行办法》的不足：它只是国务院制定的行政法规，立法层级不高。《社会救助法》虽然已经被列入第十三届全国人大常委会的立法规划（共 116 件），且作为第一类项目——条件比较成熟、任期内提请审议的法律草案，但其正式出台尚需时日。

1. 制度本身尚不健全

（1）支出型贫困被忽略

支出型贫困是指由于家庭成员突发意外或患重大疾病，致使家庭支出超出其家庭承受能力而造成的绝对生活贫困。长期以来，在实施最低生活保障制度时，仅以家庭收入作为低保衡量标准。这种收入型贫困理论最大的缺陷是：对“个体发生偶然且不可避免的不测后，连续刚性支出会导致家庭贫困”的问题考虑不足。尽管以家庭收入为标准确定最低生活保障对象便于操作，但完全以家庭收入和财产作为准入条件，不考虑家庭支出因素，部分支出型贫困家庭因家庭收入不符合低保资格的认定条件，必然无法被纳入最低生活保障范围。

（2）制度排斥的规定有悖公平

制度排斥是指在设计某项制度之初，就人为地将社会上的某一类群体或个人排除在制度之外，剥夺其享受某种权利的机会[①]。纵观我国一些地方政府制定的有关最低生活保障的制度中，无不隐射着制度排斥的痕迹。如：《辽阳市最低生活保障操作规范》第 26 条[②]就规定了哪类人、哪

① 最低生活保障边缘群体，又称低保边缘户，是指家庭人均纯收入略高于最低生活保障线，家庭负担甚至高于当地的最低生活保障家庭，按照现行最低生活保障政策又不能被纳入保障范围，实际生活水平较低，实际生活困难的相对贫困居民。

② 《辽阳市最低生活保障操作规范》（2016 年 3 月 22 日修改）第 26 条规定：“核对家庭经济状况符合低保标准，有下列情形之一的，不能享受低保待遇……（四）安排子女择校就读、出国留学或者在义务教育期间入收费学校就读的；（五）家中饲养宠物超过最低生活保障标准的；（六）故意放弃或者转移个人所有资产的……”

些行为不能享受最低生活保障待遇。其他城市也存在着类似规定，如《合肥市农村居民最低生活保障暂行办法》第6条①。以“无特殊原因连续两次不按时领取低保金”作为限制最低生活保障准入的做法，实为不妥。生存权是公民的一项基本权利，当生存条件不具备时，公民有权从国家和社会获得物质帮助，这是《宪法》第45条赋予公民的权利。由于制度排斥的存在，应当享受低保待遇的家庭，被剥夺了享受最低生活保障的权利，被排斥出最低生活保障的范围。②

（3）配套政策产生的负激励效应严重

我国的很多城市在最低生活保障、特困人员供养、低收入家庭保障等常规救助项目的基础上，建立了医疗、教育、住房、就业、采暖和水电价补贴等配套救助项目，但配套政策的实施以低保、特困、低收入家庭等资格作为条件。“这种配套的附加福利制度在一定程度上助长了低保户对福利政策的依赖”③，低保身份的“含金量”在一定程度上超出了低保金本身，有一部分人宁可主动放弃就业，甚至可以不领取最低生活保障金，也要取得低保资格，因为低保身份可以让其长期享受其他配套的附加福利。根据国家的制度设计，最低生活保障制度应是全面性的、综合性的社会救助项目，其不仅要向低保对象提供生活补贴，还要提供住房、养老、医疗、教育等附加福利。但此种高福利的救助模式，在某种程度上引发了“养懒人”现象，导致“劳动激励”降低。“城市最低生活保障制度已经成为福利依赖现象滋生的温床，并开始影响社会公平与

① 《合肥市农村居民最低生活保障暂行办法》第6条规定：“有下列情形之一的，不能享受农村低保待遇：（一）家庭成员有使用移动电话、摩托车（或非经营性机动车辆）、计算机等非基本生活必需品的；（二）两年内购买商品房或高标准装修现有住房的；（三）经常出入餐饮、娱乐等高消费场所的，因赌博吸毒、嫖娼等违法行为而造成家庭生活困难且未改正的；（四）安排子女择校就读或子女在义务教育期间入收费学校就读的；（五）在法定劳动年龄内有劳动能力（在校学生除外），但无正当理由不参加劳动生产的；（六）不按规定如实申报家庭收入，无特殊原因连续两次不按时领取低保金的，或不按规定参加低保待遇年度审核的。”

② 王素芬等：《反贫困视角下的最低生活保障制度研究》，《温州大学学报》（社会科学版）2019年第1期。

③ 刘凤珍：《城市低保政策中的退出机制评析》，《淮海工学院学报》（社会科学版）2011年第17期。

效率”[①]，故而“社会救助政策应当警惕可能产生的‘负激励’风险”[②]。

2. 制度落实中存在的困境

（1）最低生活保障标准偏低

“国际上一般把居民收入中位数的30%视为‘极端贫困线’、40%视为‘严重贫困线’、50%视为‘温和贫困线’、60%视为‘近乎贫困线’。”[③] 最低生活保障制度是国家对贫困人口的救济，现实中该制度的实施也重在“最低”，导致低保对象只能“保肚皮”，不能“保脸皮”。弱势群体中的贫困家庭享受低保救助后，生活水平仍然偏低，家庭收入主要被用于基本生活支出。家庭成员的健康状况、接受医疗服务的数量以及子女获得教育的机会均低于社会平均水平。最低生活保障制度不应限于保障生存权，还应促进发展权的实现。长期以来，我国最低生活保障制度一直致力于保基本，重点保障弱势群体的生存权，解决绝对贫困。但保障标准偏低，极大地限制了弱势家庭的发展。

（2）最低生活保障支出水平城乡差距显著

我国最低生活保障制度是沿着城乡分割的路径向前推进的，从时间上看，农村晚于城市。由于生产资料占有不同，生产方式各异，城市和农村居民的生活水平存在一定的差距，加之我国实行城乡二元化户籍制度，因此我国的最低生活保障标准存在城乡差异。近年来，尽管各地同步调整了最低生活保障标准，但从实践来看，最低生活保障支出水平城乡之间的差距仍然偏大。城乡最低生活保障金累计支出逐年增长，农村增长幅度高于城市。但从城乡低保支出水平的横向对比可以发现，城市的支出水平基本上是农村的2倍。这种支出水平差距明显的现象全国其他各省市均普遍存在。城乡之间低保标准的较大差异，事实上已经造成城乡基本公共服务的不均等，导致最低生活保障结果的不公平，不利于

---

① 张小伟、董林：《中国福利依赖现象初探：基于西方福利依赖比较的视角》，《劳动保障世界》（理论版）2011年第11期。

② 张小伟、董林：《中国福利依赖现象初探：基于西方福利依赖比较的视角》，《劳动保障世界》（理论版）2011年第11期。

③ 顾昕、高梦滔：《社会安全网的编织：福建农村最低生活保障制度的覆盖面与服务递送》，《贵州师范大学学报》（社会科学版）2006年第6期。

统筹城乡和区域的发展。

（3）家庭经济状况核实难度大

由于现行法律制度对家庭收入和家庭财产的核实缺少统一的标准，加之最低生活保障制度采取补缺式救助方式，实际操作中审核手段的有效性不足，所以家庭经济状况难以准确核实。一方面使真正需要救助的人得不到应有的救助，影响现有资源的合理优化配置，另一方面也使不需要救助的人获得了与其自身实际状况不相匹配的低保待遇，有损最低生活保障制度的保障功能，从整体上也造成了社会保障制度的不公平。[①]

（4）退出机制缺乏过渡性

《暂行办法》第13条[②]规定，当人口、收入和财产状况发生变化后，被保障家庭应当及时通知社会救助管理部门。社会救助管理部门应当及时作出减发或停发最低生活保障金的决定，取消被保障对象的资格。这种缺乏过渡性的退出机制，使低保家庭主动申请退保时望而却步。究其原因，一是"穷怕了"，担心退出后，由于收入减少再次面临生存困难；二是家中有残疾人、重病患者或者子女上学，刚性支出较大，退出后家庭生活将难以为继；三是由于制度采取"补差式"的救助方式，若通过劳务输出或临时就业方式增加的收入低于或稍高于每月领取的最低生活保障金，被保障家庭就会自觉选择放弃就业或外出劳务。

我们赞同"最低生活保障制度具有多元目标，既要提供基本的生活保障，也需帮助公民独立生活。当公民具备独立生活的能力，其享有社会保障的资格需要退出"[③]。但超出条件后，取消低保资格，立即停发补助资金的做法缺乏一定的合理性，易打消低保对象就业的积极性，致使低保救助异化成为"养懒汉"的温床。低保家庭经济基础薄弱，家庭成

---

① 胡务：《社会救助概论》，北京大学出版社2010年版，第67页。

② 《社会救助暂行办法》第13条："最低生活保障家庭的人口状况、收入状况、财产状况发生变化的，应当及时告知乡镇人民政府、街道办事处。县级人民政府民政部门以及乡镇人民政府、街道办事处应当对获得最低生活保障的人口状况、收入状况、财产状况定期核查。最低生活保障家庭的人口状况、收入状况发生变化的，县级人民政府民政部门应当及时决定增发、减发或者停发最低生活保障金；决定停发最低生活保障金的，应当书面说明理由。"

③ 何倩：《低保退出机制中个体价值的尊重与保障》，《社会保障研究》2014年第4期。

员就业能力不高，收入方式带有不确定性，应设置一定的过渡期，采取渐进式的退出机制，更有利于最低生活保障制度发挥效果。

（五）政府的责任监督机制不完善

在对弱势群体利益保护方面，政府的监督还相对较薄弱，也导致了民间所说的“开着宝马领低保”“拥有豪车的人住廉租房”的现象。也是因为如此，导致弱势群体的利益流失，违背了政府对弱势群体利益保护的初衷。具体表现在：

1. 行政监督法制化程度不够

近年来，我国相继出台《行政监察法》《行政诉讼法》《行政处罚法》《行政复议法》等有关行政监督的法规。对抑制贪污腐败，督促行政机关及其工作人员依法行政发挥了积极作用。但也存在一定问题，如我国至今没有一部系统的法律明确规定监督的标准、程序，有关规定只是散见于各个法律中，且多是指导性纲领，缺乏可操作细则。由于已有的法规中缺乏合理的监督程序和完善的实施细则，于公民而言由于缺乏参考的依据，只知政府行为是否违规，却不知违规的程度如何，只知能告，却不知告谁。

2. 体制内、外监督权缺乏独立性

在政府的行政权制约下，无论是体制外的新闻媒体、公民社会，还是体制内的司法机关，它们所应发挥的监督作用都非常缺乏独立性。如新闻媒体虽然在一定程度上会引导社会舆论，但舆论也是有时间和限度。其所形成的舆论压力一定程度上受到行政权力的影响，无法进行真正的独立监督。以公民社会来看，虽然是国家宪法和法律明确规定公民具有监督权利，但是由于行政机关及其人员拥有权力资源和制度资源，相比较而言，处于弱势层面的公民监督，实际上是无法拥有与之抗衡的效力的。对于司法机关而言，其财政拨付、人事任免、领导管理体制都必须依附于政府，体制内的监督更是存在困难。

3. 重事后监督，缺乏事前和事中监督

不论是体制内的监督，还是体制外的新闻媒体曝光、公民提起的诉讼或者控告等，现行的行政监督都是在事情发生后再开始纠察该事件的责任，重点都在通过事后监督来进行追惩纠错，忽视监督的预防功能和调控功能。

三 政府对弱势群体的操作性责任机制不完善

本书立足于操作角度，主要是从政府责任的内部边界去界定对弱势群体的操作责任机制，包括政府责任分配机制、问责机制等。

（一）政府责任配置机制不协调

1. 中央与地方权责配置以及政府内部责任配置不协调

按照财权与事权相对应的原则，财权与事权的配置方式应该作为分配政府间权力的基本标准，然而实际上由于中央政府处于优势地位，对地方政府通常采取的是收财权、放事权的配置方式，利用目标责任考核来控制地方政府自主权，一方面地方政府要为此承担很多社会管理事务的责任，而另一方面又必须通过追求经济创收的目标来完成上级的考核，势必出现公共服务职能缺失与地方政府经济职能完备冲突局面。以住房保障为例，公共住房保障相关政策虽然1998年早已出台，但各个地方政府的执行的力度和效果并没达到预期目标。到2009年8月底，全国保障性住房建设的完成率只有23.6%，截至2014年上半年，这个数据也没有很大的提高。“这实际上暴露出目前我国住房保障政策出台缓慢、政策执行效果差的深层次原因——地方政府没有意愿，也缺乏能力将财政资源用于没有收益的经济适用房和廉租房建设，导致低收入住房的供给远远不能满足群体目标的需求。”[①] 对中央政策精神地方政府之所以执行慢、执行难，是因为中央政府的目标是着眼公平问题，而地方政府更注重地方经济利益，比如审批过多的经济适用住房、廉租房的建设将会使地方财政收入的土地使用权的出让金大大减少，占用了地方政府投放其他领域的资金。因此，在处理公共住房保障问题上，应该充分处理好中央和地方政府的责任分配，尽量避免中央和地方政府互相扯皮。

2. 行政部门之间职责划分不清晰，存在相互推诿现象。由于政府职能分类过细，交叉度高，政府部门之间的权责存在重叠，加大了互相推

---

① 郑思齐：《住房保障是谁之义务》，（2014－11－25）［2015－2－15］. http://www.21cbh.com/HTML/2014－1－25/3NMDAw MDE2Mz U3NQ_2. html。

诿的风险，大大降低了行政部门工作效率。当出现意外情况，由于政府职能过细很难全面完整的应付。因此会常出现这样的事件，即当出现突发事件会借调一些其他人员临时处理事务，或者有些部门长期雇用数目可观的临时工作人员，而这些情况对政府都是负担。有时候某些紧急事务结束后，因为利益原因，有些非必须部门得以保留，造成政府职能扩张。

3. 行政人员在履责过程中存在不作为、乱作为现象。政府责任机制的运行不仅需要制度和规范，很大程度上必须依靠行政人员自觉履责时所拥有的伦理道德的约束力量来完成的。但是，由于缺乏明晰的激励和奖惩机制，以及一些行政人员存在职业道德匮乏现象，在政府工作实践中，很难调动行政人员的工作积极性，产生工作不作为。时常会有与民生问题直接相关的公共服务部门的行政人员仰仗职位权利，对利益相关者胡作为，对需要服务的人工作不作为，造成行政人员能力低、政府内部责任混乱。

（二）政府与其他治理主体间责任边界不够清晰

由于责任界限不够清晰，所以当某一项公共治理的项目需要政府与市场、非政府组织、公民团体等其他主体共同参与，多元社会治理主体之间对合作治理的整体过程很难进行每个环节一一拆解，就会引发每个治理主体在其中应担负什么责任、实际担负了哪些责任以及如何对它们行为进行责任追究等问题。在弱势群体保护过程中，政府与其他治理主体间责任边界不够清晰还具体表现在：本应该由市场筹集社会资本和投入大量资金来完成的事，或者应由其他治理主体来承担责任，政府却以保护主体姿态大包大揽，出现越俎代庖等越位现象。而在某些方面属于自己必须承担的例如制度规范、制度惩戒、行政监管、教育规训等方面的责任，政府作用却发挥不明显，缺位现象严重。以建设儿童福利院应该是政府责任还是社会责任问题为例，我国政府不能完全靠自身来投资全部的儿童福利事业建设，也没有相关法律规定民间收容是合法，这是目前我国儿童福利救济面临的很尴尬的问题。如果政府不依靠社会力量而仅仅靠国家财力修建大批的福利院，会占用更多的财政分配，独自承担巨额的成本，并且如果对孩子们的养育采取军营式的管理，可能会因为方法过于简单带来更大的风险。再以农民工讨薪为例，虽然2004年政府工作报告中特别谈道：要切实保障农民工工资按时足额支付。要抓紧解决克扣和拖欠农民工工资问题。得到国家高层领导的重视，农民工被拖欠工资的现象有了很大改善。但是现实中，作为弱势群体的农民工在欠薪问题上仍然难以寻得有效的解决途径。一是他们无力承担司法途径的高额成本，二是很多劳动监察部门执行裁决的力度不够，导致该行政职能的虚设。这无形中阻碍了市场的发育和社会的发展。

（三）政府的责任追究机制不健全

1. 同体问责的权责缺失，异体问责作用发挥不到位。同体问责主要是体制内的监督和责任追究，在这种问责体制下，当行政行为产生不良后果时，由于上级行政机关与下级行政机关之间有很大的利益相关性，也就非常可能出现下级行政机关极力撇清自己以此躲避连带责任，或者是上级偏袒下级故意对其放松控制。加上在现实行政过程中，由于存在各方利益博弈，造成上下级之间有信息不对称情况发生，“上情下达”或“下情上传”情况过于理想。由于行政问责主体的缺位，影响了行政追究的执行。异体问责主要是体制外的监督和责任追究，其问责的主体主要包括各级人大、政协、司法机关、社会公众和新闻媒体。司法机关没有像国外的真正的“三权分立”，发挥监督问责作用时也存在一定的障碍。而作为异体监督的主体——人大，在行政问责运行中，因为受限于自身的属性而处于被动地位，不能真正发挥行政监督的积极作用。同样，长期以来像政协、社会团体、公众和新闻媒介这些行政问责主体由于很多呼吁得不到政府的重视，导致他们失去对需要问责的问题的关心，也没能充分发挥问责职能。

2. 行政问责程序不完善。严谨、规范的程序是制度良性运转的保障。但目前我国行政问责程序较多地是依据行政领导的主观式、突击式的判断进行问责，问责程序随意化，评估手段不够科学化、标准化。当问题出现后，难以深度分析失责行为的原因，更做不到预先防范。最后导致问责结果人为操作性强，问责过程的信息不够公开、透明，严重削弱了行政问责制的严肃性和权威性。调查、审核和处理是问责执行的必要程序，但是由于政府问责信息公布不够全面，于是在整个问责执行过程，公众大多数最后都是只看到问责结果，而政府问责执行采取的调查方式、进展情况、相关调查依据等过程几乎不会向社会公布，当问责结果达不到公众期望时，公众不免质疑问责的结果。同时，由于问责公开制度的缺失，问责主体可能因为利益关系庇护问责客体，导致问责行为失范而得不到及时和有效的更正，最后问责执行过程就成为恶性循环而无法达到预期的问责目的。

第六章

新时代"弱有所扶"政府责任机制建设思考

党的十九大报告指出，应不断完善城乡社会救助体系，健全最低生活保障制度；继续巩固社会福利、社会救助、优抚安置、慈善事业等制度，健全农村留守儿童和妇女、老年人关爱服务体系，发展残疾人事业、加强残疾康复服务。迈入新时代，习近平总书记要求"小康路上一个也不能少"，当然囊括每个社会成员，包括所有的弱势群体。在"弱有所扶"的社会托底保障体系构建过程中，政府该履行怎样的责任，如何构建科学的政府责任机制，是本章的重点。

第一节　新时代重塑责任政府理念

责任政府既是现代民主政治的一种基本理念，又是一种对政府公共行政进行民主控制的制度安排。作为民主政治时代的一种基本价值理念，责任政府意味着政府能积极地回应、满足和实现公民的正当要求，承担道德的、政治的、行政的和法律上的责任；作为一种制度安排，责任政府意味着保证政府责任实现的责任控制机制，这种机制既包括内部的，也包括外部的。基于这样的分析，可以将责任政府定义为这样一种制度安排，在这种制度安排里，政府通过对公共权力合理、合法、有效地运用来积极地回应、满足和实现公众的正当要求，并为其行为承担相应责任。2006 年温家宝总理在一次讲话中，明确提出要建设责任政府。构建责任政府，可使行政权力得到监督制约，有效防止其扩张、滥用，这对于转型期打造符合现代政治文明要求的全新政府形象，重塑政府威信，增强政府的公信力，加快行政民主化、法治化、科学化的步伐具有重要的作用。从上述我国政府行为责任缺失的原因分析来看，构建当代责任政府，关键在于执政理念的转变。

理念是行为的先导。理念就像人们的眼镜，戴怎样的眼镜就看到怎样的世界。因此，大力推动政府改革，构建责任政府，让全社会特别是政府权力机关与公务人员牢固树立起现代权责统一的责任意识、树立正确的执政理念成为重中之重。

一　新时代责任政府界定

在第三章，我们对责任政府、政府责任、政府责任机制等做了理论阐述和概念界定，本章结合新时代特征，对责任政府相关界定再进行一些补充。“责任政府”是与现代民主政治相伴而生的，它既是一种基本价值理念，又是一种对政府公共行政进行民主控制的制度安排。Black's Law Dictionary 对“责任政府”的解释是：“这个术语通常用来指这样的政府体制，在这种政治体制里，政府必须对其公共政策和国家行为负责，当议会对其投不信任票或他们提出的重要政策遭到失败，表明其大政方针不能令人满意时，他们必须辞职。”① 从这个概念上来理解，责任政府是与民主制度、法治理念和公民自由相联系的，并作为政府与人民之间权责关系进行制度性安排的组织形式。首先，责任政府作为民主政治的基本理念强调政府责任是人民赋予的，自由的公民是责任的权利主体，而政府则是负责任的义务主体。政府有责任对公民需求作出回应，并采取积极措施公正有效地实现公众的要求和福祉，履行其在整个社会管理中法律和社会要求的职能和义务。其次，责任政府作为一种制度性安排，是与民主选举制度相联系的，近现代民主政治实行代表民主制度，由公民选举代表组成权力机关对政府进行日常性控制、监督其履行职责，责任政府是由能自由表达自己意志的公民通过民主选举而产生。最后，通

---

① 戈世平：《责任政府和依法行政》，《学术界》2004 年第 2 期。

过选举产生的政府必将成为政治权力的重要汇聚点，但作为权力之源的自由公民在进行授权的同时，也要求政府承担相应的责任，并对政府行使权力、履行责任进行监督，对政府责任作出评判。可见，责任政府是对公民负责任的政府，它不是一个孤立的概念，与政府责任、政府职能、法治等因素密切相关。

（一）责任政府是切实履行其职能的政府

责任政府与政府职能密切联系，只有切实履行其职能的政府才是责任政府。政府职能是国家职能的具体化，是政府的基本任务和行为方向。责任政府明确政府在某个时期的基本任务及政府的工作重心，并能根据社会经济的发展变化而适时转化政府职能。它明白在一定时期，一定条件下政府应该管什么，不应该管什么，应该弱化那些"不该管，管不好，管不了"的职能，强化那些"应该管，管得好，管得了"的职能。

（二）责任政府是实行法治的政府

法治已经成为世界各国为民施政的重要理念。正是这种价值追求使责任政府的一切行为都纳入法律的框架内。政府的一切权力的来源、政府的运行和政府的行为都受制于法律，换言之，权源于法，法高于权。行政权天生具有扩张性与渗透性，如果没有法律的牵制，其必然走向专横。责任政府的建立解决了一些政府机关有其权而不负其责任的现象，使政府进入到法制体系。

（三）责任政府是高效廉洁的政府

高效行政是责任政府的基本目标和应有之义。责任政府在履行其职能对社会实行组织、管理和干预的过程中，能够以尽可能低的成本取得最大的收益，在最短的时间里解决问题，取得最大的效益；能够从保护公民权利出发对公民的各项请求及时作出反应，对各种行政事务及时通过执法作出反应，有效地利用各种公共资源造福人类。总之，体现在有效地推动社会生活的全面发展。

廉洁是责任政府的突出特征。责任政府及其官员坚持公共利益高于一切原则，将公共利益置于个人利益之上。坚决反对政府官员为政不廉、以权谋私的腐败现象。

（四）责任政府是具有完善监督机制的政府

责任政府的监督机制包括完善的民主监督机制、健全的法律监督机制以及良好的政德监督机制。责任政府是建立在有效的民主监督机制之上的，责任政府实行政府选举制与任期制，选举制是对政府责任履行情况的考核，公民不会让一个不负责任的政府继续连任。政府要谋取连任，只有在任期间对公民负责，以获取公民的信赖。任期制使这种监督定期化和制度化，使政府的权力不至于成为不可移易的力量，不至于成为凌驾于公民之上的官僚机构。责任政府与法治是紧密联系在一起的，在法制健全的国家，必然会促使政府切实履行宪法和法律赋予政府的职责。责任政府是法治国家的必然要求，也是依法治国的必然结果。责任政府的实现，首先是依靠制度的力量，但制度力量有其局限性，它是一种外在的力量，主要侧重于对消极行为的限制。相比之下，道德力量依靠社会舆论、传统习俗和内在信念起作用，其影响具有广泛性、基础性和倡导性。责任政府下人民自由言论权利得到很好的保障，公众舆论的威力得以显现，这有利于政府及其官员的行政道德水平不断得到提高。

二 新时代重塑责任政府理念

（一）树立“以人为本”的服务型政府理念

党的十七大报告指出，“加快行政管理体制，建设服务型政府”[①]。所谓服务型政府，就是“在公民本位、社会本位理念指导下，在整个社会民主秩序的框架下，通过法定程序、按照公民意志组建起来的以公正执法为标志、以为公民服务为宗旨并承担服务责任的政府”。[②] 简言之，服务型政府就是为人民服务的政府，它以为整个社会的全体公民提供公共服务作为其自身存在、运行和发展的根本出发点和落脚点。服务型政府的对象是整个社会的全体公民。我们可以从占有社会资源的程度，获取利益的机会和能力，以及社会的影响力等方面，把整个社会的全体公民

① 刘熙瑞：《服务型政府—经济全球化背景下中国政府改革的目标选择》，《中国行政管理》2002 年第 7 期。

② 《胡锦涛在中国共产党十七次全国代表大会上的报告（全文）》，人民网—人民日报，http：//cpc. people. com. cn/GB/64162/64168/106155/106156/6430009. html。

分为三个阶层或群体：强势群体、弱势群体和中势群体。弱势群体是指那些由于障碍及缺乏机会而处在不利社会地位、依靠自身的力量或能力无法或很难保持个人及其家庭成员基本生活水准、需要国家和社会给予支持和帮助的社会群体。与弱势群体相对应的就是强势群体，是指那些占有更多资源、能够赢得更多机会和产生较大影响的社会群体。处于强势群体和弱势群体之间的人群，可以用“中势群体”的概念来界定，即通常所说的中产阶层。由于弱势群体在整个社会中所处的不利地位，其利益的保障、维护和发展更加需要政府的特别关注。

建设服务型政府前提是树立“以人为本”的管理理念，核心是打造以服务民众为宗旨，以民众满意度为指标的政府治理体系。政府的一切权利来源于人民的授予，政府与人民之间是服务与委托的关系，政府接受人民的委托，就应该代表人民的意志，国家行政机关与行政人员在行使行政职能时要将维护人民利益放在首位。同时，我国提出的建设服务型政府的责任要求，对政府所享有公共权力的限度重新进行了界定，更加强调政府责任和权力对等。强调服务型政府的责任要求，特别要求政府要从观念上彻底告别根深蒂固的“官本位”思想，时刻牢记人民利益诉求和人民意愿，明确政府的服务方向与责任内容，以人民的满意和福祉为政府服务的出发点和落脚点。

1. 转变执政理念，树立以人为本的责任观。构建责任政府首先必须冲破传统的官僚主义、官本位思想，牢固树立以人为本、对民负责的理念。也只有树立起以人为本、对民负责的理念，以责任理念来规范自身的行为，责任政府的建构才具备主观条件。

2. 坚持执政为民，树立正确的权力观。公民权利是国家权利之本，是政府行政权力之源，政府责任则是行政权力的核心，是政府存在的本质要素。在我国，全心全意为人民服务，是我们党同一切剥削阶级政党的本质区别，这更要求我们政府、领导干部要树立正确的权力观。各级政府应增强公仆意识，摆正同人民群众的关系，勤政为民，真正做到权力为民所用。

3. 强化执政意识，从管制执政到服务执政。政府作为人民权利实现的实践者，实施管理仅仅是手段，提供服务才是目的。同时也要认识到政府并不是全能政府，而是有限的。政府只有在能力范围内才能对自己的行为负责，“全能政府”的最终结果必然是“无能政府”，中国特色社会主义市场经济体制下的政府应是一种有限权力政府。这样既有利于在源头上制约政府权力，同时与公民导向的服务理念结合，与责任挂钩，构建责任政府。

（二）树立法治型政府理念

与“人治”思想不同，“法治”思想核心是严格依照常态的法律规范去制约与治理一切非常态现象发生，“法治”思想蕴含着公平与正义的价值追求。现实中弱势群体长期处于社会底层，在经济、政治、文化中处于不利地位，必须有一套具有普适性价值意义的长效工具才能确保他们生存和发展的安全性和公平性，而不是临时性、随意性恩典。作为最具客观性、强制性和形式公平性的制度，法律无疑成为全体人民，尤其是弱势群体维护自身合法权益最有效的工具。我国全面推进依法行政的目标是建设法治政府。依法行政意在“治官”“治权”，建设服务型政府则意在“为民”“利民”。但在一定程度上可以说，“为民”的前提是“治官”，“治官”的目的是更好地“为民”。执政之要在于为民，行政之要在于依法，依法行政、建设法治政府应当成为建设服务型政府的前提和基础。法治型政府的建立是进一步理顺公民与政府的关系，走向民主道路的必经路径，重点是确立依法治国、依法执政的治理理念。必须从法律的层面权威认定政府的制度建设、政策制定、权责配置等过程，树立科学的法治理念，构建配套的公民参与制度，在法律的保护和制约框架下营造良性的政府与人民互动环境，促进民主法治国家的实现。

1. 法律面前人人平等，树立法治行政理念。责任政府必定是法治政府，构建责任政府，一定要冲破传统人治执政这一封建思想的禁锢，切实发挥法律在政府行为中的作用，严格依法行政、履行职责，把政府行为纳入法制轨道，在法律上明确政府的权责，做到有其权亦有其责，构建责任政府。

2. 突破传统观念束缚，塑就浓厚的民主氛围。责任政府与公民参与具有内在的互动关系。这要求人民抛弃“官主民仆”的传统观念，增强主人翁意识，强化对政治事务的自主参与精神，最终实现真正意义上的责任政府。从某种意义上说，有什么样的公民就有什么样的政府，只有公民普遍具有责任意识，才会有负责任的政府和负责任的政治。

虽然我国的责任政府建设仍存在种种问题，建立责任政府是一个艰难的政治改革过程，是一项长期而艰巨的任务，需要不懈地努力。我们生活的时代，是一个高扬公民权和人权的时代，更是一个构建和实现公共责任的时代。承担责任是现代政府的第一要义，一个具有公信力、得民心的政府，也要求必定是一个负责任的政府。理念是行为的先导。要构建现代责任政府，首先要转变执政理念，摒弃传统的执政模式，树立以人为本的服务理念。要在转变执政理念的基础上，进一步推动行政体制改革，创新管理体制，建立运转协调、行政高效的行政体制，从而担当起建立现代责任政府的重任，进一步促进中华民族的伟大复兴。①

第二节　新时代完善政府"弱有所扶"保障性责任机制

进入新时代，我国正面临传统社会转型与产业社会升级的严峻挑战，政府社会救助工作任重道远。2020 年我国将实现全面建设小康社会的目标，如何切实有效地为困难弱势群体提供生活保障，满足该群体基本的物质需求和精神追求，成为当前摆在政府面前的一项重大紧迫的政治任务与现实课题，必须发动社会各类资源积极广泛参与，构建以政府为主体，社会组织与其他民众为重要参与力量的社会救助体系，实现对公民生存权的保障。

一　建立完善的法律保障和援助机制

目前对弱势群体利益的保障，主要还是政府和党委主导的。其实对弱势群体利益保障仅仅靠党和政府是远远不够的，需要建立一种党委领导、政府主导、社会协同、公民参与、法治保障的一种现代化治理模式，打造一种共同保护弱势群体的利益格局。打造让更多的社会集团参与对

① 陶丽君：《转变执政理念构建责任政府》，《法制与社会》2012 年第 10 期（下）。

弱势群体的援助，使援助机制和机构多样化多元化，使其形成一种“多对多”的局面，打破以往的“一对多”及政府保障所有的弱势群体的利益的局面。

（一）完善立法机制

首先，应秉承以人为本的原则完善立法机制，找出弱势群体“弱”的社会原因，研究法律怎样才能赋予他们平等的权利。严格按照我国《立法法》来制定相关法律规章制度，构建完善的保护弱势群体的立法体系，如《就业促进法》《弱势群体保护法》《城市最低收入保障法》等。当前亟须完成的迫切任务是抓紧制定《社会保险法》《社会保障法》《城市弱势群体保护法》与修改完善《劳动法》。

其次，基于我国国情，本书认为社会保障性的法律制度应当从以下几个方面进行完善：第一，建立并完善最低生活保障制度。我国目前执行的最低生活保障制度仅仅是一种行政化行为，不能称为法律，所以上升到法律的高度进才能有效执行，才能督促各个地方政府严格按照法律要求对弱势群体的基本生活提供保障服务。第二，应加速就业立法，强化就业援助、反职业歧视等，促进弱势群体就业行为，改善弱势群体的生活状态。同时，逐步完善与弱势群体相关在文化教育、经济利益、创业就业、医疗救助等合法权益保护的其他法律法规。第三，逐步完善我国相关的法律救济制度，如行政诉讼、复议、申诉控告、国家赔偿等，使弱势群体能通过正规的法律手段和救济方式来维护合法权益。法律还应该制定合适的法律援助与社会救助法规，采取“免、缓、减”等形式给弱势群体以法律援助，形成一系列具有福利性的配套的法律咨询服务和法律援助体系。

最后，在针对社会弱势群体立法的过程中必须注意法律程序的实现，为确保司法审判的结果能够顺利实施，就必须强调是按照法律的明确规定来执行，而不能只是强调权利和义务的内容。因为结果没有程序上的实现，就算是再完美的司法、再完备的法律，都是空中楼阁，权利永远都是“纸上谈兵”，没有任何实际意义。

（二）加强司法保障

当弱势群体的合法权益遇到侵占时，可以通过司法救济手段进行补救，司法的公正公平这时显得尤为重要。从法理的角度来看，法理所追求的社会公平、社会公正也正是法律应该对弱势群体进行保障秉承的原则。这一原则的具体体现就是法律必须保护弱势群体在社会上有尊严地生存着。立法途径是法律形式意义上的保护，司法手段才是法律真正的实施保障，只有两者的结合才能真正让弱势群体脱离困境，平等地享有权利和履行义务，真正地维护社会公平和正义。

因此，加强司法保障实际上就是必须保证司法的公正性，防止司法腐败，尤其是保证司法程序公正，让弱势群体与其他社会群体享受同等的司法保障，使司法的保护效果能够真正落实到弱势群体身上。目前，我国的公检法机关大都只是设到县级单位，而县以下地区很多都处于缺失状态，当农村的弱势群体遇到纠纷和侵害时，想要借助法律救济手段进行解决，则需要经过若干部门进行协调，立案的程序甚为复杂，导致该群体的合法权益无法得到及时保护。所以，现阶段我国应该尽量简化司法程序，加大对弱势群体的司法救助力度，降低诉讼成本，提高诉讼效率，及时有效地保障弱势群体的合法权益。

二　建立科学的利益分配机制

（一）建立科学的利益分配机制，努力缩小城乡弱势群体、城镇内部弱势群体之间和农村内部弱势群体之间的利益分配差距

要建立科学的利益分配机制，亟须相关的行业专家们对我国社会上各类弱势群体的基本情况进行全浸式的参与观察，得到客观的各种调查数据，通过数据分析采取相应的科学论证，统筹城乡差距，重新梳理和界定城乡的弱势群体生活保障的合理标准和科学的利益分配机制。

（二）以创新利益调节机制、分配制度为基础，协调各方利益

要把制度安排、体制设计和机制创新作为出发点，特别应着眼于利益机制与分配制度的创新。当前，我国的社会保障制度、收入分配制度、公共财政制度、个人所得税制度等体制机制的不完善会导致利益矛盾的产生。在新时代新形势下，我国面临的各种利益矛盾反映了传统体制“制度刚性”的弊端，因此，必须通过调动一切积极因素，释放创造潜力、促进经济发展来协调各方面利益，此过程也是一个协调市场化改革

导致的制度变迁与体制创新之间的过程。政府应从利益分配的制度转化和机制创新出发，抓紧建立健全利益保障机制以实现利益均衡。因此，必须以市场化改革来促进发展为动力，逐步消除户籍、就业、教育、身份等方面的体制弊端，促进合理利益格局的有效形成，与此同时，依法建立社会公平保障体系以实现真正意义上的权利公平、分配公平、规则公平、机会公平。

（三）要建立科学的利益分配机制

解决各种利益冲突和矛盾，解决问题的关键还是靠社会总体发展。在把社会总财富“蛋糕”做大的同时，不能为了换取低水平的所谓“社会公平”来牺牲社会效率，而应该坚持“兼顾效率与公平”的理念，在经济发展加速的同时坚持按生产要素贡献分配结合按劳分配的标准，合理合情地在不同阶层进行利益分配，进一步进行利益机构调整。通过不断完善城乡一体的现代社会化保障体系，逐步缩小城乡、行业、区域和贫富差距，在推进社会整体发展过程中高效实现各方面利益的协同增长与均衡，以获得更大范围、更高层次的社会公平与和谐发展。

三　建立健全的利益表达机制

弱势群体利益表达机制的建立和健全，是一项庞大的系统工程。它将包括政治体制改革、经济和社会政策的扶持、公民表达与权利意识的培养和公民社会的建立，以及为适应社会新形势发展的需要而实施的某些制度和政策性创新，涵盖了政治、经济、社会等领域的方方面面。

（一）通过规范化、制度化机制建设，增加弱势群体的利益表达渠道

虽然官方表达渠道是弱势群体最合适、最稳妥表达自身利益的制度内渠道。而这又要求必须有完备的基础性利益表达制度体系。因此，如何发挥我国弱势群体利益表达的基础性制度积极作用，应体现在以下方面：

1. 要完善民意代表制度。我国的根本政治制度是人民代表大会制度和共产党领导的多党合作政治协商制度，也是社会各阶层进行利益表达的最正式的渠道，在政治生活和社会生活中发挥着重要作用。然而，现实生活中弱势群体在人大代表所占人数较少，发声力度不足，在政协机

构中，大部分都是政治家、知识精英层、大企业家等政治、经济方面的强势群体，弱势群体在其中的代表少之又少。因此，应不断完善和改进民意代表制度，提升弱势群体的话语权，增加社会弱势群体利益代表的比例，从而真正的保障广大弱势群体的切实利益。同样，人民政协委员也必须牢记参政议政、为民代言的使命，认真履行其民主监督的责任，切实关注广大弱势群体的切身利益。

2. 要积极构建畅通的信访渠道，不断创新信访制度。在我国，民众通常依靠信访制度来实现自身利益的有效表达。但是目前我国信访制度在弱势群体利益表达上不够有效，有待于进一步完善。具体完善措施有：一是加快信访工作的法制化进程，促进信访立法的实现；二是进一步强化信访职能与明确信访程序。规定信访部门拥有独立的权责与职能，让信访机构独立于行政部门，规范信访程序，完善信访工作的制度化和程序化。三是重视基层信访工作，畅通群众信访渠道。可尝试通过建立信访信息系统和信访工作网络来实现信访的网络化，突破面对面上访，创新其他形式的信访渠道；健全信访监督机制还应该提高信访工作人员的道德水平和业务能力，实行信访工作的领导责任制，真正实现信访工作为人民传声、为人民办事的目的。与此同时，要进一步创新公开听证制度、项目决策社会公示制度、完善问题处理反馈制度等，鼓励和尝试广大群众参与行政监督与行政决策，使弱势群体利益得到合法保护。

3. 加强基层民主自治制度建设。要通过加强与优化社区组织等城市基层组织在社会生活中的各种服务功能。比如街道居委会就拥有其他基层组织无法比拟的功能优势，能比较全面掌握社区居民中的利益诉求，社区居民对其依赖感较强，就应该充分发挥其在利益表达和诉求、化解矛盾中的强大功能，从而进一步扩大服务渠道，架构服务网络。在农村，则要优化当前的村民自治制度，既要通过制度强化农民的利益表达和政治参与意识，又要通过制度约束基层公权力滥用，不断推动农村民主化的实现。

（二）通过积极培育代表弱势群体的社会组织，完善弱势群体利益表达的途径

完善弱势群体利益表达机制的重要途径还可以通过加快社会组织的

发展来实现。非政府组织、社会团体可以成为弱势群体利益表达的载体，因为非政府组织、社会团体等组织因其非政府性、公益性、自愿性等特征，在解决社会问题、满足弱势群体需求方面有着政府不可替代的优势。当前的社会形势下，有必要成立代表弱势群体利益的社会组织，一个优势是当弱势群体利益受到侵害时可利用这些团体的影响力来获得支持，寻求组织帮助并及时反映弱势群体的呼声，降低风险成本；另一优势是加强弱势群体的组织建设将有助于稳定国家政治体系，减少群体性事件与非制度性政治参与事件的出现。要培育代表弱势群体的社会组织，不断创新机制，就应该更好地发挥妇联、工会等组织为弱势群体进行利益表达，行使参政权的积极作用；鼓励进城务工人员的代表成立农民工协会组织或农会组织；要大力支持社会慈善组织、社区组织的发展，努力发挥其凝聚群体利益、代表弱势群体说话的作用。

（三）提高执政党的协调能力与利益整合

当前，我国贫富差距逐渐增大，使得社会利益关系存在一定程度的紧张与不和谐。新时代背景下，社会主义和谐社会的构建亟须执政党把广大人民的根本利益放在首位，面对利益主体多元化的现实，增强自身协调能力与利益整合，采取积极的社会政策，加强对弱势群体利益表达的保障功能，为弱势群体创造更多优惠的制度、政策、环境等条件，确保社会客观公正、和谐公平地发展。同时实时开展自查，及时纠正因体制导致的政策偏向行为，牢记全心全意为人民服务宗旨，了解弱势群体“弱”的政策因素和社会因素，从政策上向弱势群体适度倾斜，充分发挥对社会弱势群体政策保障作用。

（四）强化媒体监督，利用社会舆论帮助弱势群体进行合理的利益诉求

社会舆论和新闻报道作为公民表达利益的媒体渠道，在一定程度上对公共权力的行为有着监督和约束作用，逐渐成为很多弱势群体维权的重要途径。新闻舆论对弱势群体利益诉求的表达作用，必须有完备的法律制度基础，因此应该加快新闻舆论的立法进程，给新闻舆论自由以坚实的制度保障。与此同时，新闻媒体要牢记公正性、道义感和社会责任感，关注并支持弱势群体的利益表达，积极帮助收集、汇总各种意见并进行完整报道，使新闻媒体真正成为为民生请愿、监督政府服务的体制

外力量，真正成为社会公平正义的保护者与捍卫者。

四 建立完善的生活保障制度

（一）调整理念：实现由生存型救助向发展型救助的转变

1. 重视能力培养，帮助弱势群体增加发展机会

“贫困不只是收入低下，其真正含义是贫困人口的能力贫困。”① 最低生活保障制度发展初期，强调基本生存保障功能无可厚非，但随着经济社会发展和政治文明的推进，绝对贫困人口大大减少，救助制度“促进人的全面发展”功能逐步凸显，生存型救助方式受到了限制，难以解决发展型贫困问题。“向发展型贫困开战的核心是打破底层社会最令人不安的固化状态和贫困的代际传递链条。因此，外部反贫困资源的输入，只有在解决弱势群体基本生活困难的同时，增强这部分弱势群体的发展能力和发展机会，才能起到根本作用。”② 因此，建议将教育、医疗、住房等更高层次的消费需求纳入最低生活保障范围，但更为重要的是要开展有利于提高受助家庭就业能力和社会参与的服务项目。通过深挖发展潜力，使有劳动能力的受助者通过帮扶，并主要依靠自己的力量解决家庭贫困问题，增强发展能力，变他救为自救，实现社会融合。同时，重点关注贫困家庭的子女教育，保障贫困儿童的成长与发展，采取有效的办法阻止贫困代际传递，“实现生存型救助向发展型救助转变，输血型救助向造血型救助转变”③。

2. 注重事前预防，增强贫困家庭的风险抵御能力

最低生活保障制度是在“事后救助理念”下进行的制度设计。自其实施以来，对减少和缓解贫困发挥了积极的作用。但这种事后救济的思想，不仅难以让绝对贫困群体脱贫解困，而且使得一些低保边缘家庭孤

---

① 黄荟：《阿玛蒂亚·森的贫困概念解析：以他的自由发展观为视域》，《江汉论坛》2010年第1期。

② 林闽钢：《中国反贫困新命题》，2017年11月5日，http：//www. zgxcfx. com/zhubiantu-ijian/91453. html。

③ 兰剑、慈勤英：《社会救助政策的“负激励”风险及其防范》，《西北农林科技大学学报》（社会科学版）2016年第3期。

立无援。“一些轻微的生活变故或经济冲击都有可能让他们马上陷入贫困境地而难以自拔，这也是我国贫困人口返贫率偏高和反贫困政策效果不佳的重要原因之一。”[①] 根据风险管理理论，在当今世界经济一体化的背景下，通过事后救济让受助者摆脱贫困不仅代价非常高昂，而且难以实现，因而唯有通过事前预防才能有效地消除贫困[②]。在解决绝对贫困人口脱贫的同时，对相对贫困家庭进行帮扶。通过建立贫困预警机制，采取物质补偿、技能培训或创业培训等方式，提升濒临贫困家庭或低保边缘群体的自我发展能力，而不是在其陷入贫困后对其进行救助。通过积极的就业政策减少失业发生，或者通过就业救助提升贫困家庭的人力资本，增强受助家庭的风险抵御能力。

（二）完备制度：实现由制度缺失向法制健全的转变

1. 消除制度排斥

最低生活保障制度是国家保障公民生存权的一种手段，任何组织和任何人都无权剥夺他人受救助的权利，即使有过错的公民也不例外[③]。申请低保救助是一种“需者权利”，不是国家对受助者的施舍与恩惠，国家对贫困居民进行救助，是在履行政府应尽的义务与责任。1995 年“社会发展及进一步行动”世界峰会，将社会排斥视为消除贫困的阻碍因素，要求国际社会反对社会排斥并致力于社会整合，以期实现社会的公正、安全和稳定[④]。制度排斥是社会排斥的一种表现形式，它将一部分人不同程度地拒绝于社会事务或福利之外，是对社会阶层的一种撕裂，易造成社会“中空”，有害于权利的公共性本质，若得不到控制，将给社会带来巨大的发展风险，应该受到批判。因此，我们建议在完善最低生活保障制度时，要坚持以人为本，注重对贫困者的人文关怀，主动消除制度排

---

① 谢勇才、丁建定：《从生存型救助到发展型救助：我国社会救助制度的发展困境与完善路径》，《中国软科学》2015 年第 11 期。

② 徐月宾、刘凤芹、张秀兰：《中国农村反贫困政策的反思：从社会救助向社会保护转变》，中国社会科学出版社 2007 年版，第 40—53、第 203—204 页。

③ 杨芳：《福利权视域下最低生活保障对象的认定》，《广东社会科学》2015 年第 4 期。

④ 杨立雄：《中国城镇居民最低生活保障制度的回顾、问题及政策选择》，《中国人口科学》2004 年第 3 期。

斥，将公民受保障权真正落到实处。在资格审查中不将贫困以外的其他因素作为人为判断低保对象的条件，仅从公民权利的视角审视救助和服务的内容。

2. 建立完备的渐退机制

最低生活保障制度规定，当受助家庭的人均收入高于最低生活保障标准时应退出。原低保户的低保资格一经被取消，最低生活保障金也就立即停发。“立即停发”这一制度设计，不利于救助效果的延续，且易于引发社会矛盾。最低生活保障制度的目标是使生存能力缺失或生活难以为继的困难群众摆脱生存危机。若家庭经济状况转好，不具备低保条件时不及时退出，不仅会造成福利的超额支付，甚至会加深社会不公和不安，降低社会群众对政府的信任。但低保家庭创业初期通常会面临各种不稳定因素，普遍存在就业不稳定等情况，且退出低保后，再次申请需要重新进行资格认定，程序烦琐，时限长，并存在不被认定的风险，因此，低保户主动退出的意识不强。就此，建议探索建立最低生活保障的渐退机制，即设置一段缓冲期，使低保对象在退出低保后的一段时间内，可以继续领取一定比例的最低生活保障金。在继续领取期限和金额上，严格区分主动退出与被动退出的不同情形。同时，进一步规范低保资格再审查程序，在审查决定、告知义务等方面严格规定。这样，一方面可以避免对既有低保对象利益的损害，保证国家福利的正确给付；另一方面也可以充分调动受助者的主动退出意识，激发社会参与的热情和工作的积极性，消除退保的后顾之忧。

3. 严格责任追究机制

我国目前缺少对最低生活保障制度的有效监督，致使各地或多或少都出现过“骗保”“漏保”“人情保”“关系保”等现象，但实践中较为普遍的做法是停止对当事人继续救助，却鲜见对这些骗保者追究行政责任，更遑论刑事责任的承担。这种宽容的做法实际上是种纵容。因此，建议严格依照相关法律法规对骗保等违法行为人或滥用职权侵犯救助对象利益以及贪污、挪用低保资金的行政工作人员进行行政处罚，涉嫌犯罪的严格依照《中华人民共和国刑法》的相关规定追究刑事责任。

（三）健全实施：实现由分割管理向体系保障的转变

1. 推进社会救助信息化建设，完善信息共享机制

我国社会救助工作实行多头管理，救助项目分散在诸多部门。这些部门之间信息不互通，给家庭经济状况核对工作带来了诸多困难。现阶段，家庭经济状况核对主要通过入户调查、邻里访问、信函索证、群众评议等传统方式进行，对“非常关键的家庭财产收入信息核查一直停留在落后的估算阶段”①，救助申请者的自证以及核查工作人员的主观判断是作出核查结果的主要依据。该做法不仅不够科学和客观，而且耗时耗力，很容易出现认定偏差。

我国社会救助信息化建设进展迅速，面临良好机遇，我们要抓住机遇，有序有力有效推进社会救助的信息化建设，完善信息共享机制。

一是树立“信息化思维”。社会救助工作者要学习党中央国务院关于信息化的战略，树立信息化思维，从信息化角度对社会救助的申请、审核、发放、统计、预算、监测、评估分析等整个过程进行重新审视。

二是完善创新社会救助信息系统功能。具体措施有：（1）突出核对信息系统建设重点。由于起步较晚，核对信息体系已成为当前社会救助信息化的短板，应作为建设重点，尽快补齐。（2）以信息化推动社会救助管理创新。应进一步完善推广预算执行、保障人数等重要数据的监测和绩效评价等功能；探索建立潜在的社会救助服务数据库，为各个社会救助项目服务，大幅度减少漏保问题，提高瞄准率；条件成熟时探索增加投诉和建议模块，与群众特别是困难群众形成良好互动，不断改进救助管理和服务。

三是加强互联互通和信息共享。具体措施有：（1）加强标准和推广利用。努力推动各地使用民政部统一的基础平台软件。（2）推进全国互联互通。主推核对信息系统的互联互通，特别是推动落后地区尽快实现“全省一张网”，在此基础上开展部省连接，实现“全国一张网”。（3）推进与部门信息共享。社会救助工作者特别是核对工作者要主动出

---

① 马庆钰、马福云：《社会救助政策及其执行缺陷的矫正》，《行政管理改革》2016 年第 12 期。

击，多争取到政府支持，多做部门沟通工作，多利用社会救助联席会议和新型智慧城市的平台，打破部门信息壁垒，实现信息共享。

2. 加强配套政策衔接，提升最低生活保障制度的综合保障功能

马尔萨斯认为，济贫法的实施能够减轻个人不幸，但会使更多的人依赖救济为生，导致更多的人贫穷①。社会救助易产生负激励效应，弱化低保对象的退出意愿和就业动机，此点我们赞同。完全用福利依赖去解释人们不去就业，却值得深思。现行的低保救助政策的核心是低收入补偿，实际救助资金数额等于救助标准减去救助者的家庭实际收入，劳动所得实际上成为对救助待遇的冲抵替代②，低保对象能否主动退出低保，是否愿意参加工作，在一定程度上取决于退出或工作哪一种方式更有利，取决于对某种方式的损益分析。西方发达国家社会救助政策改革的成功实践证明，消解负激励风险是完善社会救助政策的关键。单一救助不利于科学配置资源，难于合理分担风险，同时也制约着与社会保险、慈善等其他政策的协同发展。因此，我们建议要加强最低生活保障与就业、教育、住房、医疗等项目的衔接，与精准扶贫项目功能的耦合。从提升个体能力、激励就业入手，将更多的救助资金放在发展和促进就业上，通过就业激励贫困群众提升就业能力，依靠自身努力摆脱贫困。同时，加强新闻媒体对低保政策的宣传和舆论引导，使主动退保成为常态。政府还可以通过设置公益性岗位、购买服务等方式促进就业，增加低保对象的就业机会。规定有劳动能力的低保对象的最长低保领取年限，把接受就业作为获得救助的附加条件，对接受就业指导和公益性岗位的申请者，核算其家庭收入时，在一定期限内酌情扣减，并对有创业意愿及具备创业能力的低保对象进行资金与政策方面的倾斜，通过政策之间的衔接与整合，提升最低生活保障制度的综合保障功能。

3. 规范低保标准的制定和调整，实现与区域内经济社会同步发展

最低生活保障标准受物价指数、社会经济和居民消费需求等经济指

---

① 张静：《马尔萨斯的贫困观：评马尔萨斯的〈人口原理〉》，《赤峰学院学报》（汉文哲学社会科学版）2010 年第 7 期。

② 马庆钰、马福云：《社会救助政策及其执行缺陷的矫正》，《行政管理改革》2016 年第 12 期。

标影响，其标准的制定和调整应与经济社会发展同步。调研发现，各地参照扶贫标准或全国平均低保标准确定本地区最低生活保障线，依据上级文件对标准进行调整。这种制定与调整的方法，缺少必要的论证，难以真实反映贫困群众的基本需求，影响低保制度的实施效果。建议政府在制定最低生活保障标准时，要精心组织、科学测算，综合运用消费支出比例法、基本生活费用支出法和恩格尔系数法，在考虑困难群众基本生活需要、经济社会发展水平以及财政支付能力的基础上，参照价格主管部门公布的基本生活必需品市场价格监测数据，结合上年度城乡居民人均消费支出、人均可支配收入、恩格尔系数等统计数据，科学测算最低生活保障标准。条件成熟的地方，探索建立应对物价上涨的临时价格补贴机制。也可由省级人民政府根据区域社会经济发展状况，制定本行政区域内统一的区域城乡低保标准，引导经济社会发展水平相近的地区逐步缩小城乡低保标准的差距。

五 建立完善的政府监督机制

在对弱势群体利益保障的整个过程中，建立完善政府监督机制，真正实现弱有所扶的局面，是确保弱势群体的相关利益落到实处的关键。

（一）制定完善政府责任监督的相关法律条文

政府责任监督是既严肃又艰巨的工作，“无规矩，难成方圆”，因此，只有法律的强制性才能合法化、程序化、制度化地对政府的责任进行监督，才能实现责任监督的功能保障。现阶段，我国缺乏一部完整的法律适用于政府责任监督的整个运行情况，大多数都只是分散在如《行政复议法》《行政许可法》《行政诉讼法》《国家赔偿法》等一些相关法律当中，当出现重大责任事故时，通常都是依据党的行政规章、法规或者条例予以追究。因此，我国现阶段应该高度重视责任监督的程序与实体规则的完善，通过法律的授权，确保各个监督主体（包括人大、检察和司法机关、新闻媒体和社会公众等）在全程监督过程中做到有法可依、有法必依。必须明确监督主体的监督责任和义务，继续完善监督客体的监督内容，创新监督程序和形式等。总的来说，可以采取以下措施加快构建政府责任监督的法律体系：一是整合现有分散的法律法规，避免相互冲突、相互矛盾的现象，强化法律法规的合理性；二是在大量事实调研的基础上制定《政府责任监督法》，使责任监督能上升到法律的高度，有法可依；三是在法律条规中要秉承政府权责一致原则，使政府在行使公权力产生失责的行为时，必须接受公平的监督，不受机构层级和官阶等级的保护；最后，积极贯彻有法必依、执法必严，不断提高法律执行力度和效率，从实际行动上加强对政府的监督。

（二）不断完善事前、事中和事后相结合的监督程序

我国很多地方政府的责任监督通常只重视事后监督，漠视忽略事前和事中监督的重要性，经常是出现相关问题后再来想弥补措施和惩戒措施。应该开启对政府行为的全程跟踪监督模式，将事前监督、事中监督和事后监督整个环节紧密结合起来，要做到全程跟踪监督，必须要求政府要赋予公民知情权，及时向社会公布各个环节的调查信息，主动接受社会各界的监督。唯有实行这种监督形式才能督促政府对自己高标准、严要求，从而主动履行其应当承担的社会责任。

（三）强化政府监督的机制与党纪监督、外部监督的配套和衔接

当前，实现党政分开是我国政治体制改革的重点，随着改革的发展，党内监督方向已逐渐成为党的监督重心。从理论上来说，政府责任监督和党纪监督之间本来应该划分清晰的界限，但由于我国的政治体制所决定，行政法律法规与党的纪律之间存在很多相通之处，行政法律责任与党纪责任往往共生，而很多行政机关领导干部与党员领导干部身份重合，所以违反党纪与违反行政法律规定的情况经常同时并存。理论上看，追究行政法律责任与党纪处分二者在程序上并不重复，也不存在矛盾，但实际上，当某些党内干部甚至某些党内高级干部违纪时，国家没有追究他们的行政法律责任，只是对他们实行了党纪处分，这种以党纪监督来代替行政法律监督的行为偏离了行政法治的要求，同时也违背了党纪监督的目的，更是违背了国家行政法律精神和国家行政实质。因此，必须强化政府责任监督与党纪监督的配套与衔接工作。首先要在政府责任监督与党纪监督两者之间建立制度性关联，明确相互的主要任务和主要目的，界定清楚哪些是违反行政法律规范，哪些是违反党纪行为，划清二者的界限。如是违法行政行为，就追究其行政法律责任，如违反的只属

于党纪行为，就不能要求其负法律责任。对于既违反党纪又违反法律的行为，则应同时采取法律追究和党纪监督一并处理，应在不违反双方监督程序的基础上，对党纪处理和行政法律责任追究采取有效的衔接，按照现实情况同时进行或按序进行，确保有效实现两者责任，不能逃避任何一方责任。

新法治时代背景下，社会监督作为体制外监督发挥着越来越重要的作用，其作用的力度得到了大幅的提升，逐渐在国家现代民主法治进程中发挥着越来越重要的监督作用。但是，社会监督也是一把双刃剑，通常，社会监督对于提升政务服务，督导政府责任监督等各方面均有积极作用，但有时候在一定程度上也会因为对政府责任、政府职能产生认知错误，曲解了政府责任监督机制的运行程序，导致对政府责任的实现产生偏见，引发消极作用。所以，我国政府责任的实现不仅需要发挥政府责任监督机制作用，而且需要加强与社会监督之间良性互动，使社会监督力量成为一股积极的推动力，实现民主监督。

第三节　新时代完善政府“弱有所扶”操作性责任机制

一　厘清政府内外关系，优化责任的分配机制

（一）明确政府内部责任归属

首先，理顺中央与地方责任关系中的权力和责任，明确各自的权责问题。1998 年以来，中国政府在弱势群体社会保障领域的资助呈现较高增长，但是没有形成一种固定机制。地方政府虽然也会在相关领域配套中央政府的文件进行地方救助，但是同样也有随意性现象，存在经济条件好的地方政府投入多一点，经济条件差的地方政府投入少或不投，有些地方政府还要求中央补贴。这就会产生中央政府以什么来界定该补贴谁、补贴多少标准等问题的出现。这种地方政府财政来源差距大和中央与地方责任不明确的现实情况，严重阻碍了弱势群体保障工作的顺利开展，影响了保障水平的提高与保障范围的扩大，甚至导致与之有关的其他制度不能稳定、持续、有序地运行。当前，我国按财权与事权统一的

原则实行中央与地方分税制，界定中央与地方在弱势群体保障中各自应负的财政责任。对政府间关于弱势群体保障事宜的事权划分必须通过集权与分权结合的合理路径来进行，通过对权力划分进而明晰责任划分，而不能依靠简单的集权或分权划分来实现配置。

其次，界定清楚行政部门内部的各项职责。在我国，对弱势群体进行保障的政府管理部门，其职能定位是制定与弱势群体相关发展计划与重大政策法规、完成对下级部门的监督检查和指导性管理工作；而很多事业单位主要是具体经办机构和服务提供机构，其职能定位是负责政策宣传、供给与支付等具体实施工作。因此，就弱势群体保护的工作来说，不管其职能定位属于行政管理机构还是属于经办机构，都首先应该定位清楚各自的职责内容，防止出现职能责任的重复与交叉，导致责任真空地带的产生。

最后，引入政府绩效评估机制与激励机制规范行政人员职业道德问题与责任归位问题。为约束行政人员在产生行政行为时出现失职或渎职，利用政府绩效激励机制与评估指标体系可较好地抑制这些不良现象的产生。基于政府层面来看，通过这些机制与体系可以界定清楚问责的范围与对象，使行政人员在开展行政行为时有规则来遵照执行，对其产生刚性约束。现阶段树立以结果为导向的理念，通过建立评估信息保真制度，避免出现下级欺瞒上级或上级压制下级的现象，保证了评估结果的真实性，有效增强政绩的可信度和客观性。基于行政人员角度分析，科学的绩效评估与激励机制规范提高行政人员工作的积极性和创造性，有利于塑造良好的行政环境与提高政府的行政效率。

二　健全行政责任监控体系，实行弱势群体保障的专项问责机制

（一）强化同体问责力度，规范异体问责

同体问责是多元主体问责体系中最重要的内部自控机制。上级和下级行政机关、行政机关与行政人员、行政领导与行政人员这三个方面存在的行政契约关系是同体问责的运行基础，良好的组织制度是同体问责的核心。具体的措施是在同体中建立合理的岗位责任制度和科学的行政授权制度，在弱势群体保障方面进一步界定上级、同级、下级各部门、

审计部门、行政监察部门之间的权责关系，将政府有关社会保障的职位说明和工作分工精细化，强化同体问责力度。当前，我国行政问责主要使用同体问责，相对而言，异体问责力量薄弱。然而，由于弱势群体多数缺乏话语权，社会地位不高，所以异体问责对他们显得尤其重要，更能体现问责的公正性。异体监督能将政府权力控制在合理的范围，保证政府能在范围内履行其职责，一定程度上制约了政府行为。可通过以下方式，不断强化异体问责的力度，不断完善我国的行政问责机制。

首先，强化人大问责力度。法治国家建立必须充分发挥人大作为立法机关的问责作用。我国的人民代表大会制度应该公正、独立地行使监督、质询和罢免权力，切实代替人民行使监督的权利，督促政府实现对人民服务的理想蓝图。所以应通过立法确保人大有实施调查权力的制度，例如对特定问题展开调查和投不信任票，等等。

其次，强化司法问责力度。从法理理论上来说，司法机关应该是一个独立的组织系统，它脱离等级制度之外，更应具有客观性和公正性。构建完善的司法问责机制，强化司法问责力度，首要的问题是司法机关必须拥有独立司法权。司法机关的同级党委在一些案件和重要事故的调查中，不仅要支持司法机关独立行使其权利，还有对存在异议的重大案件行使监督的权力。此外，司法机关还应建立与各部门的协调机制，如加强与政府监察机构、检察机关和纪检部门的协作力度，共同履行职责。

最后，开辟合理路径让公众参与政府问责。在强化政府内部各个组织机关问责效率的条件下，构建完善的公众问责机制则要求政府创造更宽泛的公众参与空间，提供更广阔的问责渠道。针对弱势群体保障问题上政府实施效果如何，最有发言权的就是直接受益的弱势群体，而衡量弱势群体保障落实情况的标准不能只看经济指标，而应该看到保障项目的覆盖程度。因此强化公众问责力度的关键是扩大那些势弱势人群的参与度。要落实公众参与问责的问题，最重要的是开辟合理的参与路径。其中，加强新闻媒体舆论监督，完善媒体问责是最有效、畅通的通道，能迅速地将行政效力与民众意愿对接。所以要加快舆论媒体监督立法，界定清楚媒体的权利和义务，规范媒体问责行为和问责程序，督促其公正、客观、地为弱势群体发声。

（二）完善专项绩效考核机制，规范行政问责制

首先，建立健全政府专项绩效考核机制。一直以来，我国多以经济增长作为政府绩效考核的量化指标，没有对政府的责任进行分门别类的划分，有区别地针对不同的对象设计出不同的绩效考核指标。政府在对弱势群体提供的保障中涉及了社会救助、教育、住房、医疗和就业等领域，不同的行政部门承担着不同的责任，应该设计多套绩效考核指标对不同的领域进行考核，为了能体现机制的公平性与匹配性，考核指标的设计不仅要充分考虑政府行为保障的对象具体是哪些类别和所属的社会范围，还应当考虑政府行为的效率和效果，所以专项绩效考核机制不仅要考查政府工作“总量”，还要考量人均所占比重与保障服务提供的便捷性和未覆盖人群所占的比重，然后设计和考量的标准要从弱势群体的切身利益出发，注重弱势群体的满意性。此外，可通过政府主导，建立可供弱势群体进入的政务信息共享平台，有效推动民主行政问责的进程，实现绩效管理体系信息化。

其次，规范以弱势群体保障结果为考量标准的行政问责制。行政问责制的理论定义是指针对在行政管理或者行政执法过程中，由于行政人员不能正确履行或不履行法定职责而产生过失责任或者故意责任，侵害了行政管理客体的合法权益，影响了行政机关程序和效率正确性和高效性，给社会带来造成消极影响和不良后果的过错行为实施行政追究的一种制度。[①] 我国的行政问责制目前分为两种方式，一是被动的问责形式，包括降级、责令辞职等，二是主动的问责形式包括引咎辞职等。我国目前问责对象大都是些涉及危害社会的重大安全事故问题，对弱势群体保障的领导和连带责任鲜有涉及。因此，要坚守政府责任运行机制最后的一道防线，形成整体闭环来加强对弱势群体的保护，必须明确责任主体和判定责任实施结果、强化制度建设和完善操作方法，对弱势群体保障中的失责行为建立责任追究机制。而对弱势群体保护的政府责任追究制度运行的关键是要得到政府履行职责的结果。一方面需要从弱势群体的权益角度客观地来对政府责任履行结果作出分析，另一方面需明确哪些

---

① 王艳：《论政府危机管理中的行政责任制》，《中共长春市委党校学刊》2006 年第 2 期。

部门和工作人员的工作内容是与弱势群体休戚相关的。如果在某个地方弱势群体生活水平低下是因为当地政府部门保障工作不到位而引起，那么该行政部门及其相关工作人员应该承担责任并进行责任补偿。当政府或者工作人员的失职、渎职行为损害了弱势群体的合法利益，应该根据利益损失严重程度，依据法律进行不同程度的行政问责并进行惩处，严重的可使用引咎辞职制度。总的来说，通过规范以弱势群体保障结果为基础的行政问责制不仅可以利用法律手段依法查处行政部门和行政人员的失职、渎职的失责行为，还可以通过发挥该机制自我规范作用，有效约束领导干部及其工作人员行为失范的现象，确保政府对弱势群体的保障责任处于合法范围内。

结论与展望

党和国家要求无论是弱势群体还是脆弱群体，弱者的不利状况都应该优先得到改善。党的十九大报告指出，中国特色社会主义进入了新时代，我国社会主要矛盾已经转化为人民日益增长的美好生活需要同不平衡不充分的发展之间的矛盾。弱势群体的存在具有任何时代、任何国家都无法避免的普遍性，该群体的存在也从某个角度反映不平衡平充分的社会发展矛盾。从弱势群体获得感和提升的视角看，如何使其获得感进一步完成从“有”向“好”、从“低”到“高”的转变，就必须在新时代的筑梦过程中，着眼于这一矛盾转变的现实，着力解决好发展中不平衡不充分的问题。

展望未来，正视社会弱势群体这一特殊群体，必须坚持人民主体共享取向、坚持发展均等化指向和坚持价值共享的取向、坚持改善人民福祉指向来提高其获得感，必须坚持服务型政府理念的贯彻和执行，必须坚持推进国家治理体系和治理能力现代化，这是决胜 2020 年打赢脱贫攻坚战的必要举措，是全面建成小康社会应有的题中之意，是中国共产党加强自身建设巩固执政地位的必然要求，是社会主义制度优越性的真实彰显。保障和改善民生没有终点站，只有连续不断的新起点。不忘初心，牢记使命，中国共产党人始终坚持以人民为中心的发展思想，用共建共享发展理念引导弱势群体拥有更多实在的获得感，作出更有效的制度安排，需要全体社会的联合力量，我们必须付出更多努力。相信在党的带领下，必将打赢精准脱贫攻坚战，实现 2020 年全面建成小康社会的宏伟目标。

参考文献

《毛泽东文稿》(第6册), 中央文献出版社1992年版。

[荷] M. 爱纳汉德等:《欧洲七国失业救济与社会援助制度》, 陈绵水译, 中国财政经济出版社1999年版。

[美] 昂格尔:《现代社会中的法律》, 吴玉章、周汉华译, 中国政法大学出版社1994年版。

《辞海》(缩印本), 上海辞书出版社1980年版。

陈伯礼:《授权立法研究》, 法律出版社2000年版。

陈成文:《社会弱者论》, 时事出版社2000年版。

陈驰:《人权概念的法哲学思考》,《四川师范大学学报》(社会科学版) 1999年第2期。

陈良瑾:《社会救助与社会福利》, 中国劳动社会保障出版社2009年版。

陈少远:《为特殊孩子燃"灯"》,《中国教育报》2015年12月1日。

陈运遂:《弱势群体概念及界定的研究》,《西南科技大学学报》(哲学社会科学版) 2005年第2期。

崔风、张海东:《社会分化过程中的弱势群体及其政策选择》,《吉林大学社会科学学报》2003年第3期。

[日] 大须贺明:《生存权论》, 林浩译, 法律出版社2001年版。

[英] 戴维·M. 沃克:《牛津法律大辞典》, 北京社会与科技发展研究所译, 光明日报出版社1989年版。

丁生忠:《和谐社会视野下的弱势群体问题分析》,《长沙大学学报》2008年第1期。

董云虎、富学哲：《从国际法看人权》，新华出版社 1998 年版 。
董云虎、刘武萍编著：《世界人权约法总览》，四川人民出版社 1990 年版。
窦开龙：《我国弱势群体问题的研究》，《甘肃农业》2005 年第 12 期。
冯俊：《刑事责任论》，法律出版社 1996 年版。
冯招容：《弱势群体的制度因素分析》，《当代经济研究》2002 年第 7 期。
高冬梅：《新中国成立初期中国共产党社会救助思想与实践研究（1949—1956）》，人民出版社 2009 年版。
高强：《断裂的社会结构与弱势群体构架的分析及社会支持》，《云南行政学院学报》2003 年第 6 期。
龚瑞祥：《比较宪法与行政法》，法律出版社 1985 年版。
顾昕、高梦滔：《社会安全网的编织：福建农村最低生活保障制度的覆盖面与服务递送》，《贵州师范大学学报》（社会科学版）2006 年第 6 期。
郭江华、杨晶：《精准扶贫视阈下农村危房改造政策创新研究》，《农业经济》2017 年第 11 期。
国务院办公厅关于转发教育部等部门特殊教育提升计划（2014—2016）的通知，《辽宁省人民政府公报》2014 年第 4 期。
国务院新闻办公室：《中国的人权状况》，伶唯真：《中国人权白皮书总览》，新华出版社 1998 年版。
［英］哈特：《法律的概念》，张文显译，中国大百科出版社 1996 年版。
何包钢：《协商民主：理论、方法和实践》，中国社会科学出版社 2008 年版。
何怀宏：《公平的正义——解读罗尔斯〈正义论〉》，山东人民出版社 2002 年版。
何倩：《低保退出机制中个体价值的尊重与保障》，《社会保障研究》2014 年第 4 期。
洪大用：《转型时期中国社会救助》，辽宁教育出版社 2004 年版。
胡务：《社会救助概论》，北京大学出版社 2010 年版。
黄荟：《阿玛蒂亚·森的贫困概念解析：以他的自由发展观为视域》，《江汉论坛》2010 年第 1 期。

黄蔚、陈春洁、马莉：《关心弱势群体实现共同富裕》，《中国社会科学研究生院学报》2003 年第 4 期。
［美］吉尔伯特 · 特瑞：《社会福利政策引论》，华东理工大学出版社 2013 年版。
［奥］凯尔森：《法与国家的一般理论》，沈原灵译，中国大百科全书出版社 1996 年版。
［英］凯尔逊：《法与国家的一般理论》，沈宗灵译，中国大百科全书出版社 1996 年版。
兰剑、慈勤英：《社会救助政策的“负激励”风险及其防范》，《西北农林科技大学学报》（社会科学版）2016 年第 3 期。
李东云：《从政府责任机制的转变看新公共管理模式》，《云南行政学院学报》2003 年第 6 期。
李林：《法治社会与弱势群体的人权保障》，《前线》2001 年第 5 期。
李龙：《论生存权》，《法学评论》1992 年第 2 期。
李强：《社会支持和个体心理健康》，《天津社会科学》1998 年第 1 期。
李学林：《社会转型与中国社会弱势群体》，西南交通大学出版社 2005 年版。
林来梵：《从宪法规范到规范宪法：规范宪法学的一种前言》，法律出版社 2001 年版。
林莉红、孔繁华：《社会救助法研究》，法律出版社 2008 年版。
刘凤珍：《城市低保政策中的退出机制评析》，《淮海工学院学报》（社会科学版），2011 年第 17 期。
刘继同：《弱势群体与劣等群体：中国社会福利对象的政策研究》，中国社会科学出版社 2002 年版。
刘力云：《政府审计与政府责任机制》，《审计与经济研究》2005 年第 7 期。
刘熙瑞：《服务型政府——经济全球化背景下中国政府改革的目标选择》，《中国行政管理》2002 年第 7 期。
刘欣：《由教育政策走向教育公平》，博士学位论文，华中师范大学，2008 年。
刘新民、江赛荣：《福利国家弱势群体的教育福利制度研究》，《华东师范大学学报》(哲学社会科学版) 2011 年第 6 期。
卢海弘:《印度私立学校的发展:数量、质量与公平》,《比较教育研究》2003 年第 11 期。
罗豪才、吴撷英:《资本主义国家宪法和政治制度》,北京大学出版社 1983 年版。
罗豪才主编:《行政法学》,中国政法大学出版社 1989 年版。
[美] 罗纳德·德沃金:《认真对待权利》,信春鹰、吴玉章译,中国大百科全书出版社 1998 年版。
[美] 罗斯科、庞德:《依法审判》,《哥伦比亚法律评论》1914 年第 14 期。
马红军、蒋晓婧:《精准扶贫视角下弱势群体的社会保障策略分析》,《邢台学院学报》2008 年第 2 期。
马庆钰、马福云:《社会救助政策及其执行缺陷的矫正》,《行政管理改革》2016 年第 12 期。
[法] 孟德斯鸠:《论法的精神》,张雁深译,商务印书馆 1965 年版。
宁爱凤:《"空间正义"视角下农村住房保障制度的重构》,《甘肃社会科学》2017 年第 3 期。
[澳] 欧文·E. 休斯:《公共管理导论》(第二版),彭和平、周明德、金竹青等译,中国人民大学出版社 2001 年版。
戚业国:《教育规划的本质发展与基本模型》,《教育发展研究》2008 年第 23 期。
齐延平主编:《社会弱势群体的权利保护》,山东人民出版社 2006 年版。
钱再见:《当前中国社会弱势群体若干问题研究综述》,《文史哲》2003 年第 1 期。
钱再见:《中国社会弱势群体及其社会支持政策》,《江海学刊》2002 年第 3 期。
乔东平、部文开:《社会救助理论与实务》,天津大学出版社 2011 年版。
邱耕田:《新时代我国社会发展的新变化》,《大众日报》2018 年 2 月 7 日。
秋梅:《中国政府推进教育公平策略研究》,博士学位论文,吉林大学,2009 年。

申东润:《当前韩国青年失业问题研究》,《青年研究》2004 年第 1 期。
沈红:《中国贫困状况与贫困形势分析》,《1998 年:中国社会形势分析与预测》,社会科学文献出版社 1998 年版。
沈荣华:《政府机制》,国家行政学院出版社 2003 年版。
施雪华:《“服务型政府”的基本含义、理论基础和建构条件》,《社会科学》2010 年第 2 期。
[日] 室井力主编:《日本现代行政法》,吴微译,中国政法大学出版社 1995 年版。
孙迪亮:《社会转型期城市弱势群体的特征、成因及扶助》,《理论研究》2003 年第 1 期。
孙立正:《转型与断裂:改革以来中国社会结构的变迁》,清华大学出版社 2004 年版。
孙笑侠:《法的现象与观念》,群众出版社 1995 年版。
汪习根:《法治社会的基本人权——发展权法律制度研究》,中国人民公安大学出版社 2002 年版。
王保帅、李楷:《转型期中国社会弱势群体问题之成因分析》,《法治与社会》2011 年第 10 期。
王国田:《国外住房保障和供应制度的对比》,《国际交流》2018 年第 1 期。
王家福、刘海年:《中国人权百科全书》,中国大百科全书出版社 1998 年版。
王建伦:《中国社会保障现状分析与未来发展》,第二届社会保障国际论坛:《社会福利的改革与发展会议论文集》,中国人民大学出版社 2006 年版。
王名扬:《英国行政法》,中国政法大学出版社 1987 年版。
王培峰、丁勇:《我国特殊教育发展转向及其改革逻辑重点领域》,《中国特殊教育》2015 年第 2 期。
王人博、程燎原:《法治论》,山东人民出版社 1989 年版。
王思斌:《社会生活工作导论》,北京大学出版社 1998 年版。
王卫平、郭强:《社会救助学》,群言出版社 2007 年版。

王夏斐:《杭州正成为全国大学生创业的乐园》,《杭州日报》2010 年 1 月 19 日。

温辉:《受教育权入宪研究》,北京大学出版社 2003 年版。

吴玲、施国庆:《我国弱势群体问题研究综述》,《南京社会科学》2004 年第 9 期。

吴鹏森:《论弱势群体的“社会报复”》,《江苏行政学院学报》2003 年第 1 期。

吴玉宗:《服务型政府建设研究》,经济日报出版社 2007 年版。

吴忠民:《中国现阶段贫困群体分析》,《科技导报》1999 年第 7 期。

武陵、施国庆:《我国弱势群体问题研究综述》,《南京社会科学》2004 年第 9 期。

武妍捷、牛渊:《住房保障对象范围界定及机制构建研究》,《经济问题》2018 年第 3 期。

谢勇才、丁建定:《从生存型救助到发展型救助:我国社会救助制度的发展困境与完善路径》,《中国软科学》2015 年第 11 期。

徐月宾、刘凤芹、张秀兰:《中国农村反贫困政策的反思:从社会救助向社会保护转变》,中国社会科学出版社 2007 年版。

许慎:《说文解字》,中华书局 1993 年版。

薛晓明:《弱势群体概念之辨析》,《生产力研究》2003 年第 6 期。

[法]雅克·马里旦:《人权》,霍宗彦译,载沈宗灵、黄楠森主编《西方人权学说》(下),四川人民出版社 1994 年版。

阎青春:《社会福利与弱势群体》,中国社会科学出版社 2002 年版。

颜佳华:《当代中国社会转型期政府权力运行机制重塑研究》,湖南人民出版社 2009 年版。

杨芳:《福利权视域下最低生活保障对象的认定》,《广东社会科学》2015 年第 4 期。

杨江华主编:《八十年代西方政坛丑闻录》,中共党史资料出版社 1991 年版。

杨立雄:《中国城镇居民最低生活保障制度的回顾、问题及政策选择》,《中国人口科学》2004 年第 3 期。

杨宜勇：《公平与效率——当代中国的收入分配问题》，今日中国出版社1997年版。

应松年：《行政法学教程》，中国政法大学出版社1988年版。

俞可平：《协商民主———西方协商民主理论的最新发展》，《学习时报》2006年11月6日。

［美］约翰·罗尔斯：《正义论》，何怀宏、何包钢、廖申白译，中国社会科学出版社1988年版。

昝剑森：《改革中“弱势群体”的成因探讨》，《当代世界与社会主义》2002年第1期。

曾群、魏雁缤：《失业与社会排斥：一个分析框架》，《社会学研究》2004年第3期。

张富良：《构建对弱势群体的社会关怀新探》，《求实》2002年第10期。

张静：《马尔萨斯的贫困观：评马尔萨斯的人口原理》，《赤峰学院学报》（汉文哲学社会科学版）2010年第7期。

张敏杰：《中国弱势群体研究》，长春出版社2003年版。

张水玲：《美国弱势群体教育计划对我国农民工子女教育的启示》，《青年探索》2011年第2期。

张文显：《二十世纪西方法哲学思潮研究》，法律出版社1996年版。

张文显：《法学基本范畴研究》，中国政法大学出版社1993年版。

张小伟、董林：《中国福利依赖现象初探：基于西方福利依赖比较的视角》，《劳动保障世界》（理论版）2011年第11期。

郑功成：《中国社会保障与改革发展战略、目标和行动方案》，人民出版社2008年版。

郑杭生、李迎生：《全面建设小康社会与弱势群体的社会》，《中国人民大学学报》2003年第1期。

郑杭生：《转型中的中国社会和中国社会转型》，首都师范大学出版社1996年版。

郑航生：《中国人民大学中国社会发展研究报告（2002）：弱势群体与社会支持》，中国人民大学出版社2003年版。

钟仁耀：《社会救助与社会福利》，上海财经大学出版社2005年版。

周长明:《论弱势群体与和谐社会构建》,《西南民族大学学报》(人文社科版)2006 年第 9 期。

周弘:《国外社会福利制度》,中国社会出版社 2002 年版。

朱孔武:《人权的内核——兼论“以人为本”的宪法含义》,《西南政法大学学报》2005 年第 3 期。

朱力:《脆弱群体与社会支持》,《江苏社会科学》1995 年第 6 期。

宗禾:《2015 年中央财政下拨 10. 8 亿元支持特殊教育发展》,《中国财经报》2015 年 8 月 29 日。

外国文献

Abrahamson P. Neo – liberalism. Welfare Pluralism and Reconfiguration of Social. Policies: From Welfare to Workfare? Refereed paper presented to The Transitions and Risk: New Directions in Social 9, Policy Conference. Centre for Public Policy, University of Melbourne, 2005: 23 – 25.

Communication from the Commission to the Council, the European Parliament, the Economicand Social Committee and the Committee of the Regions. Taking stock of five years of the EES: mid – term review. 2002, http://www. socialdialogue. net/docs/cha key/com eval en. pdf.

Council of the European Union, Council Decision of 22 July 2003 on guide lines for the employment policies of the Member States (2003/578/CE). 2003, http://europa. eu. int/eurlex/pri/en/jo/dat/2003/1 197/1 19720030805en00130021. pdf.

Elmer H. Burack, F. James Staszak, Gopal C. Pati (Sep., 1972). An Organizational Analysis of Manpower Issues in Employing the Disadvantaged. The Academy of Management Journal, Vol. 15, No3: 255 – 271.

European Foundation for the Improvement of Living and Working Conditions. Access to employment for vulnerable groups. Foundation paper No. 2 June 2002.

Geddes, M. European Foundation for the Improvement of Living and Working Conditions, Local partnership: a successful strategy for social cohesion? Luxembourg, Office for Official Publications of the European Communities, 1998, http: //www. eurofound. europa. eu/pubdocs/1998/05/en/1/ef9805en. pdf.

Gilbert, N. Welfare Pluralism and Social Policy. CA: Sage Publications, 2000.

Goodsell Charles. The Case for Bureaucracy. A Public Administration Polemic. Chatham, NJ: Chatham, House Publishers, 1983. 138.

http: // www. eurofound. europa. eu/pubdocs/2002/44/en/1/ef0244en. pdf.

http: //www. oceansatlas. org/ servlet/CDSServlet? Status = ND0XMjM3mcy2pWVuJjMzPSomMzc9a29z.

http: //www. web. worldbank, org/WBSRTE/EXTERNAL/TOPICS/EXT SOCIAL PROTECTION/EXTSAFETY NETSAND TRANSFERS/0, contentMDK: 20174784 - menuPK: 148956 - piPK: 216618 - theSitePK; 282761, OO. html.

Illinger, J. European Foundation for the Improvement of Living and Working Conditions, Quality in social public services. Luxembourg, Office for Official Publications of the European Communities, 2001, http: // www. eurofound. europa. eu/pubdocs/2000/127/en/1/ef00127en. pdf.

Johnson, N. Mixed Economies of Welfare: a Comparative Perspective. London: Prentice Hall, 1999: 5.

Robert J. Havighurst (Winter, 1965). Who are the Socially Disadvantaged? The Journal of Negro Education, Vol. 34, No, 1: 39 - 46.

Rose R. Common goals but different roles: The state's contribution to the welfare mix. Richard Rose, Rei Shiratori. The Welfare State: East and West (13 - 39). New York: Oxford University Press, 1986.

UNESCO. Education Strategies for Disadvantaged. Groups: Some Basic Issues, 1998. http: //www. unesco. org/iiep.

Wolfenden. The Future of Voluntary Organizations: Report of the Wolfenden Committee. Croom - Helm, London, 1978.